Michaela Donle

Strategien der Fehlerbehandlung

GABLER EDITION WISSENSCHAFT

Michaela Donle

Strategien der Fehlerbehandlung

Umgang von Wirtschaftsprüfern, Internen Revisoren und öffentlichen Prüfern mit den Fehlern der Geprüften

Mit einem Geleitwort von Prof. Dr. Martin Richter

Deutscher Universitäts-Verlag

Bibliografische Information Der Deutschen Nationalbibliothek
Die Deutsche Nationalbibliothek verzeichnet diese Publikation in der Deutschen Nationalbibliografie; detaillierte bibliografische Daten sind im Internet über <http://dnb.d-nb.de> abrufbar.

Dissertation Universität Potsdam, 2006

1. Auflage März 2007

Lektorat: Brigitte Siegel / Nicole Schweitzer

Der Deutsche Universitäts-Verlag ist ein Unternehmen von Springer Science+Business Media.
www.duv.de

Umschlaggestaltung: Regine Zimmer, Dipl.-Designerin, Frankfurt/Main
Gedruckt auf säurefreiem und chlorfrei gebleichtem Papier
Printed in Germany

ISBN 978-3-8350-0713-0

Geleitwort

Prüfungsprozesse werden durch die Interaktionen zwischen Prüfern und Geprüften wesentlich geprägt. Von daher ist die Vermutung nahe liegend, dass die Effektivität und Effizienz von Prüfungen entscheidend von den Beziehungen abhängt, die zwischen Prüfern und Geprüften bestehen und die durch die Interaktionen während des Prüfungsprozesses eine Veränderung erfahren. Prüfungspraktiker scheinen diesen Zusammenhang anzuerkennen, wie vielfältige Einzelhinweise in Veröffentlichungen von ihnen deutlich machen. Wissenschaftliche Untersuchungen zu dieser Thematik sind dagegen noch selten.

In der vorliegenden Arbeit untersucht die Verfasserin einen Ausschnitt aus den vielfältigen Interaktionen zwischen Prüfern und Geprüften, nämlich die Fehlerbehandlung durch den Prüfer. Welche Einstellung haben Prüfer zu Fehlern der Geprüften? Wie gehen sie mit Fehlern um, die sie während des Prüfungsprozesses feststellen? Die Verfasserin geht davon aus, dass eine optimale Fehlerbehandlung durch den Prüfer sowohl für die geprüfte Organisation als auch für das Prüfungsorgan selbst vorteilhaft ist. Diese Effizienzhypothese ist plausibel; sie dürfte insbesondere vor dem Hintergrund einer sich rasch ändernden Umwelt gültig sein, die eine flexible Anpassung von Prüfungsprozessen erfordert.

Angesichts der noch rudimentären wissenschaftlichen Erkenntnisse über die Fehlerbehandlung und ihre Wirkungen entwickelt die Verfasserin zuerst einen Bezugsrahmen zur Fehlerbehandlung. Dieser zeigt die (vermuteten) Einflussfaktoren und Wirkungen der Fehlerbehandlung systematisch auf. Erkenntnisbasis hierfür sind eine Literaturanalyse sowie logisch-analytische Überlegungen. Sie widmet sich dann der Entwicklung eines Messinstrumentes. Um das theoretische Konstrukt „Fehlerbehandlung" empirisch untersuchen zu können, muss es messbar gemacht werden. Hierfür entwickelt sie einen Fragebogen. Die Zuverlässigkeit dieses Messinstrumentes und die Güte der einzelnen Items werden dann in einer empirischen Untersuchung, an der 60 Prüfern teilgenommen haben, überprüft. In einer zweiten empirischen Untersuchung mit nunmehr 284 Prüfern aus Wirtschaftsprüfungsunternehmen, Internen Revisionsabteilungen und öffentlichen Prüfungsorganen werden schließlich die Aussagekraft des Fragebogens überprüft und erste empirische Erkenntnisse zur Fehlerbehandlung gewonnen, insbesondere Unterschiede im Verhalten der drei Prüfergruppen aufgezeigt.

In wissenschaftlicher Hinsicht stellt die Arbeit einen bemerkenswerten Erkenntnisfortschritt dar. Sie widmet sich einem Gebiet, das für die Prüfungswirkungen vermutlich eine große Bedeutung hat, das aber zugleich – überraschend und unverständlich – in der bisherigen Forschung vernachlässigt worden ist. Es ist ein Verdienst der Verfasserin, den erreichten Forschungsstand klar und systematisch dargestellt und abgewogen bewertet zu haben. Besonders hervorzuheben ist die Integration von Erkenntnissen aus der psychologischen Forschung, die in der Betriebswirtschaftlichen Prüfungslehre bislang keinerlei Beachtung gefunden haben. Hervorzuheben ist weiterhin der Analyserahmen, der die weitere Forschung anregen und anleiten soll, der aber auch der Prüfungspraxis wertvolle Hinweise geben kann. Schließlich ist die empirische Untersuchung zu würdigen. Das entwickelte Messinstrument kann Ausgangspunkt für die weitere empirische Forschung sein.

Prof. Dr. Martin Richter

Vorwort

Die vorliegende Arbeit entstand während meiner Tätigkeit als wissenschaftliche Mitarbeiterin am Lehrstuhl von Prof. Dr. Martin Richter an der Wirtschafts- und Sozialwissenschaftlichen Fakultät der Universität Potsdam. An dieser Stelle möchte ich mich bei den Personen bedanken, die mich während dieser Zeit unterstützt haben und die es mir ermöglicht haben, diese Arbeit erfolgreich zu Ende zu bringen.

An erster Stelle möchte ich Herrn Prof. Dr. Martin Richter dafür danken, dass er mir den Einstieg in ein für mich neues Fachgebiet zugetraut hat. Er hat mich auf dem wechselvollen Weg vom Beginn meiner Tätigkeit an seinem Lehrstuhl im Mai 1998 bis zur Disputation dieser Arbeit im Oktober 2006 stets ermuntert, meine wissenschaftliche Arbeit voranzubringen. Ich danke ihm dafür, dass er mir stets mit fachlichem Rat, konstruktiver Kritik sowie persönlicher Unterstützung zur Seite stand.

Herrn Dr. Stefan Schreiber danke ich für die angenehme Zusammenarbeit in meinen ersten Jahren am Lehrstuhl. Er unterstützte mich aktiv bei der Einarbeitung in die Betriebswirtschaftliche Prüfungslehre. Die gemeinsam durchgeführten Forschungsprojekte sowie die kritischen Diskussionen mit ihm sind mir in sehr angenehmer Erinnerung geblieben. Bei Herrn Dr. Ulfert Gronewold möchte ich mich für die intensive und produktive Zusammenarbeit insbesondere in der letzten Phase der Dissertation bedanken. Besonderer Dank gebührt allen ehemaligen und noch aktiven Doktoranden am Lehrstuhl, insbesondere Frau Dipl.-Kffr. Susann Albinus, Herrn Dr. Andreas Bahr, Herrn Dipl.-Ing. André Herrlein, Herrn Dipl.-Kfm. Michael Melms, Herrn Dipl.-Kfm. Florian Müller-Kroenncke, Frau Dipl.-Kffr. Annika Pohlei sowie Frau Dipl.-Kffr. Constance Wachner.

Besonders herzlich möchte ich mich auch bei der Sekretärin des Lehrstuhls, Frau Roswitha Voigt, bedanken, die immer ein offenes Ohr hatte, ein gutes Wort fand und die organisatorischen Arbeiten am Lehrstuhl fest im Griff hatte.

Zu danken habe ich auch Herrn Prof. Dr. Dieter Wagner für die Übernahme des Zweitgutachtens sowie den Herren Prof. Dr. Gerhard Strohe und Prof. Dr. Erhard Stölting für ihre Mitwirkung in der Promotionskommision.

Neben der fachlichen Unterstützung habe ich auch im privaten Bereich Hilfe gehabt, ohne die ich diese Dissertation nicht hätte schreiben können. Bedanken möchte ich mich bei meiner Mutter, Inge Schubert, für den Rückhalt, den sie mir gegeben hat. Margret und Horst Lampe sind wunderbare Großeltern für meine Kinder. Sie haben mir immer den Rücken für meine Arbeit freigehalten.

Widmen möchte ich diese Arbeit meinem Sohn Anton und meiner Tochter Isabel.

Michaela Donle

Inhaltsverzeichnis

Tabellenverzeichnis

Abbildungsverzeichnis

Abkürzungsverzeichnis

AO	Abgabenordnung
BFuP	Betriebswirtschaftliche Forschung und Praxis (Zeitschrift)
BGBl.	Bundesgesetzblatt
CIA	Certified Internal Auditor
CPA	Certified Public Accountant
CPI	California Psychological Index
EOQ	Error Orientation Questionnaire
GenG	Gesetz betreffend die Erwerbs- und Wirtschaftsgenossenschaften (Genossenschaftsgesetz)
IAPS	International Auditing Practice Statement
IDW	Institut der Wirtschaftsprüfer
IDW PS	Prüfungsstandard des Instituts der Wirtschaftsprüfer
IDW E-IPS	Entwurf zum IDW Prüfungsstandard zur ISA-Ergänzung
IFAC	International Federation of Accountants
IIA	The Institute of Internal Auditors
IIR	Deutsches Institut für Interne Revision e.V.
ISA	International Standard on Auditing
KonTraG	Gesetz zur Kontrolle und Transparenz im Unternehmensbereich
LRHe	Landesrechnungshöfe
MBTI	Myers-Briggs Typen Indikator
o. J.	ohne Jahr
rev.	revised
RHe	Rechnungshöfe
SOA	Sarbanes-Oxley Act
WPg	Die Witschaftsprüfung (Zeitschrift)
WpHG	Wertpapierhandelsgesetz
ZIR	Zeitschrift für Interne Revision (Zeitschrift

1. Einführung

1.1. Problemstellung und Relevanz des Themas

Sowohl für externe Prüfungen als auch für interne und öffentliche Prüfungen gilt, dass sie wesentlich durch die Interaktionen zwischen Prüfer und Geprüften gekennzeichnet sind.[1] In der Phase der Informationsbeschaffung und auch bei der Beurteilung der zu prüfenden Sachverhalte muss der Prüfer Informationen nachfragen, Zwischenergebnisse berichten und Erläuterungen zu unklaren Sachverhalten einfordern. Besonders deutlich wird der Interaktionscharakter von Prüfungen bei der Berichterstattung der Prüfungsfeststellungen. Der Prüfer muss den Mitarbeitern der geprüften Organisation zurückmelden, welche Abweichungen er in den zu prüfenden Sachverhalten gefunden hat. Diese Rückmeldung findet in Form des schriftlichen Prüfungsberichtes am Ende der Prüfung statt. Aber auch schon während der Prüfungsdurchführung wird der Prüfer einzelne Prüfungsfeststellungen berichten. Gegebenenfalls wird bereits während der Prüfung ein Verbesserungsvorschlag erarbeitet und umgesetzt. Bei diesen Prozessen interagiert der Prüfer direkt mit den Mitarbeitern der geprüften Organisation. Es kann angenommen werden, dass die Art und Weise, in der ein Prüfer diese Interaktionen mit den Geprüften gestaltet, wesentliche Auswirkungen auf den weiteren Verlauf der Prüfung hat.

In der Literatur zur betriebswirtschaftlichen Prüfungslehre gibt es bereits zahlreiche Forderungen, die sich darauf beziehen, dass der Prüfer eine bessere Beziehung zu den Mitarbeitern der geprüften Organisation aufbauen sollte.[2] Allerdings handelt es sich dabei in der Regel um Beobachtungen von Prüfungspraktikern. Systematisch wurden die Voraussetzungen für eine bessere Beziehung zwischen Prüfer und Geprüften bislang kaum untersucht. Auch finden sich keine wissenschaftlich gesicherten Erkenntnisse darüber, wie sich eine bessere Beziehung zwischen Prüfer und Geprüften auf den weiteren Prüfungsverlauf und die Prüfungsergebnisse auswirkt.

Als ein wesentlicher Aspekt, der die Beziehung zwischen Prüfer und Geprüften beeinflusst, nennen die Prüfungspraktiker den Umgang des Prüfers mit den Prüfungs-

---

[1] Vgl. Richter (1999c), S. 1501.

[2] Vgl. beispielsweise Gabarro (1979), S. 13; Sheffield (1982), S. 33, oder Crockett (1992), S. 6.

feststellungen.[3] In der Regel werden unter Prüfungsfeststellungen die Fehler des Geprüften verstanden. Positive Prüfungsfeststellungen werden nicht berücksichtigt. Es kann angenommen werden, dass die Strategie, mit der ein Prüfer mit den Fehlern des Geprüften umgeht, wesentlich den weiteren Verlauf der Prüfung beeinflusst. So wird ein Geprüfter, der aus der Entdeckung von Fehlern Sanktionen erwartet, wesentlich weniger bereit sein, Informationen zur Verfügung zu stellen und offen über Schwachstellen im System berichten. Er wird eher dazu tendieren, die Prüfung zu behindern, indem er Informationen zurückhält oder sogar gezielt falsche Informationen weitergibt. Auch wird ein Geprüfter eher nicht bereit sein, die Verbesserungsvorschläge des Prüfers umzusetzen, wenn er erlebt hat, dass der Prüfer diese ohne Einbeziehung der Mitarbeiter der geprüften Organisation entwickelt hat. Andererseits wird ein Geprüfter, der erlebt hat, dass der Prüfer einen entdeckten Fehler nicht einer „schuldigen" Person zuschreibt, sondern gemeinsam mit den Geprüften die Ursachen für Fehler im System sucht, eher bereit sein, den Prüfer zu unterstützen. Wenn der Prüfer dann auch noch die Verbesserungsvorschläge mit den Mitarbeitern der geprüften Organisation gemeinsam erarbeitet, wird die Bereitschaft zur Umsetzung deutlich höher sein.[4]

Insgesamt kann davon ausgegangen werden, dass von einer optimalen Fehlerbehandlung durch den Prüfer sowohl die geprüften Organisationen als auch die Prüfungsorganisationen selbst profitieren können. Die Prüfungsorganisationen sehen sich zur Zeit einer raschen Veränderung ihrer Rahmenbedingungen gegenüber. Die sich ändernden Umweltbedingungen erfordern eine flexible Anpassung der Prüfung an die aktuellen Verhältnisse. Das gilt sowohl für die Wirtschaftsprüfung als auch für die Interne Revision und die öffentliche Prüfung.

Wirtschaftsprüfer stehen aufgrund von Internationalisierung und zunehmender Konzentration auf dem Prüfungsmarkt[5] einem wachsenden Wettbewerbsdruck gegenüber. Dabei sind als Konkurrenten nicht nur Prüfungs- und Beratungsinstitutionen des eigenen Landes zu nennen, sondern auch Wettbewerber anderer Berufsgruppen und ausländische

---

3 Vgl. beispielsweise Hofmann (1995), S. 237.
4 Vgl. Richter (1978), S. 721.
5 Vgl. Ketchand/Strawser (2001), S. 244-245.

Prüfer.[6] So berichten Wirtschaftsprüfer, dass sie einen wachsenden Honorar- und Zeitdruck verspüren, dass die Anspruchshaltung der Kunden zunimmt, neue Technologien eingesetzt werden und sich die Rechnungslegungsnormen entwickeln.[7] Weiterhin verändert sich der Prüferberuf durch zunehmende Technologisierung.[8]

Auch für die Interne Revision sind starke Veränderungen zu beobachten. Da sich das Umfeld der Unternehmen mit zunehmender Dynamik entwickelt, nimmt die Komplexität unternehmerischer Entscheidungen zu und der Wettbewerb wird intensiver.[9] Für die Unternehmen hat dies zur Folge, dass Wissensmanagement und Innovationsfähigkeit verstärkt zentrale strategische Erfolgsfaktoren darstellen und dass die Organisationen die Fähigkeit haben müssen, flexibel auf Veränderungen zu reagieren.[10] So steigt einerseits der Bedarf an Leistungen der Internen Revision[11], andererseits wird die Interne Revision verstärkt ihren Nutzen für das Unternehmen nachweisen müssen. Das Institute of Internal Auditors (IIA) hat 2001 als Reaktion auf diese Entwicklung die Aufgabenstellung der Internen Revision neu definiert. In dieser Neufassung werden zwei übergreifende Ziele betont. Die Interne Revision soll Mehrwert schaffen und dazu beitragen, die Geschäftsprozesse zu verbessern.[12]

Ebenso befinden sich die öffentlichen Verwaltungen in einem Reformprozess. Die Neuen Steuerungsmodelle wurden entwickelt und befinden sich in der Phase der Einführung. Die bisherige Prüfungsrealität wird in der Literatur als vergangenheits- und einzelfallorientiert charakterisiert sowie auf die Beurteilung von Rechtmäßigkeit und Ordnungsmäßigkeit bezogen.[13] Auch für die öffentlichen Verwaltungen verändern sich die Umweltbedingungen, was einen permanenten Veränderungsbedarf zur Folge hat. Der Wettbewerb intensiviert sich, so dass die begrenzten finanziellen Mittel möglichst

---

6 Vgl. Peemöller (2004), S. 16-17.
7 Vgl. Züger (1998), S. 447.
8 Vgl. Dyckerhoff (2001), S. 115.
9 Vgl. Peemöller/Richter (2000), S. 18-19.
10 Vgl. Peemöller/Richter (2000), S. 20-22.
11 Vgl. Peemöller/Richter (2000), S. 27-34.
12 Vgl. Lindner (2003), S. 408. In den IIA Standards heißt es: „Die Interne Revision erbringt unabhängige und objektive Prüfungs- und Beratungsleistungen, welche darauf ausgerichtet sind, Mehrwert zu schaffen und die Geschäftsprozesse zu verbessern...." (IIA Standards, S. 2).
13 Vgl. Richter (1999a), S. 353.

effektiv und effizient eingesetzt werden müssen. Sowohl die Verwaltung als auch die öffentliche Prüfung müssen stärker leistungsorientiert arbeiten.

Dieser Wandel der Rahmenbedingungen und das dynamische Umfeld der Prüfer erfordern ein neues Selbstverständnis der Internen Revision[14] sowie der Wirtschaftsprüfer und der öffentlichen Prüfer. Es besteht Einigkeit darüber, dass sich die Prüfungsaufgaben für interne und öffentliche Prüfer wie folgt verlagern[15]: Als Aufgabenbereiche der Prüfung werden die Überprüfung von Effektivität (Zweckmäßigkeit) und Effizienz (Wirtschaftlichkeit) neben der reinen Ordnungsmäßigkeitsprüfung gesehen. Das beinhaltet auch die Erweiterung der Prüfungstätigkeit vom Finanz- und Rechnungswesen auf alle Teilbereiche der geprüften Organisation. Weiterhin wird der Trend hin zur begleitenden Prüfung mit Zukunftsorientierung gesehen, weg von der vergangenheitsorientierten ex-post Prüfung. Auch in der Wirtschaftsprüfung ist eine Entwicklung von der reinen Ordnungsmäßigkeitsprüfung, die vergangenheitsorientiert ist und sich auf das Rechnungswesen beschränkt, hin zu einer risikoorientierten und umfassenderen Prüfung zu beobachten.[16] Seit dem Bilanzrechtsreformgesetz[17] ist der Wirtschaftsprüfer verpflichtet, auch die im Lagebericht dargestellten Chancen zu prüfen.[18] Es wird von der „Entwicklung von einer Prüfung der Bilanz zu einer Prüfung des Geschäfts“[19] gesprochen. Im Folgenden sollen einzelne Entwicklungstendenzen für die Prüfung identifiziert und in ihrer Beziehung zum Verhalten des Prüfers, insbesondere zu seiner Fehlerbehandlung diskutiert werden.

Aus den veränderten Rahmenbedingung für die Prüfung ergeben sich im Wesentlichen drei Entwicklungstendenzen, die in der Prüfung zu beobachten sind: die Zunahme der Beratungsleistungen, die Übernahme der Funktion als Chancen- und Veränderungsmanager und die Übernahme der Funktion als Wissens- und Informationsmanager.

---

14 Vgl. Lindner (2003), S. 407.
15 Für die Interne Revision vgl. beispielsweise Hunecke (2004), S. 26-27; für die öffentliche Prüfung vgl. Richter (1999a), S. 355-356.
16 Vgl. Wiedmann (2000), S. 449-450; Dyckerhoff (2001), S. 119-121.
17 Vgl. Bilanzrechtsreformgesetz (2004), Tz. 21.
18 Vgl. § 317 Abs. 2 S. 2 HGB.
19 Peemöller (2004), S. 18.

(a) Zunahme der Beratungsleistungen

Insbesondere für die Interne Revision und die öffentliche Prüfung gilt, dass eine Zunahme der Beratungsleistungen zu beobachten ist. Dieser Trend wird sich auch in der Zukunft weiter fortsetzen. In der Internen Revision wird von einer Verlagerung der Zielsetzung der Revisionstätigkeit gesprochen, die weg geht von einer Ermittlung von Abweichungen und Schwachstellen hin zu einer Verbesserung der Sachverhalte.[20] Der Interne Revisor verlagert sein Aufgabengebiet immer mehr vom „Kontrolleur" zum „beratenden Partner nicht nur für die Geschäftsführung, sondern auch für andere Stellen, die Revisionshinweise weniger als tadelnde Kritik, sondern als Vorschläge für bessere Lösungen ... akzeptieren lernen."[21]

Für öffentliche Prüfer konnte auf Bundesebene ebenfalls eine Verlagerung von der nachträglichen Prüfung zu einer Beratung beobachtet werden.[22] Auch für den Europäischen Rechnungshof gilt, dass, er „in zunehmendem Maße ... eine beratende Tätigkeit ausübt".[23] Es wird diskutiert, dass durch eine vorgängige Beratung irreparable Schäden verhindert werden können und sich die Durchsetzungskraft der Prüfer erhöhen könne. Dadurch könnte und sollte der Prüfer in der Lage sein, einen wesentlichen Beitrag zur Verwaltungsmodernisierung zu leisten.[24]

Auch in der externen Prüfung besteht Einigkeit darüber, dass mit der Analyse der Strategien des geprüften Unternehmens und der zunehmenden Relevanz der Prozessanalyse die beratenden Tätigkeiten im Rahmen der externen Prüfung zunehmen.[25] Der Kunde erwartet zunehmend, dass sein Prüfer Mehrwert erbringt.[26] Dabei bleiben die Anregungen zur Verbesserung nicht nur auf das Rechnungswesen beschränkt, sondern umfassen die gesamten Geschäftsaktivitäten des geprüften Unternehmens.[27]

---

20 Vgl. Hunecke (2004), S. 26; Hunecke/Henke (2006), S. 159.
21 Janke (2003), S. 1017.
22 Vgl. Kellner (2001), S. 294.
23 Freytag (2005), S. 40.
24 Vgl. Kellner (2001), S. 296-297.
25 Vgl. Wiedmann (2000), S. 461.
26 Vgl. Züger (1998), S. 447, und Moser/Lindegger (2000), S. 1185.
27 Vgl. Dyckerhoff (2001), S. 121.

Die Zweckmäßigkeit der Beratung durch den Prüfer und die Wirkung der Beratungsleistung auf die Unabhängigkeit des Prüfers werden in der Literatur intensiv diskutiert.[28] Während die regulatorischen Grundlagen für die Interne Revision eine Übernahme von Beratungsleistungen durch den Prüfer explizit vorsehen[29], ist in der Wirtschaftsprüfung mit der Verabschiedung des KonTraG[30] und des amerikanischen Sarbanes-Oxley Acts[31] eine Einschränkung der Beratungsleistungen zu beobachten. Auf diese Diskussion soll in der vorliegenden Arbeit nicht weiter eingegangen werden, da sie für das Thema der Arbeit keine neuen Erkenntnisse liefert.

Welche Schlussfolgerungen können aus dieser beobachteten Zunahme der Beratungsleistungen für die Anforderungen an das konkrete Verhalten des Prüfers, insbesondere nach der Entdeckung von Fehlern in den zu prüfenden Sachverhalten, gezogen werden? Die Beratung erfordert ein anderes Umgehen mit den Mitarbeitern der geprüften Organisation und ein anderes Rollenverständnis des Prüfers. Beratung bedeutet auch, dass der Prüfer nicht mehr selbst entwickelte Lösungen vorgibt, die die Geprüften umzusetzen haben. Vielmehr müssen die Lösungsvorschläge in einem interaktiven Prozess mit den Geprüften gemeinsam erarbeitet werden. Wie in einer empirischen Untersuchung[32] belegt werden konnte, ist es für die Akzeptanz der Beratung durch den Prüfer notwendig, dass der Geprüfte die Beratung tatsächlich nachfragt und nicht nur vorgegeben bekommt. Andernfalls empfindet er die Beratung als Belehrung und reagiert tendenziell ablehnender darauf. Andererseits muss er die erbrachten Beratungsleistungen tatsächlich als relevant für sich beurteilen.[33] Insgesamt kann angenommen werden, dass

---

28 Vgl. beispielsweise Grand (1998); Pomeranz (1998); Peemöller/Richter (2000); Wiedmann (2000); Dyckerhoff (2001); Kellner (2001); Budäus (2002); McCall (2002); Brown/Mendenhall/Kramer (2003); Schwager (2003); Mustafa/Kennard (2004).

29 In den Berufsgrundsätzen des IIA werden Prüfung und Beratung als Dienstleistungen der Internen Revision beschrieben. Vgl. IIA Practice Advisory Nr. 1000.C1-1 (Grundsätze für die Durchführung von Beratungsaktivitäten durch Interne Revisoren).

30 Nach Artikel 2, Punkt 7, Abs. a) KonTraG wurden die Geschäftseinnahmen, die ein Wirtschaftsprüfer von der zu prüfenden Kapitalgesellschaft in den letzten fünf Jahren bezogen hat, von 50% auf 30% reduziert.

31 Nach Section 201 (a) SOA (2002) wurden die Dienstleistungen, die Prüfer zusätzlich zur Prüfung erbringen dürfen, deutlich eingeschränkt.

32 Vgl. Morgan/Pattinson (1975).

33 Vgl. Morgan/Pattinson (1975), S. 30. Die Studie wird etwas ausführlicher in Abschnitt 4.4.3.3. dieser Arbeit vorgestellt.

sich bei verstärkter Beratungsleistung durch den Prüfer sowohl seine grundlegende Einstellung gegenüber dem Geprüften ändern muss als auch sein konkretes Verhalten insbesondere nach der Fehlerentdeckung. Ein Prüfer, der seine wesentliche Aufgabe darin sieht, möglichst viele Fehler in den geprüften Sachverhalten zu identifizieren und der bestrafende Handlungen für die verantwortlichen Personen empfiehlt, wird weniger Akzeptanz bei den Mitarbeitern der geprüften Organisation erhalten als ein Prüfer, der gemeinsam mit den Geprüften die Strukturen und Abläufe verbessern möchte und der die entdeckten Fehler als Chance zum Lernen beurteilt. Die wissenschaftliche Auseinandersetzung mit der Fehlerbehandlung kann somit einen Beitrag dazu leisten, dass der Prüfer bessere Beratungsleistungen für die geprüfte Organisation erbringen kann.

(b) Funktion als Chancen- und Veränderungsmanager

Da sich viele Unternehmen zurzeit verstärkt an sich ändernde Rahmenbedingungen anpassen müssen, sind häufig unternehmerische Umstrukturierungen notwendig.[34] Um diese organisatorischen Veränderungen aktiv begleiten zu können, wird von den Prüfern, insbesondere von Internen Revisoren, in den letzten Jahren verstärkt ein verändertes Selbstverständnis gefordert. Insbesondere die Forderung, dass der Prüfer als Veränderungsmanager[35] zu agieren habe, wird immer häufiger genannt.[36] Das Veränderungsmanagement geht über die reine Beratungsleistung des Prüfers hinaus. Während die Beratung in der Regel mit der Präsentation der Verbesserungsvorschläge endet, muss ein Prüfer als Veränderungsmanager aktiv Veränderungspotential suchen und sich an der Umsetzung beteiligen.[37] Diese Veränderung im Aufgabenbereich des Prüfers wird insbesondere in der internen und der öffentlichen Prüfung diskutiert. Der Prüfer solle notwendige Veränderungen in der Organisation steuern, ohne die inhaltliche Ausgestaltung der Veränderungen zu übernehmen. Diese inhaltliche Arbeit müsse auch weiterhin Aufgabe der geprüften Bereiche beziehungsweise der Vorgesetzten der geprüften Bereiche sein, damit keine Konflikte hinsichtlich der Unabhängigkeit des

---

34 Vgl. Peemöller (2004), S. 119.

35 Der englische Begriff: „*change agent*“ wird auch im Deutschen häufig synonym für „Veränderungsmanager“ verwendet.

36 Vgl. beispielsweise Richter (1999a), S. 355-359; Peemöller/Richter (2000), S. 34-40; Marks (2001); Brand-Noé (2002a), S. 157-162; Donle/Richter (2003), S. 199; Füss (2005), S. 77; Pickett (2005), S. 499-501.

37 Vgl. Peemöller/Richter (2000), S. 37.

Prüfers entstehen.[38] Auch die Forderung in der Literatur[39], dass der Prüfer Mehrwert schaffen sollte („*add value*"), lässt sich in diesen Zusammenhang integrieren. Da der wesentliche Nutzen von Prüfungen weniger in der Fehlerfeststellung und in der Information über Fehler im Prüfungsobjekt liegt, sondern „im Wesentlichen erst aus den Veränderungen, das heißt aus der Fehlerkorrektur und/oder der Umsetzung von Empfehlungen und Anregungen der Prüfer"[40] resultiert, muss der Prüfer aktiv darauf Einfluss nehmen, dass die Veränderungsprozesse tatsächlich in Gang kommen und nicht „versanden".[41]

Neben diesem aktiven Umgang mit den negativen Prüfungsfeststellungen, den entdeckten Fehlern, zählt zur Funktion des Prüfers als Chancenmanager ebenfalls eine Nutzung der positiven Prüfungsfeststellungen. Der Prüfer solle Chancen des Unternehmens frühzeitig erkennen und zur Verbesserung der Organisation nutzen.[42]

Auch für die externe Prüfung wird beschrieben, dass die Auftraggeber der Prüfung zunehmend mehr vom Prüfer erwarten als lediglich eine Erteilung des Bestätigungsvermerks und den Prüfungsbericht. Vielmehr sollte der Prüfer als unabhängige Person, die einen umfassenden Einblick in die Geschäftsprosse des Unternehmen erhält, Schwachstellen im Unternehmen identifizieren und an der Entwicklung von Verbesserungsvorschlägen maßgeblich beteiligt sein. Er wird somit ein Teil des kontinuierlichen Verbesserungsprozesses im Unternehmen.[43]

Aus den veränderten Aufgaben des Prüfers ergeben sich neue Anforderungen an die Person des Prüfers. So werden insbesondere die kommunikativen und interpersonalen Fähigkeiten des Prüfers sowie seine persönliche Überzeugungskraft an Gewicht gewinnen.[44] „Das Profil des Revisors verändert sich. ... Neben fachlichen Anforderungen

---

38 Vgl. Richter (1999a), S. 358.
39 Vgl. beispielsweise Roth (2003).
40 Richter (2000), S. 665.
41 Vgl. Donle/Richter (2003), S. 199.
42 Vgl. Füss (2005), S. 74.
43 Vgl. Wiedmann (2000), S. 456-457.
44 Vgl. Richter (1999a), S. 359.

sind es Methoden und soziale Kompetenzen, die unbedingt erforderlich sind."[45] Gerade für das Voranbringen von Veränderungen ist anzunehmen, dass das konkrete Verhalten des Prüfers ein entscheidender Einflussfaktor ist. Wenn es dem Prüfer gelingt, durch ein partnerschaftliches Auftreten die Geprüften in den Veränderungsprozess einzubeziehen, werden sie die Veränderungen eher aktiv unterstützen. Wenn der Prüfer in seiner Arbeit allerdings in den Vordergrund stellt, Fehler zu finden und Verantwortliche zu benennen, kann eine Abwehrhaltung der Geprüften allen Veränderungen gegenüber die Folge sein. Aus dieser neuen Funktion des Prüfers als Veränderungsmanager lässt sich die Forderung ableiten, sich noch intensiver mit dem konkreten Verhalten des Prüfers gegenüber dem Geprüften auseinanderzusetzen. Insbesondere der Umgang mit den Fehlern des Geprüften scheint in diesem Zusammenhang einen wesentlichen Einfluss auf den Erfolg seiner Tätigkeit zu haben.

(c) Funktion als Wissens- und Informationsmanager

Aktuell wird neben der Funktion des Prüfers als Berater und als Chancen- und Veränderungsmanager in der Literatur verstärkt die Aufgabe der Internen Revision als Wissens- oder Informationsmanager diskutiert.[46] Die Autoren betonen, dass das im Unternehmen vorhandene Wissen eine wesentliche Quelle für beruflichen Erfolg und Innovation sei.[47] Da der Interne Revisor Einblick in die verschiedensten Bereiche des Unternehmens erhält und sein Zugang zu Informationen nahezu unbeschränkt ist[48], sammelt er in Ausübung seiner Prüfungstätigkeit zwangsläufig Wissen über das Unternehmen, das er als Informationsmanager einerseits anderen Prüfern, andererseits aber auch anderen Mitarbeitern der gesamten Organisation zur Verfügung stellen sollte. Der Interne Revisor sollte verantwortlich für den Aufbau eines unternehmensweiten Wissensmanagements sein.[49]

---

45 Brand-Noé (2002a), S. 162.

46 Vgl. beispielsweise Germer (2002); Jozseffi (2003); Ruud/Jenal (2003), die den Begriff „Wissens-Intermediär" verwenden; Blümel/Haeußler/Pröpsting (2004), S. 142-146; Hobuss (2004), der den Begriff „Knowledge Manager" verwendet; Shawver (2005); Krumm (2006).

47 Vgl. Shawver (2005), S. 21; Krumm (2006), S. 225.

48 Vgl. Hobuss (2004), S. 25.

49 Vgl. Ruud/Jenal (2003), S. 10-12; Hobuss (2004), S. 26.

Um das gesammelte Wissen systematisch nutzbar zu machen, müsse zunächst auf organisationaler Ebene eine Kultur des Wissensaustausches geschaffen werden.[50] Grundsätzlich sei es für eine effektive Nutzung des Wissens notwendig, dass Prüfer und Geprüfte eine gute Beziehung zueinander haben und in ständigem Kontakt zueinander stehen. Die Kommunikation zwischen Prüfer und Geprüften stelle eine wesentliche Voraussetzung für die Nutzung des Wissenssystems dar.[51] Dazu sei einerseits eine bessere Technologie, wie Datenbanken oder Intranets erforderlich. Außerdem müssten die Möglichkeiten für informelle soziale Kontakte, wie regelmäßige Abteilungstreffen oder Cafeteria-Gespräche systematisch ausgebaut werden.[52] Auch formelle Mechanismen, wie regelmäßige Sitzungen und Workshops sollten verstärkt werden.[53]

Insgesamt lässt sich auch in dieser Diskussion erkennen, dass eine gute Beziehung zwischen Prüfer und Geprüften verstärkt an Relevanz gewinnt. Von allen Autoren wird gefordert, dass die Kommunikation zwischen Prüfer und Geprüften verbessert wird, wobei unter Kommunikation nicht mehr ausschließlich die formelle Kommunikation im Rahmen der schriftlichen Berichterstattung verstanden wird, sondern auch informelle Kontakte zwischen den beteiligten Personengruppen explizit gefordert werden. Um diese Aufgaben des Informationsmanagers wahrnehmen zu können, muss der Prüfer sein Verhalten gegenüber dem Geprüften anpassen und es müssen organisationale Rahmenbedingungen geschaffen werden, damit Prüfer und Geprüfte effektiv zusammenarbeiten können. Diese organisationalen Bedingungen schließen Veränderungen im Organisationsklima ebenso mit ein, wie Strukturen und Abläufe, die informelle Kontakte bewusst fördern. Es wird anerkannt, dass die „Interne Revision ... dabei neben der Überwachungsfunktion vermehrt Aufgaben der Information, der Beratung und der Unterstützung auf der Grundlage des in der Organisationseinheit vorhandenen breiten Wissens zu erfüllen“[54] hat. Für öffentliche und externe Prüfer wird die Funktion als Wissens- und Informationsmanager noch nicht in der Literatur beschrieben. Es kann aber davon ausgegangen werden, dass sowohl interne als auch

---

50 Vgl. Ruud/Jenal (2003), S. 10-12; Hobuss (2004), S. 26.
51 Vgl. Ruud/Jenal (2003), S. 10;
52 Vgl. Hobuss (2004), S. 26.
53 Vgl. Ruud/Jenal (2003), S. 13-14.
54 Jozseffi (2003), S. 9.

öffentliche und externe Prüfer zukünftig verstärkt Wissen sammeln und vermitteln müssen und die Forderung nach einer besseren Kommunikation daher für alle Prüfertypen gilt.

Insgesamt zeigt die Auseinandersetzung mit den Entwicklungstendenzen der Prüfung, dass die Notwendigkeit erkannt wird, das Verhalten des Prüfers zu berücksichtigen. Es werden geänderte Rahmenbedingungen und neue Anforderungen an den Beruf des Prüfers formuliert. Mehr oder weniger direkt wird gefordert, dass sich das Verhalten des Prüfers an die neuen Anforderungen anpassen müsse. Das geänderte Verhalten betrifft, wie bei der Argumentation zum Prüfer als Veränderungsmanager besonders deutlich wird, auch den Umgang des Prüfers mit den Fehlern, die er beim Geprüften findet. Da sich der Aufgabenbereich des Prüfers von der reinen nachträglichen Überprüfung des Rechnungswesens erweitert zu einer prozessbegleitenden, beratenden Tätigkeit, die eine Verbesserung von Strukturen und Abläufen zum Ziel hat, verändern sich auch die Anforderungen an die Person des Prüfers und an sein Verhalten. Der Prüfer muss einerseits verstärkt über betriebswirtschaftliche und organisatorisch-verhaltenswissenschaftliche Fachkenntnisse verfügen.[55] Andererseits werden seine kommunikativen und interpersonalen Fähigkeiten sowie seine Überzeugungskraft an Relevanz gewinnen.[56] Ein Prüfer, der diesen Anforderungen gerecht werden kann, muss somit über soziale Kompetenz verfügen und eine ausgeprägte Kommunikationsfähigkeit besitzen. Diese Anforderungen schließen naturgemäß sein Verhalten bezogen auf die Fehler des Geprüften mit ein.

Wenn also die Zielstellung der Prüfung nicht ausschließlich in der Feststellung von Fehlern gesehen wird, sondern auch in der Fehlerkorrektur beziehungsweise in der Umsetzung von Empfehlungen und Anregungen des Prüfers, so ist das Verhalten des Prüfers bezogen auf die Fehler des Geprüften von besonderer Relevanz.

In einer Reihe von Aufsätzen, die von Praktikern, insbesondere aus den Reihen der Internen Revision, verfasst wurden, wird dieses Thema aufgegriffen. In den meisten

---

55 Vgl. Richter (1999a), S. 358-359.
56 Vgl. Füss (2005), S. 302.

Aufsätzen werden Ratschläge zur optimalen Verfassung des Prüfungsberichtes[57] geben. Weiterhin finden sich Beiträge zum Verhalten des Prüfers bei der Interaktion mit dem Geprüften[58]. Zur Fehlerbehandlung des Prüfers existieren bisher lediglich Einzelaussagen, die implizit in verschiedenen Aufsätzen enthalten sind. Es fehlt bislang eine systematische Darstellung in Form eines Modells oder Bezugsrahmens, in den diese Erkenntnisse integriert werden können. Weiterhin gibt es für eine empirische Annäherung an diese Fragestellung bisher kein methodisches Instrumentarium zur Erfassung der Fehlerbehandlung durch den Prüfer.

Um den Prüfungsprozess besser verstehen zu können, ist es unabdingbar, verhaltenswissenschaftliche Fragestellungen stärker in das Zentrum der Forschung zu stellen[59] und die Interaktionen im Prüfungsprozess zu analysieren. Als ein Aspekt der Interaktionen im Prüfungsprozess wird in dieser Arbeit die Behandlung der Fehler durch den Prüfer untersucht. Damit wird eine Fragestellung behandelt, für die bereits seit den 1970er Jahren die Relevanz durch die Prüfungspraktiker betont wird[60], die von der Wissenschaft aber nur vereinzelt aufgegriffen wurde[61].

Die Untersuchung der Fehlerbehandlung ist aus betriebswirtschaftlicher Sicht notwendig, da eine angemessene Fehlerbehandlung durch den Prüfer die Effektivität und Effizienz der Prüfung erhöhen kann. Wenn die Interaktion zwischen Prüfer und Geprüften verbessert wird, werden sich Reibungsverluste verringern, Verbesserungsvorschläge können besser umgesetzt werden, das umfangreiche betriebswirtschaftliche Wissen der Prüfer kann besser genutzt werden und das organisationsinterne Wissen der Mitarbeiter in der geprüften Organisation kann besser einbezogen werden. Insgesamt sind angemessenere Lösungen möglich, wenn Prüfer und Geprüfter konstruktiv zusammenarbeiten als wenn eine Partei allein eine Lösung vorgibt und auf den Beitrag der anderen Seite verzichtet, weil die Kommunikation zwischen beiden gestört ist.

---

57 Vgl. ausführliche Darstellung im Abschnitt 2.4.5.2 dieser Arbeit.
58 Vgl. Abschnitt 2.4.2 dieser Arbeit.
59 Vgl. Wilson/Wood (1985), S. 2.
60 Vgl. beispielsweise Berry (1976) oder Gabarro (1979).
61 Eine Ausnahmen bildet die in Abschnitt 2.4.2.2 vorgestellte Studie des Insitute of Internal Auditors (1972), in der die Verhaltensstile von Prüfern untersucht wurden.

1.2. Zielstellung

In der vorliegenden Arbeit soll die Fehlerbehandlung des Prüfers systematisch untersucht werden. Dazu wird ein Analyserahmen zur Fehlerbehandlung des Prüfers entwickelt. In diesem Analyserahmen wird dargestellt, welche Einflussfaktoren die Fehlerbehandlung des Prüfers bestimmen und welche Bedeutung die Fehlerbehandlung für die Prüfungsergebnisse und Prüfungswirkungen haben kann. Die einzelnen Beziehungen werden logisch-analytisch hergeleitet und, soweit das bereits möglich ist, mit empirischen Daten belegt. Es werden Ansatzpunkte für weitere empirische Untersuchungen herausgearbeitet und Hypothesen über mögliche Zusammenhänge abgeleitet. Weiterhin wird eine methodische Voraussetzung für die Untersuchung der Fehlerbehandlung im Prüfungsprozess geschaffen. Dazu wird ein Fragebogen entwickelt, mit dem die Fehlerbehandlung des Prüfers erfasst werden kann. Der Fragebogen wird in zwei empirischen Untersuchungen überprüft. Es werden empirisch gesicherte Aussagen über seine Reliabilität und Validität getroffen und die ersten Ergebnisse zu Zusammenhängen zwischen der Fehlerbehandlung und anderen Variablen des Prüfungsprozesses vorgestellt.

1.3. Gang der Untersuchung

Im zweiten Kapitel der Arbeit wird der Stand der Forschung zur Fehlerbehandlung des Prüfers innerhalb der betriebswirtschaftlichen Prüfungslehre dargestellt. Da der Umgang des Prüfers mit den Fehlern des Geprüften bislang kaum explizit untersucht wurde, sollen in diesem Kapitel die zum Teil implizit enthaltenen Hinweise zur Fehlerbehandlung in den Beiträgen zur betriebswirtschaftlichen Prüfungslehre identifiziert werden. Um den Anwendungsbereich der weiteren Aussagen beurteilen zu können, werden zunächst die Aussagen zum Fehler des Geprüften beschrieben. Anschließend werden die Beiträge zur Fehlerentdeckung des Prüfers auf implizite Aussagen zur Fehlerbehandlung des Prüfers untersucht. Ausführlicher werden anschließend die Aussagen zur Fehlerbehandlung im engeren Sinne vorgestellt. Indirekte Aussagen zur Fehlerbehandlung in diesem engeren Sinne wurden in Beiträgen zum Umgang des Prüfers mit den Geprüften, zur Dokumentation der Prüfungsfeststellungen und zur Berichterstattung des Prüfers gesucht. Innerhalb dieser Abschnitte werden die Aussagen anhand ihrer Aussagekraft systematisiert, wobei die begrifflichen und regulatorischen Aussagen die Grundlage bilden und deshalb zuerst dargestellt werden. Anschließend werden, soweit vorhanden, unsystematisch gewonnene Erkenntnisse, Beobachtungen und Empfehlungen von

Prüfungspraktikern dargestellt, bevor systematische Untersuchungsergebnisse zusammengetragen werden.

Das Kapitel wird mit einer Beurteilung der Forschung zur Fehlerbehandlung innerhalb der betriebswirtschaftlichen Prüfungslehre abgeschlossen. Dabei wird gezeigt, dass insbesondere die Interaktion zwischen Prüfer und Geprüften von der Forschung bisher vernachlässigt wurde. Der Prüfungsprozess wurde bisher nahezu ausschließlich aus der Sicht des Prüfers betrachtet, die Person des Geprüften blieb unberücksichtigt. Außerdem wird die Person des Prüfers wenig differenziert. Lediglich die kognitiven Verarbeitungsprozesse des Prüfers wurden systematisch untersucht. Die Auswirkungen unterschiedlicher Stile und Verhaltensweisen des Prüfers auf den Prüfungsprozess wurden dagegen kaum berücksichtigt. Andererseits steht dieser geringen wissenschaftlichen Auseinandersetzung eine große Zahl an Veröffentlichungen durch Prüfungspraktiker gegenüber, die die Relevanz des Themas deutlich macht. Es wird gezeigt, dass insbesondere die systematische verhaltenswissenschaftliche Betrachtung der Fehlerbehandlung einen wesentlichen Fortschritt bei der Erklärung des Prüfungsprozesses liefern kann.

Daher wird im dritten Kapitel der Stand der Forschung zur Fehlerbehandlung innerhalb der psychologischen Literatur zusammengefasst. Zunächst werden die Begriffe „Fehler“ und „Fehlerbehandlung“, wie sie in der Psychologie verstanden werden, erläutert. Anschließend werden zwei Strategien der Fehlerbehandlung vorgestellt: die Fehlervermeidung und das Fehlermanagement.

Die Strategie der Fehlervermeidung beinhaltet die Gestaltung der Umweltbedingungen so, dass möglichst keine Fehler auftreten. Es wird davon ausgegangen, dass der Handelnde durch eine Einhaltung aller Regulierungen jegliche Fehler vermeiden kann. Wenn dennoch ein Fehler aufgetreten ist, so wird dieser negativ bewertet und der handelnden Person zugeschrieben. Bei dieser Strategie wird jedoch vernachlässigt, dass eine vollständige Vermeidung aller Fehler unmöglich ist. Die Strategie der Fehlervermeidung bringt den Nachteil mit sich, dass das Lernpotential von Fehlern nicht genutzt wird. Bei sich verändernden Rahmenbindungen führt diese Strategie zu Stagnation und mangelnder Anpassung.

Bei der Strategie des Fehlermanagements wird hingegen versucht, die Chancen, die sich aus den Fehlern ergeben, zu nutzen. Hier wird unterschieden zwischen den Fehlern an sich und den negativen Konsequenzen, die aus den Fehlern folgen. Es wird betont, dass nicht der Fehler selbst problematisch ist, sondern die Konsequenzen, die aus dem Fehler folgen. Daher wird argumentiert, dass Fehler als Lernpotential zu nutzen sind, wenn die negativen Folgen der Fehler gering gehalten werden können. Es werden empirische Belege für die Überlegenheit des Fehlermanagements in spezifischen Situationen vorgestellt.

Der Forschungsstand zur Fehlerbehandlung in der Psychologie wird schließlich zusammenfassend beurteilt. Dabei wird gezeigt, dass theoretische Konzepte zur Fehlerbehandlung vorliegen, zuverlässige Messinstrumente zur Ermittlung der individuellen Fehlerorientierung und des organisationalen Fehlerklimas entwickelt und die Gültigkeit der Konzepte in spezifischen Situationen belegt wurde.

Im vierten Kapitel werden die betriebswirtschaftlichen und psychologischen Aussagen zur Fehlerbehandlung in einem Analyserahmen zusammengefasst. Als Grundlage für die Entwicklung des Analyserahmens dient der von RICHTER entwickelte Konzeptionelle Bezugsrahmen für eine realwissenschaftliche Theorie von Prüfungen[62], der kurz vorgestellt wird. Anschließend werden die begrifflichen Grundlagen geklärt, indem die Begriffe „Fehler“ und „Fehlerbehandlung“, wie sie im Folgenden verwendet werden, beschrieben werden.

Im Analyserahmen zur Fehlerbehandlung werden zunächst die Einflussfaktoren vorgestellt, die die Fehlerbehandlung des Prüfers bestimmen. Dabei wird unterschieden zwischen personalen und situationalen Einflussfaktoren sowie der Interaktion zwischen Prüfer und Geprüften. Als personale Einflussfaktoren des Prüfers werden insbesondere seine Persönlichkeitseigenschaften und seine allgemeinen Einstellungen beschrieben. Die situationalen Einflussfaktoren beinhalten die Art des Fehlers, die Art der Prüfung, die Rolle des Prüfers sowie Eigenschaften der Prüfungsorganisation. Die Interaktion zwischen Prüfer und Geprüften wird bestimmt durch die Einstellungen der Prozessbeteiligten sowie durch ihr konkretes Verhalten. Dabei werden auch Merkmale der geprüften Organisation, wie das Fehlerklima oder die spezifische Arbeitsaufgabe des

---

62 Vgl. Richter (1999b).

Geprüften berücksichtigt. Weiterhin wird untersucht, welche Wirkung die Fehlerbehandlung durch den Prüfer auf die Prüfungsergebnisse und -wirkungen haben kann. Dabei werden die Wirkungen für die Geprüften und den Prüfer vorgestellt, bevor Wirkungen für die Qualität der Prüfung und die Beziehung zwischen Prüfer und Geprüfte diskutiert werden. Anschließend werden die Prüfungswirkungen für die geprüfte und die prüfende Organisation abgeleitet. Die einzelnen Zusammenhänge innerhalb des Analyserahmens werden, soweit vorhanden, mit Ergebnissen von empirischen Untersuchungen aus der betriebswirtschaftlichen Prüfungslehre und der Psychologie untermauert.

Das Ergebnis des Analyserahmens besteht darin, dass potentielle Einflussfaktoren beschrieben werden, die tendenziell eine Strategie der Fehlervermeidung oder eine Strategie des Fehlermanagements durch den Prüfer begünstigen. Weiterhin wird diskutiert, welche Prüfungswirkungen im Zusammenhang mit der Strategie der Fehlerbehandlung durch den Prüfer stehen könnten. Die Aussagen haben zum Teil den Charakter von Annahmen und sollten empirisch belegt werden. Für eine empirische Untersuchung der Fehlerbehandlung fehlt bislang jedoch ein methodisches Instrument, mit dem die Fehlerbehandlung des Prüfers erfasst werden kann.

Daher wird im fünften Kapitel die Entwicklung eines Messinstrumentes zur Erfassung der Fehlerbehandlung durch den Prüfer beschrieben. Aufbauend auf den Ergebnissen des Analyserahmens wird ein Fragebogen entwickelt, der die bevorzugte Strategie der Fehlerbehandlung eines Prüfers erfassen soll. Er soll anwendbar sein für externe, interne und öffentliche Prüfer. Der Aufbau des Fragebogens sowie die Konstruktion der Fragebogen-Items werden erläutert. In einer empirischen Untersuchung wird die Güte der einzelnen Fragebogen-Items überprüft. Eine revidierte Fassung des Fragebogens wird entwickelt, die eine gute interne Konsistenz aufweist. Damit werden Aussagen zur Reliabilität des Messinstrumentes getroffen. Die Validität muss in einer weiteren Untersuchung überprüft werden.

Im sechsten Kapitel wird daher eine weitere empirische Untersuchung beschrieben, in der die revidierte Fassung des Fragebogens zur Fehlerbehandlung verwendet wird. Primäre Zielstellung dieser Untersuchung ist die Validierung des gemessenen Konstruktes. Es sollen Aussagen darüber getroffen werden, inwieweit das zu messende Verhalten tatsächlich erfasst wird und wie es mit ähnlichen Konstrukten, insbesondere der individuellen Fehlerorientierung des Prüfers und dem organisationalen Fehlerklima in der Prüfungsorganisation zusammenhängt. Dazu wurden Interne Revisoren, öffentliche

Prüfer und externe Prüfer befragt. Es wird die Entwicklung der Fragestellung und der zu testenden Hypothesen beschrieben. Die Methodik der Datengewinnung und -analyse wird dargestellt und die Ergebnisse der Untersuchung werden präsentiert und interpretiert.

Im siebten Kapitel werden die Beschränkungen der Untersuchung diskutiert, wobei Schlussfolgerungen für eine Anpassung des Analyserahmens sowie Ansatzpunkte für die weitere Forschung dargestellt werden. Es wird begründet, welche Forschungsvorhaben wichtige Aussagen über die Wirkungsweise der Fehlerbehandlung durch den Prüfer liefern könnten, bevor im achten Kapitel die Ergebnisse der Arbeit zusammengefasst werden.

2. Stand der Forschung in der betriebswirtschaftlichen Prüfungslehre zur Fehlerbehandlung im Prüfungsprozess

2.1. Überblick

In diesem Kapitel werden die Aussagen systematisch dargestellt, die in der Literatur zur betriebswirtschaftlichen Prüfungslehre über die Fehlerbehandlung des Prüfers zu finden sind. Zunächst werden im Abschnitt 2.2 die Aussagen zum Fehler des Geprüften zusammengetragen, da die Definition des Begriffs und die Beschreibung unterschiedlicher Fehlerarten eine Grundlage für die Untersuchung der Fehlerbehandlung bilden. Gegebenenfalls sollen indirekt enthaltene Aussagen zum Umgang des Prüfers mit den Fehlern des Geprüften identifiziert werden. Anschließend werden im Abschnitt 2.3 die Aussagen zur Entdeckung des Fehlers durch den Prüfer zusammengefasst und auf Hinweise zur Fehlerbehandlung untersucht. Im Anschluss daran werden im Abschnitt 2.4 die in der betriebswirtschaftlichen Prüfungslehre gefundenen Aussagen zur Fehlerbehandlung im engeren Sinne dargestellt. Unter Fehlerbehandlung im engeren Sinne wird vorläufig die Reaktion des Prüfers auf einen gefundenen Fehler des Geprüften verstanden. Eine detailliertere Begriffsbestimmung wird bei der Entwicklung des Analyserahmens zur Fehlerbehandlung im Kapitel 4.2 beschrieben. Aussagen zur Fehlerbehandlung des Prüfers werden in der Literatur zum Umgang des Prüfers mit den Geprüften allgemein, zur Dokumentation der Prüfungsfeststellungen und zur mündlichen und schriftlichen Berichterstattung gesucht. In jedem Teilabschnitt wird mit der Darstellung der regulatorischen Grundlagen begonnen, bevor die Aussagen von Prüfungspraktikern dargestellt werden. Anschließend werden die deduktiv oder empirisch ermittelten Aussagen zu dem Bereich vorgestellt. Der Schwerpunkt der Untersuchung liegt darin, die bereits vorhandenen Aussagen zur Fehlerbehandlung des Prüfers zu identifizieren und hinsichtlich ihrer Aussagekraft zu beurteilen. Zweck der Darstellung ist es, die Relevanz der Fehlerbehandlung durch den Prüfer herauszuarbeiten und das Wissen, das zum Teil nur implizit in den Forschungsergebnissen enthalten ist, zu identifizieren. Es soll gezeigt werden, inwieweit das beobachtbare Verhalten des Prüfers Einfluss auf den Prüfungsprozessverlauf und damit auf die Prüfungsergebnisse und -wirkungen haben kann.

2.2. *Aussagen zu Fehlern des Geprüften in der betriebswirtschaftlichen Prüfungslehre*

2.2.1. *Begriff des Fehlers*

Zunächst sollen die regulatorischen Grundlagen der externen Prüfung auf die Verwendung des Fehlerbegriffs untersucht werden, bevor die berufsständischen Regulierungen der Internen Revisoren näher betrachtet werden. Im Prüfungsstandard 210 des IDW (IDW PS 210)[1]: „Zur Aufdeckung von Unregelmäßigkeiten im Rahmen der Abschlussprüfung" wird der Begriff „Fehler" nicht verwendet. Vielmehr wird hier von „Unregelmäßigkeiten" gesprochen, die als falsche Angaben im Abschluss oder im Jahresbericht beschrieben werden. Dieser Begriff der „falschen Angaben" wird ebenfalls im IDW PS 200 verwendet, ohne erläutert zu werden.[2] Der IDW PS 210 gibt eine Klassifikation dieser Unregelmäßigkeiten anhand der Absicht und der Schwere der Abweichung vor und unterscheidet zwischen „Unrichtigkeiten", „Verstößen" und „sonstigen Verstößen". „Unrichtigkeiten" werden definiert als „unbeabsichtigte falsche Angaben im Abschluss und Jahresbericht"[3]. Sie können auf Schreib- oder Rechenfehlern in der Buchführung und deren Grundlagen, auf einer falschen Anwendung von Rechnungslegungsgrundsätzen oder auf unzutreffender Schätzung von Sachverhalten beruhen.[4] „Verstöße" sind „falsche Angaben im Abschluss und Lagebericht, die auf einem beabsichtigten Verstoß gegen gesetzliche Vorschriften oder Rechnungslegungsgrundsätze beruhen"[5]. „Sonstige Verstöße" werden beschrieben als beabsichtigte und nicht beabsichtigte Verstöße gegen Gesetze, die nicht zu einer falschen Darstellung in Rechnungslegung und Jahresbericht führen.

Der Begriff des Fehlers wird verwendet im IDW Prüfungsstandard 521 (IDW PS 521) zur Prüfung des Wertpapierdienstleistungsgeschäftes nach § 36 WpHG bei Finanzdienstleistungsinstituten. Der Begriff des Fehlers wird in diesem Standard nicht definiert.

---

1 Am 8.12.2005 hat das IDW den Entwurf IDW EPS 210 veröffentlicht, der den IDW PS 210 ersetzen soll. In diesem neuen Entwurf wird der Internationale Prüfungsstandard ISA 240 (rev.) in den deutschen Prüfungsstandard integriert. Die in dieser Arbeit zitierten Passagen ändern sich allerdings nicht.

2 Vgl. IDW PS 200, Tz. 17.

3 IDW PS 210, Tz. 7.

4 Vgl. IDW PS 210, Tz. 7.

5 IDW PS 210, Tz. 7.

Allerdings werden unterschiedliche Arten von Fehlern beschrieben, die sich hinsichtlich ihrer Wesentlichkeit voneinander unterscheiden. Ein „Fehler“ ist dabei die Verletzung einer aufsichtsrechtlichen Vorschrift, die nur vereinzelt auftritt oder nicht wesentlich ist. Ein „Mangel“ ist ein Fehler von einer gewissen Tragweite, der von seiner Art her geeignet ist, die Ordnungsmäßigkeit der Dienstleistung zu beeinträchtigen. Ein „schwerwiegender Mangel“ ist ein Mangel, der ein sofortiges Einschreiten des Aufsichtsamtes zur Folge hat.[6]

In den Internationalen Prüfungsstandards (ISA) wird zwischen Fehler (*„error“*) und Betrug (*„fraud“*) unterschieden. Auch hier wird der Begriff nicht definiert. Als Unterscheidungsmerkmal für unterschiedliche Arten von Fehlern wird die Absicht bei der Fehlerverursachung herangezogen. „Fehler“ sind demnach nicht beabsichtigt: „The term ‚error‘ refers to unintentional mistakes in financial statements.“[7] Als „Betrug“ gelten beabsichtigte Handlungen, die zu einer falschen Darstellung im Jahresabschluss führen: „The term ‚fraud‘ refers to an intentional act by one ore more individuals among management, employees, or third parties, which results in a misrepresentation of financial statements.“[8] Dieser Begriffsbestimmung schließen sich auch nationale Wirtschaftsprüferverbände an, wie beispielsweise das Kanadische Institute of Chartered Accountants.[9]

In den Berufsgrundsätzen der Internen Revision wird der Begriff des Fehlers nicht verwendet. In den Practice Advisories wird von „Prüfungsfeststellungen“ (*„findings“*) gesprochen[10], wobei Feststellungen aus Soll-Ist-Vergleichen resultieren und auch eine zufrieden stellende Leistung als Feststellung gilt.[11]

Insgesamt muss zu den regulatorischen Grundlagen für Prüfer angemerkt werden, dass der Begriff des „Fehlers“ ohne eindeutige Erläuterung oder Definition verwendet wird. Implizit kann abgeleitet werden, dass unter Fehlern in der Regel falsche Angaben in den

---

6 Vgl. IDW PS 521, Tz. 22.
7 ISA 240 (rev.), Tz. 4.
8 ISA 240 (rev.), Tz. 3.
9 Vgl. Calpin (1990), S. 35.
10 Vgl. IIA Practice Advisory Nr. 2330-1 (Aufzeichnung von Informationen), Tz. 1
11 Vgl. IIA Practice Advisory Nr. 2410-1 (Berichterstattungskriterien), Tz. 7.

geprüften Sachverhalten verstanden werden, die wesentlich für die Ordnungsmäßigkeit des geprüften Objektes sind. Eine Konkretisierung des Begriffs findet durch die Beschreibung unterschiedlicher Arten statt, die in der Regel anhand ihrer Wesentlichkeit klassifiziert werden.

Obwohl in den letzten 25 Jahren im angloamerikanischen Sprachraum eine Reihe von Untersuchungen zu Natur, Charakteristiken und Ursachen von Fehlern durchgeführt wurde[12], konnten kaum explizite Definitionen des Begriffs „Fehler" gefunden werden[13]. Im englischen Sprachraum werden neben dem Begriff *„error"* gelegentlich die Begriffe: *„misstatement"*[14] und *„irregularity"*[15] verwendet, wobei auch hier häufig auf eine Definition verzichtet wird. Im Folgenden werden die in der Literatur verwendeten Erläuterungen zum Fehlerbegriff vorgestellt.

Eine übliche Bestimmung des Fehlerbegriffs besteht darin, ihn als Abweichung eines Ist-Objektes von einem Soll-Objekt zu definieren.[16] Konkretisiert wird dabei häufig, dass als Fehler nur diejenigen Abweichungen bezeichnet werden sollen, die als relevant und zweifelsfrei als unzulässig beurteilt wurden.[17] Einzelne Autoren legen Kategorien von Fehler fest, wie beispielsweise KINNEY, der zwischen „Fehler", „Veruntreuung" und „Betrug durch falsche Darstellung"[18] unterscheidet. Er versteht dabei *„misstatement"* als Oberbegriff, der *„error"* (ohne Intention) und *„fraud"* (mit Intention) umfasst.

Eine explizite Definition des Fehlerbegriffs findet sich bei MAUTZ und SHARAF. Sie benutzen den Begriff *„irregularity"* und definieren ihn als Abweichen von der Wahrheit im Jahresabschluss oder in den Aufzeichnungen des Rechnungswesens oder als Abweichung von etablierten und autorisierten Unternehmensrichtlinien.[19] Dabei ver-

---

12 Eine Übersicht findet sich in Caster/Massey/Wright (2000).
13 Vgl. beispielsweise bei Hylas/Ashton (1982) oder im Überblicksartikel von Caster/Massey/Wright (2000).
14 Vgl. beispielsweise Colbert (1997); Reisch/McKenzie/Friedberg (2003).
15 Vgl. beispielsweise Mautz/Sharaf (1961), S. 118.
16 Vgl. beispielsweise Baetge (1970), S. 33; Egner (1980), S. 180; Wysocki (1988), S. 140; Buchner (1997), S. 234; Kinney (2000), S. 93, und Lindner (2003), S. 411.
17 Vgl. Wysocki (1988), S. 140.
18 Vgl. Kinney (2000), S. 93.
19 Vgl. Mautz/Sharaf (1961), S. 118.

stehen sie unter Wahrheit die Übereinstimmung mit der Realität, so wie der Prüfer die Realität zur Zeit seiner Untersuchung bestimmen kann und soweit Beweise erhältlich sind.[20]

Auch in der wissenschaftlichen Literatur wird der Fehlerbegriff konkretisiert, indem verschiedene Arten von Fehlern beschrieben werden. Ein häufig verwendetes Klassifikationskriterium ist die Regelmäßigkeit des Auftretens. Anhand dieses Kriteriums wird unterschieden in systematische und zufällige Fehler. Weitere übliche Klassifikationen von Fehlern sind in Tabelle 1 dargestellt.

Klassifikationskriterium	**Arten von Fehlern**
Regelmäßigkeit des Auftretens[21]	- systematische Fehler - zufällige Fehler
Absicht[22] bzw. Fehlerbewusstsein[23]	- beabsichtigte bzw. bewusst begangene Fehler - nicht beabsichtigte bzw. unbewusst begangene Fehler
Schwere oder Wesentlichkeit[24]	Fehler, bei deren Vorliegen die Ordnungsmäßigkeit - des Jahresabschlusses ausgeschlossen werden muss - des Prüfungsgebietes merklich beeinträchtigt wird - des Prüfungsgebietes nur wenig beeinflusst wird
Korrigierbarkeit[25]	- korrigierbare Fehler - nicht korrigierbare Fehler
verwendetes Messverfahren[26]	Ermittlung der Fehler auf - Unterschiedsskalen - Ratingskalen - Abstandskalen

Tabelle 1: Klassifikationen von Fehlern

---

20 Vgl. Mautz/Sharaf (1961), S. 85.

21 Vgl. Baetge (1970), S. 73; Wanik (1985), Sp. 853; Wysocki (1988), S. 249; Buchner (1997), S. 240-241; Reisch/McKenzie/Friedberg (2003), S. 59.

22 Vgl. Mautz/Sharaf (1961), S. 120; Wanik (1985), Sp. 853; Wysocki (1988), S. 249; Buchner (1997), S. 241; Reisch/McKenzie/Friedberg (2003), S. 57-58.

23 Vgl. Baetge (1970), S. 41.

24 Vgl. Mautz/Sharaf (1961), S. 118; Schulte (1970), S. 22; Egner (1980), S. 185 und Wysocki (1988), S. 248-249; Sawyer/Dittenhofer/Scheiner (2003), S. 352-353.

25 Vgl. Egner (1985), S. 186.

26 Vgl. Schulte (1970), S. 22; Egner (1985), S. 186-187, und Wysocki (1992), Sp. 1549.

Zusammenfassend kann gesagt werden, dass der Begriff des Fehlers in der Forschung zur betriebswirtschaftlichen Prüfungslehre durchaus verwendet wird. Eine einheitliche Begriffsdefinition steht allerdings noch aus. Der Begriff des Fehlers wird in der Regel entsprechend der jeweiligen Fragestellung konkretisiert, indem verschiedene Arten von Fehlern unterschieden werden.

2.2.2. Wissenschaftlich fundierte Aussagen zu Merkmalen von Fehlern

Seit den 1970er Jahren wurde im angloamerikanischen Forschungsraum eine Reihe von deskriptiven Untersuchungen zu Fehlercharakteristika durchgeführt.[27] Insbesondere wurde untersucht, welche Eigenschaften die Fehler aufweisen, die bei Prüfungen von Jahresabschlüssen entdeckt wurden. Es wird argumentiert, dass die Effektivität und Effizienz der Prüfung wesentlich davon abhängt, dass ein Prüfer genaue Kenntnis über mögliche Fehler hat.[28]

So sollte er beispielsweise wissen:

- welche Jahresabschlussposten besonders fehleranfällig sind[29],
- welche Fehlerarten bei welchen Jahresabschlussposten gehäuft auftreten[30],
- welche Fehler in welchen Branchen gehäuft auftreten[31],
- welche Fehlerursachen am häufigsten sind[32],
- welche Größe, Richtung und Verteilung typische Fehler haben[33],

---

27 Vgl. z.B. Ramage/Krieger/Spero (1979); Johnson/Leitch/Neter (1981); Hylas/Ashton (1982); Ham/Losell/Smieliauskas (1985); Kreutzfeldt/Wallace (1986); DeFond/Jiambalvo (1991); Houghton/Fogarty (1991) und Maletta/Wright (1996). Eine zusammenfassende Darstellung der empirischen Untersuchungen findet sich bei Eilifsen/Messier (2000).

28 Argumentation wird bspw. vertreten von Hylas/Ashton (1982), S. 751, oder Colbert (1997), S. 29.

29 Vgl. Ramage/Krieger/Spero (1979), S. 75-78; Johnson/Leitch/Neter (1981), S. 273-281; Hylas/Ashton (1982), S. 755; Kreutzfeldt/Wallace (1986), S. 40; Colbert (1997), S. 30.

30 Vgl. Ham/Losell/Smieliauskas (1985), S. 393-403; Kreutzfeldt/Wallace (1986), S. 41; Maletta/Wright (1996), S. 77-78.

31 Vgl. Kreutzfeldt/Wallace (1986), S. 41; Maletta/Wright (1996), S. 77-78; Colbert (1997), S. 30-31.

32 Vgl. Hylas/Ashton (1982), S. 754; Kreutzfeldt/Wallace (1986), S. 41-42; Colbert (1997), S. 32-34.

33 Vgl. Ramage/Krieger/Spero (1979), S. 78-81; Johnson/Leitch/Neter (1981), S.281-286; Maletta/Wright (1996), S. 78; Colbert (1997), S. 31.

- welche kulturellen Unterschiede es bei Fehlerart und –ausmaß gibt[34] und
- mit welchen Methoden der Fehlerentdeckung die meisten und größten Fehler gefunden werden[35].

So ergaben deskriptive Untersuchungen zu den Fehlerursachen, dass persönliche Probleme des Geprüften etwa für ein Viertel der gefundenen Fehler verantwortlich sind, falsche Abgrenzungen etwa 38% aller Fehler verursacht haben und weiterhin unzureichendes Rechnungswesenwissen der Geprüften (15% der Fehler) und falsche Beurteilungen (ebenfalls 15% der Fehler) wesentliche Fehlerursachen sind. Weniger Fehler wurden verursacht durch falsche Handlungsausführung (Tippfehler, Rechenfehler etc.), unzureichende Kontrolle und durch Absicht des Fehlerverursachers.[36]

Zur Methodik der Untersuchungen fällt auf, dass die Mehrzahl der Untersuchungen rein deskriptiv ist.[37] Es werden keine Hypothesen gebildet, die die Untersuchung leiten. Vielmehr werden die anfallenden Daten beschrieben, klassifiziert und Besonderheiten hervorgehoben. Als Analysemethode dominiert die Dokumentenanalyse. Die Daten stammen fast ausnahmslos aus Prüfungsunterlagen und -berichten großer Wirtschaftsprüfungsgesellschaften. Die verfügbaren Angaben über entdeckte Fehler wurden ausgewertet. Eine Ausnahme bildet die Untersuchung von MALETTA und WRIGHT (1996), in der die Daten zumindest hypothesengeleitet analysiert werden. Die Aussagekraft dieser Untersuchungen wird eingeschränkt, weil die entdeckten Fehler nicht repräsentativ für tatsächlich aufgetretene Fehler sind.[38] Es findet eine Verzerrung der Daten zugunsten der gefundenen Fehler(-arten) statt.

Besondere Aufmerksamkeit wurde einer Fehlerart zuteil: dem *escalation of commitment*. Unter *escalation of commitment* versteht man die Tendenz eines Entscheiders, weiterhin Ressourcen in ein Projekt zu investieren, obwohl Rückmeldungen vorliegen, dass das

---

34 Vgl. Chan/Lin/Mo (2003).

35 Ausführlichere Darstellung im Abschnitt 2.3.3.

36 Vgl. Hylas/Ashton (1982), S. 760.

37 So formulierten Eilifsen/Messier in ihrer Übersicht über die bisherige Forschung zu Fehlern: „In general, misstatement studies are explorative, inductive, and descriptive in nature." Eilifsen/Messier (2000), S. 3.

38 Vgl. Caster/Massey/Wright (2000), S. 60.

Projekt gescheitert ist und durch weitere Investitionen der Schaden eskaliert.[39] Die Untersuchungen belegen, dass eine Tendenz zum eskalierenden Verhalten bei Entscheidern vorhanden ist. Die Einflussfaktoren des *escalation of commitment*[40] wurden ebenso untersucht wie Strategien, mit denen das eskalierende Verhalten reduziert werden kann[41]. Aus der Sicht des Prüfers jedoch wurde *escalation of commitment* nicht untersucht. Es finden sich keine Aussagen dazu, wie der Prüfer mit dem eskalierenden Verhalten eines Geprüften umgehen sollte.

2.3. Aussagen zur Fehlerentdeckung in der betriebswirtschaftlichen Prüfungslehre

2.3.1. Begriff der Fehlerentdeckung

Im Zusammenhang mit der Fehlerbehandlung durch den Prüfer wird unter Fehlerentdeckung verstanden, dass ein Prüfer wesentliche Fehler in den zu prüfenden Unterlagen findet. Fehler, die ein Prüfer in den Unterlagen finden kann, sind aufgrund des inhärenten Risikos im Unternehmen entstanden. Auch durch das interne Kontrollsystem wurden diese Fehler nicht gefunden (Kontrollrisiko).[42] Wenn diese Fehler im Laufe der Prüfung durch den Prüfer gefunden werden, spricht man von der Fehlerentdeckung durch den Prüfer.

2.3.2. Regulatorische Grundlagen zur Fehlerentdeckung

Im IDW Prüfungsstandard 200 (IDW PS 200) wird gefordert, dass der Abschlussprüfer stets damit rechnen müsse, dass in den geprüften Unterlagen falsche Angaben existieren.[43] Sobald er Verstöße oder Fehler entdeckt hat, muss er die Prüfung intensivieren bis eine abschließende Beurteilung der Unterlagen möglich ist.[44] Es wird

---

39 Vgl. Ghosh (1997), S. 88.
40 Vgl. Staw (1976).
41 Vgl. Staw (1981); Staw/Ross (1987); Brockner (1992); Beeler/Hunton (1996).
42 Vgl. Eilifsen/Messier (2000), S. 2.
43 Vgl. IDW PS 200. „Der Abschlussprüfer muss sich stets darüber im Klaren sein, dass Umstände (Fehler, Täuschungen, Vermögensschädigungen oder sonstige Gesetzesverstöße) existieren können, aufgrund derer der Jahresabschluss ... wesentliche falsche Angaben enthalten.“ (IDW PS 200, Tz. 17).
44 Vgl. IDW PS 200, Tz. 22.

einschränkend festgestellt, dass die Prüfung „nicht dem Ziel [dient], unwesentliche Fehler festzustellen."[45] Insbesondere wird festgehalten, dass nicht der Abschlussprüfer verantwortlich für die Vermeidung und Aufdeckung von Abweichungen ist, sondern die gesetzlichen Vertreter des Unternehmens.[46] Auch für Interne Revisoren wird in den Practice Advisories beschrieben, dass sie „ihre Aufmerksamkeit auf mögliche vorsätzliche Verstöße, auf Fehler und auf Auslassungen, Ineffektivitäten und Interessenkonflikte lenken"[47] sollen.

Die regulatorischen Grundlagen zur Fehlerentdeckung beziehen sich demzufolge auf die Aufmerksamkeit des Prüfers und auf die anzuwendenden Prüfungsmethoden. Über das konkrete Verhalten des Prüfers dem Geprüften gegenüber werden keine Aussagen getroffen. Eine Ausnahme konnte im Österreicher Handbuch der öffentlichen Finanzkontrolle gefunden werden. Hier wird von den öffentlichen Prüfern gefordert, dass ein „...inquisitorischer Prüfungsstil ... zu vermeiden"[48] sei. Konkretisiert wird diese Forderung, indem gesagt wird, dass der Prüfer keine zynischen, abschätzigen Bemerkungen machen, seine eigenen Fehler eingestehen, sich nicht selbstständig die Akten aus den Schränken der Geprüften herausnehmen und die überlassenen Geschäftsstücke ordnungsgemäß zurückgeben sollte.[49] Obwohl in diesen Anweisungen das konkrete Verhalten des Prüfers angesprochen wird, finden sich auch hier keine Aussagen über den Umgang des Prüfers mit den Fehlern des Geprüften. Insgesamt kann festgehalten werden, dass gegenwärtig in den gesetzlichen und berufsständischen Grundlagen zur Fehlerentdeckung keine Hinweise für die Fehlerbehandlung des Prüfers zu finden sind.

2.3.3. *Wissenschaftlich fundierte Aussagen zur Fehlerentdeckung*

In der empirischen Forschung zur betriebswirtschaftlichen Prüfungslehre wurde die Fehlerentdeckung durch den Prüfer mit Schwerpunkt auf Aussagen zum Fehlerwissen

---

45 IDW PS 200, Tz. 24.
46 Vgl. IDW PS 210, Tz. 8.
47 IIA Practice Advisory Nr. 1220-1 (Berufliche Sorgfaltspflicht).
48 Schwab (o. J.), S. 19.
49 Vgl. Schwab (o. J.), S. 19-20.

des Prüfers und auf die Effektivität der unterschiedlichen Methoden der Fehlerentdeckung untersucht.

Bezüglich des Fehlerwissens des Prüfers dominierte die folgende Forschungsfrage: Wie erwirbt ein Prüfer Häufigkeitswissen über Fehler und wie speichert er dieses im Gedächtnis?[50] Es wurde angenommen, dass die Art, in der Häufigkeitswissen gelernt wird, die Art beeinflusst, in der dieses Wissen im Gedächtnis gespeichert wird. Die Art und Korrektheit wiederum, mit der Häufigkeitswissen erinnert wird, beeinflusst die Art und Korrektheit, mit der das Häufigkeitswissen in der Urteilsbildung angewandt wird.[51] Beispielsweise konnte in einem Laborexperiment gezeigt werden, dass die Prüfungserfahrung mit der Anzahl der reproduzierbaren Fehler, mit der Genauigkeit des Fehlerwissens und mit dem Wissen über atypische Fehler korreliert.[52] Das fehlerspezifische Wissen erhöht allerdings nur bei geringer allgemeiner Prüfungserfahrung die Wahrscheinlichkeit, Fehler aufzudecken. Bei hoher Prüfungserfahrung konnte dieser Effekt nicht bestätigt werden.[53] Bei der Untersuchung des Fehlerwissens wird zwar der Prüfer in den Mittelpunkt der Betrachtung gestellt, es dominiert aber die Untersuchung der kognitiven Verarbeitungsprozesse. Der Interaktions-Charakter der Prüfung wird, genauso wie das beobachtbare Verhalten des Prüfers bei der Fehlerentdeckung, nicht berücksichtigt.

Neben der Untersuchung des Fehlerwissens wurden die Methoden der Fehlerentdeckung intensiv untersucht.[54] Unter den Methoden der Fehlerentdeckung werden die Prüfungsmethoden verstanden, mit denen der Prüfer erstmalig auf den entdeckten Fehler aufmerksam wurde.[55] Zu diesen Methoden zählen die allgemeinen Prüfungsmethoden (Durchsicht von gesetzlichen und unternehmensinternen Vorschriften und Sitzungsprotokollen)[56], analytische Methoden und Detailtests. Außerdem werden weniger strenge

---

50 Vgl. beispielsweise Ashton (1991); Nelson (1994); O'Donnell (2002).
51 Vgl. Nelson (1994), S. 205.
52 Vgl. Tubbs (1992), S. 792-796.
53 Vgl. O'Donnell (2002), S. 189-191.
54 Vgl. beispielsweise Hylas/Ashton (1982); Kreutzfeld/Wallace (1986); Wright/Ashton (1989); Houghton/Fogarty (1991); Maletta/Wright (1996); Messier/Eilifsen/Austen (2004).
55 Vgl. Hylas/Ashton (1982), S. 752.
56 Vgl. Hylas/Ashton (1982), S. 754.

Verfahren, wie „Erwartungen aus den Erfahrungen früherer Prüfungen“ und „Gespräche mit den Mitarbeitern der geprüften Organisation“ zu den Methoden der Fehlerentdeckung gezählt.[57] Diese Verfahren werden auch als aufmerksamkeitsleitende Methoden bezeichnet.[58]

Insbesondere die Effektivität der einzelnen Prüfungsmethoden wurde betrachtet: Welche Prüfungsmethoden haben den größten Anteil an der Signalisierung von Fehlern? Diese Untersuchungen stützen sich im Wesentlichen auf die Dokumentenanalyse, wobei die Arbeitspapiere von Wirtschaftsprüfern großer Wirtschaftsprüfungsunternehmen analysiert wurden. So konnte beispielsweise gezeigt werden, dass die aufmerksamkeitsleitenden Verfahren „Erwartungen aus den Erfahrungen früherer Prüfungen“ und „Gespräche mit den Mitarbeitern der geprüften Organisation“ sowie die analytischen Methoden eine große Anzahl von Fehlern signalisieren.[59] Allein mit den Methoden analytischer Test und „Gespräche mit den Mitarbeitern der geprüften Organisation“ wurden 40% aller entdeckten Fehler signalisiert.[60] Allerdings scheint sich die Relevanz der unterschiedlichen Methoden durch den verstärkten Einsatz der Informationstechnologien in den vergangenen Jahren verändert zu haben. Eine Studie aus dem Jahr 2004 zeigte, dass deutlich weniger Fehler durch analytische Methoden und „Erwartungen aus den Erfahrungen früherer Prüfungen“ entdeckt wurden als in früheren Untersuchungen. Dafür signalisierten die Detailtests deutlich mehr Fehler als früher.[61] Die Methode „Gespräche mit Mitarbeitern der geprüften Organisation“ signalisierte allerdings auch in der aktuellen Studie den gleichen Anteil an Fehlern wie in früheren Untersuchungen.

Die am besten geeigneten Methoden scheinen sich für verschiedene Branchen voneinander zu unterscheiden,[62] wobei die drei Methoden „Erwartungen aus den Erfahrungen

---

57 Vgl. Hylas/Ashton (1982), S. 753-754; Maletta/Wright (1996), S. 81.

58 Vgl. Wright/Ashton (1989), S. 710.

59 Vgl. Colbert (1997), S. 35. Die Autorin hat eine Metaanalyse über Studien zur Fehlerentdeckung durchgeführt und festgestellt, dass die aufmerksamkeitsleitenden Prozeduren zwischen 45 und 71 Prozent der Fehler signalisiert haben. Einzelne Studien vgl. beispielsweise Hylas/Ashton (1982), S. 753-754, oder Wright/Ashton (1989), S. 721-723.

60 Vgl. Kreutzfeld/Wallace (1986), S. 758.

61 Vgl. Messier/Eilifsen/Austen (2004), S. 228.

62 Vgl. Maletta/Wright (1996), S. 81.

früherer Prüfungen", „Gespräche mit den Mitarbeitern der geprüften Organisation" und analytische Methode für alle Branchen wichtig sind.[63]

Da die Methode „Gespräche mit den Mitarbeitern der geprüften Organisation" einen hohen Anteil von Fehlern signalisiert, kann davon ausgegangen werden, dass die Art des Umgangs mit dem Geprüften wesentlich für die Qualität der Prüfung ist. Es kann angenommen werden, dass bei einer guten Beziehung zwischen Prüfer und Geprüften mehr Fehler durch die informellen Gespräche entdeckt und in der Folge behoben werden können als bei einer schlechten Beziehung. Die Art der Beziehung wiederum sollte wesentlich durch das konkrete Verhalten des Prüfers gegenüber dem Geprüften zu beeinflussen sein. Zur Art der Kommunikation selbst, das heißt zum konkreten Verhalten des Prüfers wurden bislang keine Untersuchungen durchgeführt. Weitere Forschung scheint hier sinnvoll zu sein.

2.4. Hinweise zur Fehlerbehandlung in der betriebswirtschaftlichen Prüfungslehre

2.4.1. Begriff der Fehlerbehandlung

Der Begriff der Fehlerbehandlung wird in der betriebswirtschaftlichen Prüfungslehre nicht verwendet. Das liegt insbesondere daran, dass das äußere, beobachtbare Verhalten des Prüfers nach der Fehlerentdeckung nicht beschrieben und untersucht wird. Auf der begrifflichen Ebene besteht für die wissenschaftliche Untersuchung der Fehlerbehandlung Klärungsbedarf. Im Rahmen dieser Arbeit wird eine Definition des Begriffs im Kapitel 4.2 hergeleitet. Vorläufig soll unter Fehlerbehandlung des Prüfers der Prozess verstanden werden, der alle fehlerbezogenen Handlungen des Prüfers nach der Entdeckung eines Fehlers umfasst. Diese fehlerbezogenen Handlungen lassen sich im Umgang des Prüfers mit dem Geprüften allgemein sowie in der Dokumentation und der Berichterstattung des Prüfers finden. Obwohl auch die Urteilsbildung sich mit der Behandlung von Prüfungsfeststellungen beschäftigt und in der Forschung zur betriebs-

---

[63] Vgl. Colbert (1997), S. 35.

wirtschaftlichen Prüfungslehre intensiv untersucht wurde[64], wird im Rahmen der vorliegenden Arbeit auf eine Darstellung der Urteilsbildung verzichtet. Die Untersuchungen zur Urteilsbildung konzentrieren sich fast ausschließlich auf kognitive Prozesse des Prüfers. Sein äußeres, beobachtbares Verhalten in der Interaktion mit den Geprüften wird dabei bislang nicht berücksichtigt. Die Dokumentation der Prüfungsfeststellungen beinhaltet den Umfang und die Art, in der die Feststellungen aufgezeichnet werden. Die Berichterstattung umfasst im Verständnis dieser Arbeit sowohl die informelle Berichterstattung, die in der Regel mündlich erfolgt, als auch die formelle Berichterstattung im Rahmen der Schlussbesprechung und des Prüfungsberichtes. Sowohl die mündliche als auch die schriftliche Berichterstattung sollen im Folgenden bezüglich indirekt enthaltener Aussagen zur Art der Fehlerbehandlung durch den Prüfer untersucht werden.

2.4.2. Umgang des Prüfers mit den Geprüften

2.4.2.1. Hinweise in den regulatorischen Grundlagen

Zum Umgang des Prüfers mit den Mitarbeitern der geprüften Organisation finden sich Hinweise in den Standards und Handbüchern in der Internen Revision und der öffentlichen Prüfung. So wird beispielsweise im Internal Auditing Handbook gefordert, dass „auditors should be skilled in dealing with people...“[65]. Sie sollten also Erfahrungen im Umgang mit Menschen haben. Ein Problem besteht allerdings darin, dass diese Forderung einerseits sehr allgemein formuliert ist und andererseits auch die Fähigkeiten im Umgang mit Menschen in der Regel nicht im Ausbildungsprogramm für Prüfer enthalten sind.[66] In einem Handbuch des Österreichischen Rechnungshofs werden für öffentliche Prüfer Gesprächs- und Fragetechniken beschrieben.[67] Über allgemeine Anforderungen, wie beispielsweise die Forderung, nicht zu schnell zu sprechen oder keine überhöhte Tonlage beim Sprechen einzunehmen, wird nicht hinausgegangen. Kritisiert wird der Stand der regulatorischen Grundlagen für Prüfer beispielsweise von FIEBIG: „Nach den einschlägigen Bestimmungen der Dienstanweisungen für die

---

64 Vgl. beispielsweise Ashton/Ashton (1995); Bamber/Gillett/Mock/Trotman (1995); Solomon/Shields (1995); Trotman (1998); Bonner (1999); Knechel (2000); Solomon/Trotman (2003).

65 Pickett (2005), S. 281.

66 Vgl. Pickett (2005), S. 281.

67 Vgl. Gradinger (o. J.).

Rechnungsprüfungsämter haben sich die Prüfer bei der Wahrnehmung ihrer Aufgaben taktvoll zu verhalten. Wie dies erfolgen soll, ist in den Dienstanweisungen für das Rechnungsprüfungsamt nicht geregelt."[68]

2.4.2.2. Beobachtungen und Empfehlungen von Prüfungspraktikern

Im Gegensatz zu den wenigen regulatorischen Aussagen lässt sich in der betriebswirtschaftlichen Literatur eine Vielzahl von Aussagen zum Umgang des Prüfers mit den Geprüften finden. Insbesondere aus dem Bereich der Prüfungspraxis stammen Veröffentlichungen, in denen Prüfer ihre eigenen Erfahrungen beschreiben und Empfehlungen für andere Prüfer formulieren. Diese Hinweise und Empfehlungen beruhen auf einer Beobachtung der Prüfungsrealität. Da die Beobachtungen in der Regel auf Einzelfällen basieren, sind sie nicht direkt verallgemeinerungsfähig. Sie stellen aber eine erste explorative Phase der empirischen Untersuchung dar, die wichtige Anhaltspunkte für die systematische empirische Untersuchung des Verhaltens liefert. Daher sollen sie an dieser Stelle etwas ausführlicher dargestellt werden.

Die Prüfungspraktiker formulieren im Wesentlichen drei Anforderungen an die Prüfer. Der Prüfer solle eine gute Beziehung zum Geprüften aufbauen. Er solle über gute kommunikative Fähigkeiten verfügen und er solle Erfahrungen in der Konflikthandhabung und Verhandlungsführung besitzen. Diese drei Aspekte werden im Folgenden beschrieben.

(a) Beziehung zum Geprüften

In der betriebswirtschaftlichen Literatur finden sich Hinweise dafür, dass der Prüfer während der gesamten Prüfung eine zufrieden stellende Beziehung zum Geprüften aufbauen müsse.[69] Der Prüfer könne die Beziehung zum Geprüften beispielsweise dadurch verbessern, dass er die Prüfung im Rahmen eines Einführungsgesprächs vorbereitet[70] und die Geprüften nicht mit dogmatischen Ansichten konfrontiert[71].

---

[68] Fiebig (2003), S. 239.
[69] Vgl. Crockett (1992), S. 6.
[70] Vgl. beispielsweise Sheffield (1982), S. 33.
[71] Vgl. Hodge (2004a), S. 30.

Ein wesentlicher Bestandteil der guten Beziehung sei aus Sicht des Prüfers weiterhin eine vertrauensvolle Atmosphäre zum Geprüften. Der Prüfer müsse demnach Vertrauen und eine Atmosphäre von „Teamgeist" schaffen. Nur in einer vertrauensvollen und offenen Atmosphäre könnten die Unternehmensziele optimal erreicht werden. Eine Grundlage für Vertrauen wird in der Loyalität des Prüfers gesehen, in dessen positivem Einfluss auf die Unternehmenskultur und in seinem aktiven Handeln.[72] Der Prüfer sollte brisante Informationen so weit wie möglich vertraulich behandeln und müsse seine Versprechen gegenüber den Geprüften tatsächlich einhalten[73]. Er dürfe zwar die mitgeteilten Informationen nutzen, solle aber möglichst darauf verzichten, die Quellen seiner Informationen zu nennen. Dieses Verhalten bilde eine wichtige Grundlage für Vertrauen und gelte als Zeichen der Professionalität und Integrität des Prüfers.[74] Auch durch den freundlichen und aufmerksamen Umgang des Prüfers mit den Geprüften kann der Prüfer eine Atmosphäre der Normalität schaffen und Spannungen abbauen. Das könne auch dadurch geschehen, dass der Prüfer humorvoll mit den Geprüften umgeht und soziale Kontakte mit ihnen auch außerhalb der Prüfung pflegt.[75] Weiterhin sollten Prüfer Rücksicht auf andere Anforderungen nehmen, die an die Geprüften gestellt werden. Auch außerhalb der Prüfungen solle der Prüfer einen regelmäßigen Kontakt mit den Geprüften aufrechterhalten, damit eine gute Beziehung zum Geprüften aufgebaut werden könne.[76]

Der Prüfer solle sich weiterhin gezielt auf die Mitarbeiter der geprüften Organisation einstellen. Er solle deren Erwartungen erkennen und soweit wie möglich erfüllen. Nicht erfüllbare Erwartungen solle der Prüfer direkt ansprechen und abbauen.[77] Die Empfehlungen der Prüfungspraktiker reichen von der einfachen Information des Geprüften (über Ziele der Prüfung und der einzelnen Prüfungshandlungen und über Inhalte des Prüfungsberichtes), bis hin zu einer aktiven Beteiligung des Geprüften in allen Phasen der Prüfung. So wird beispielsweise argumentiert, dass es zum Aufbau einer

---

72 Vgl. Kimbrough (1997), S. 65-66, oder Fiebig (2003), S. 243, der davon spricht, dass der Prüfer „grundsätzlich offen und ehrlich ohne Hinterhalte" agieren müsse.

73 Vgl. Warga (2005), S. 42.

74 Vgl. Wilson/Wood (1985), S. 66.

75 Vgl. Chadwick (2002), S. 55.

76 Vgl. Williams (2003), S. 53.

77 Vgl. Fiebig (2003), S. 243.

guten Beziehung gehöre, dass der Prüfungsbericht mit den Geprüften diskutiert wird.[78] Die Distanz zum Geprüften könne der Prüfer verringern, indem er seine Handlungen und die Zielstellungen der Prüfung dem Geprüften erläutert und somit Unsicherheiten abbaut.[79] Weitergehend wird die Forderung nach einer aktiven Beteiligung des Geprüften an der Entwicklung der Verbesserungsvorschläge genannt.[80] Der Prüfer solle die Verbesserungsvorschläge nicht allein erarbeiten, sondern gemeinsam mit den Geprüften.

In der Literatur finden sich ebenfalls Hinweise dafür, dass sich der Umgang des Prüfers mit den Fehlern des Geprüften direkt auf die Beziehung zwischen diesen Personen auswirkt. Es wird ein offener Umgang mit den Fehlern gefordert, um eine arbeitsfähige Beziehung aufzubauen. „Fehler werden immer gemacht. Wir sind schließlich alle Menschen. ... Versteht sich die Interne Revision aber als ein Partner der geprüften Stellen und akzeptiert sie das ‚Menschsein', wird ein ‚Fehler', der berichtet wird, versachlicht."[81]

(b) kommunikative Fähigkeiten

Der zweite Schwerpunkt bei der Forderung der Prüfungspraktiker besteht darin, dass der Prüfer über gute kommunikative Fähigkeiten verfügen solle.[82] Insbesondere die Fähigkeit zur mündlichen Kommunikation wird hierbei explizit genannt.[83] Im Gespräch sei es ebenso wie bei der schriftlichen Kommunikation notwendig, dass Prüfer positive Formulierungen gebrauchen.[84] In der Literatur werden eine Reihe praktischer Ratschläge zur Formulierung von Fragen und zur Gesprächsführung formuliert. So solle der Prüfer beispielsweise geschlossene Fragen, die nur mit „Ja" oder „Nein" zu beantworten sind, vermeiden. Er solle sich insbesondere in der „Kunst des Zuhörens" schulen.[85] Das würde

---

78 Vgl. Berry (1976), S. 51.
79 Vgl. Burnett (1983), S. 17.
80 Vgl. Fiebig (2003), S. 243.
81 Hofmann (1995), S. 237.
82 Vgl. Moser (1998), S. 464.
83 Vgl. McKay/Rosa (2000), S. 163-189.
84 Vgl. Sawyer/Dittenhofer/Scheiner (2003), S. 365.
85 Vgl. beispielsweise Cutler (1974), S. 26-27, Haakenson (1976), S. 32-40 und Sparks (2001), S. 21.

es dem Prüfer erleichtern, wesentliche Informationen zu erhalten, da eine gute Kommunikation zu einer effizienteren Prüfung führe.[86]

Die Vorschläge zur Verbesserung der kommunikativen Fähigkeiten gehen von intuitiven Beobachtungen und Schlussfolgerungen einzelner Prüfungspraktiker bis zum Versuch, psychologische Modelle direkt auf den Prüfungsprozess anzuwenden.[87] Obwohl sich das Wissen um die Relevanz der kommunikativen Fähigkeiten bereits vereinzelt in den Ausbildungsprogrammen für Prüfer niederschlägt[88], wurden die psychologischen Modelle bislang nicht wissenschaftlich fundiert auf die Prüfungspraxis übertragen und angepasst.

(c) Verhandlungsführung und Konflikthandhabung

Den dritten Schwerpunkt stellen die Erfahrung des Prüfers in der Verhandlungsführung und der Konflikthandhabung dar. Notwendig seien diese Fähigkeiten, um die Akzeptanz der Empfehlungen bei den Mitarbeitern des geprüften Bereichs zu verbessern. So wird gefordert, dass ein Prüfer über Fähigkeiten zur Verhandlungsführung verfügen müsse und überzeugend auftreten solle, damit seine Verbesserungsvorschläge auch umgesetzt würden.[89] Außerdem solle er grundlegende Techniken der Gesprächsführung beherrschen. Seine Fragen sollte er sorgfältig formulieren, um den Geprüften durch die Art der Fragestellung zu führen.[90] Er solle weiterhin seine Vorschläge begründen und mögliche Einwände vorwegnehmen. Er sollte immer die Vorteile seiner Vorschläge aufzeigen.[91]

---

86 Vgl. Wyss (1998), S. 454.

87 Vgl. beispielsweise Haub (2001), S. 93-94, der eine Trennung der Botschaft in Sachebene, Appell, Beziehung und Selbstoffenbarung vorschlägt.

88 Vgl. beispielsweise Applegate (2004), der ein Trainingsprogramm für Interne Revisoren vorstellt, in dem die folgenden Inhalte zum Ausbildungsprogramm gehören: Führung, Gruppenmotivation, Verhandlung und Konfliktmanagement.

89 Vgl. Burke/Kovar (1999), S. 11.

90 Vgl. Fiebig (2003), S. 244-246.

91 Vgl. Haub (2001), S. 14.

Diese Hinweise für Prüfer befassen sich im Wesentlichen mit den kognitiven Aspekten der Überzeugung. Hier wird die grundlegende Beziehung zwischen Prüfer und Geprüften nicht in Frage gestellt. Der Prüfer ist bei dieser Argumentation weiterhin der Spezialist, der sich besser in den geprüften Sachverhalten auskennt als die Geprüften und daher seine Lösungsvorschläge durchsetzen muss. Es ist nicht erkennbar, dass eine partnerschaftliche Beziehung zwischen Prüfer und Geprüften, in der auch die Argumente des Geprüften in die Urteilsbildung und Entwicklung von Verbesserungsvorschlägen einfließen, angestrebt wird.

Weiterhin wird beschrieben, dass Prüfungen grundsätzlich konflikthaltig sind, da Personen mit unterschiedlichen Werten, Zielen und Interessen aufeinandertreffen.[92] Aus der Psychologie wurde das Wissen über Ursachen von Konflikten und möglichen Bewältigungsstrategien übernommen. Es soll Prüfern helfen, die Konflikte im Prüfungsprozess besser bewältigen zu können.[93] Der Prüfer solle unnötige Konflikte vermeiden, indem er Vertrauen aufbaut, ein guter Verkäufer ist, klare Zielstellungen verfolgt und seine Worte sorgfältig wählt.[94] Bei aufgetretenen Konflikten sollen die positiven Seiten des Konfliktes berücksichtigen, Kompromisse finden, gut verhandeln und gegebenenfalls Unterstützung suchen.[95] Es wird gefordert, dass Prüfer über gute Fähigkeiten im Umgang mit Konflikten verfügen sollten und diese Fähigkeiten bereits in der Ausbildung zum Prüfer zu schulen seien.[96]

Aus diesen allgemeinen Ratschlägen und Anweisungen kann abgeleitet werden, dass das konkrete Verhalten des Prüfers als relevant für den Verlauf und die Ergebnisse der Prüfung angesehen wird. Das „richtige" Verhalten des Prüfers scheint außerdem keineswegs eine Selbstverständlichkeit zu sein. Im folgenden Abschnitt wird untersucht, inwieweit diese unsystematischen Beobachtungen von der Wissenschaft aufgegriffen und systematisch untersucht werden. Diese systematische Untersuchung ist eine notwendige Voraussetzung dafür, dass das Verhalten des Prüfers gezielt verbessern werden kann.

---

92 Vgl. Delhees (1982), S. 58.
93 Vgl. Delhees (1982).
94 Vgl. Allen (1996), S. 58-59.
95 Vgl. Allen (1996), S. 60-61.
96 Vgl. Applegate (2004), S.

2.4.2.3. Wissenschaftlich fundierte Aussagen

Bislang wird die Beziehung zwischen Prüfer und Geprüften wenig thematisiert. Eine Ausnahme bilden die Untersuchungen zur Verhandlungsführung, in denen die optimalen Verhandlungstechniken untersucht werden, mit denen Prüfer ihre Empfehlungen und Vorschläge durchsetzen sollten.[97] Zum Umgang des Prüfers mit den Fehlern des Geprüften wird bereits anerkannt, dass „wirtschaftliche Entscheidungen zwangsläufig mit einem Fehlerrisiko behaftet"[98] sind. Daraus wird geschlussfolgert, dass auch die Mitarbeiter der Internen Revision fehlertolerant sein sollten. Außerdem finden sich Aussagen darüber, dass mit der Entdeckung von Fehlern die Tätigkeit des Prüfers nicht beendet ist. Vielmehr müsse es Ziel der Prüfung sein, die Fehler festzustellen und danach Hilfestellung zu geben, damit die Geprüften dieselben Fehler zukünftig vermeiden beziehungsweise reduzieren könnten.[99] Andererseits wird argumentiert, dass Prüfer und Geprüfte grundsätzlich entgegengesetzte Handlungstendenzen haben. Daher sei jede Prüfung grundsätzlich konflikthaltig. Es wird geschlussfolgert, dass der Prüfer sich als Konfliktmanager verstehen müsse und sein Verhalten danach ausrichten solle.[100] Die weiteren Veröffentlichungen zur Beziehung zwischen Prüfer und Geprüften konzentrieren sich im Wesentlichen auf die Unabhängigkeit des Prüfers, aus der wiederum Handlungsempfehlungen für Prüfer abgeleitet werden.[101]

Konkret mit dem Verhalten des Prüfers gegenüber den Mitarbeitern der geprüften Organisation beschäftigt sich eine empirische Studie des Institute of Internal Auditors aus dem Jahr 1972. Da diese Studie interessante Hinweise darauf liefert, wie sich unterschiedliche Prüfungsstile, also das Verhalten des Prüfers, auf die Ergebnisse der Prüfung auswirken, soll sie im Folgenden ausführlicher vorgestellt werden.[102]

Es wird davon ausgegangen, dass Prüfer im Wesentlichen einen von drei unterschiedlichen Prüfungsstilen anwenden: einen traditionellen Prüfungsansatz (Typ A),

---

97 Vgl. Fisher/Schatzberg/Shapiro (1996); Trotman/Wright/Wright (2005).
98 Lindner (2003), S. 411.
99 Vgl. Fiebig (2003), S. 239.
100 Vgl. Delhees (1982), S. 58.
101 Vgl. beispielsweise Kleinman/Palmon (2001) und Beattie/Fearnley/Brandt (2004).
102 Die folgenden Ausführungen beziehen sich auf: Institute of Internal Auditors (1972).

einen moderaten Stil (Typ B) oder einen partizipativen Stil (Typ C). Ein Typ-A Prüfer[103] sieht seine primäre Aufgabe darin, den Klienten gegen mögliche Verluste zu schützen. Daher versucht er, so viele Fehler wie möglich aufzudecken und die verantwortlichen Personen zu benennen. Er verhält sich höflich, aber reserviert. Die Lösung für auftretende Probleme entwickelt er allein, ohne die Mitarbeiter der geprüften Organisation einzubeziehen. Er bleibt ein „Außenseiter". Sein Prüfungsbericht enthält ausschließlich negative Prüfungsergebnisse. Ein Typ-A Prüfer diskutiert den Prüfungsbericht in der Regel nicht mit den betroffenen Personen. Der Typ-B Prüfer[104] sieht sich selbst als Spezialisten, der einer geprüften Organisation seine Hilfe anbietet. Er erarbeitet Empfehlungen und versucht, Lösungen für die Probleme zu finden. Er verhält sich so liebenswürdig und freundlich, wie es möglich ist, ohne dass seine Objektivität durch zu große Nähe gefährdet wird. Alle Prüfungsergebnisse werden mit dem Management diskutiert, bevor sie im Bericht festgehalten werden. Der Typ-C Prüfer[105] sieht seine Hauptaufgabe darin, die geprüfte Organisation bei der Erreichung ihrer Ziele zu unterstützen. Er versucht, eine Gruppenarbeit mit den Geprüften zu initiieren. Er verhält sich warm und empathisch und benutzt Fehler nicht dazu, den Verantwortlichen zu beschuldigen. Während der Prüfung vermeidet er jede persönliche Kritik. Eher betont er die Funktion auftretender Fehler als Möglichkeit zum Lernen und zur Verbesserung der Organisation. Alle Empfehlungen werden mit den betroffenen Personen diskutiert.

In einem Laborexperiment[106] wurde die Wirkung der Prüfungsstile auf die Gruppenleistung untersucht. Die Gruppen sollten eine Lösung für eine spezielle Aufgabe so schnell wie möglich entwickeln. Dabei hatten sie bestimmte Regeln einzuhalten. Jede Gruppe hatte einen so genannten Controller. Diese Controller verhielten sich entweder wie ein Typ-A Prüfer, wie ein Typ-B Prüfer oder wie ein Typ-C Prüfer. Die Controller gaben allen Gruppen inhaltlich dieselbe Rückmeldung. Lediglich in der Art und Weise, wie sie die Rückmeldung übergaben, unterschieden sich die Controller voneinander. Das Ergebnis war, dass Gruppen mit Typ-C Controller schneller waren und mehr lernten als

---

103 Vgl. Institute of Internal Auditors (1972), S. 25.
104 Vgl. Institute of Internal Auditors (1972), S. 25-26.
105 Vgl. Institute of Internal Auditors (1972), S. 26.
106 Vgl. Institute of Internal Auditors (1972), S. 42-51.

Gruppen mit Typ-A oder Typ-B Controllern. Die Gruppen mit Typ-A und Typ-B Controller unterschieden sich nicht signifikant voneinander.

Die Prüfungsstile der unterschiedlichen Prüfertypen unterscheiden sich wesentlich in ihrem Umgang mit entdeckten Fehlern. Für den Typ-A Prüfer ist die Aufdeckung von Fehlern eine zentrale Prüfungsaufgabe. Selbst der Typ-B Prüfer betrachtet die Fehlerentdeckung als zentral, obwohl er versucht, den Widerstand des Geprüften durch höfliches und bestimmtes Verhalten abzuschwächen. Nur der Typ-C Prüfer arbeitet gemeinsam mit den Geprüften und versucht, auftretende Fehler für die Verbesserung des Systems und zum Lernen zu nutzen.

Diese empirischen Ergebnisse sprechen dafür, dass die Fehlerbehandlung des Prüfers, als Teil der untersuchten Prüfungsstile, wesentlichen Einfluss auf die Prüfungsergebnisse hat. Leider wurde dieser viel versprechende Forschungsansatz in den vergangenen 30 Jahren nicht weiter verfolgt.

2.4.3. Dokumentation der Prüfungsfeststellungen

Nachdem die Aussagen zum Umgang des Prüfers mit den Geprüften auf Hinweise zur Fehlerbehandlung untersucht wurden, sollen nun indirekte Hinweise in der Literatur zur Dokumentation der Prüfungsfeststellungen identifiziert werden. Aus regulatorischer Sicht wird vom Abschlussprüfer gefordert, dass er alle Risikofaktoren für Verstöße in den Arbeitspapieren zu dokumentieren hat.[107] Er hat weiterhin die zur Stützung seiner Prüfungsaussagen dienenden Prüfungsnachweise in den Arbeitpapieren zu dokumentieren, soweit sie nicht im Prüfungsbericht enthalten sind.[108] Dabei müssen sich aus den Arbeitspapieren und dem Prüfungsbericht zusammen alle Informationen ergeben, die notwendig sind, damit das Prüfungsergebnis und die einzelnen Prüfungsfeststellungen nachvollzogen werden können.[109] Diese Aussagen finden sich analog für Interne Revisoren.[110] In den Arbeitspapieren müssen Informationen über Planung, Risikobeurteilung, Prüfung und Bewertung des Internen Kontrollsystems, die angewandten

---

107 Vgl. IDW PS 210, Tz. 58.
108 Vgl. IDW PS 460, Tz. 6.
109 Vgl. IDW PS 460, Tz. 9.
110 IIA Practice Advisory Nr. 2330-1 (Aufzeichnung von Informationen), Tz. 1.

Prüfungsverfahren, die gewonnenen Informationen und entsprechende Schlussfolgerungen sowie die Berichterstattung enthalten sein.[111] In den IIA Practice Advisories wird zusätzlich empfohlen, Informationen über das Review der Prüfung und über das follow-up in die Arbeitspapiere aufzunehmen.[112]

Die betriebswirtschaftliche Literatur zur Dokumentation der Prüfungsfeststellungen konzentriert sich im Wesentlichen auf Aussagen zu Inhalt und Organisation der Arbeitspapiere[113] sowie auf die Dauer der Aufbewahrung von Arbeitspapieren[114]. So finden sich beispielsweise für die Interne Revision detaillierte Beschreibungen, wie die Dokumentation von Fehlern beschaffen sein soll. Es wird empfohlen, dass der Prüfer zu allen Prüfungsfeststellungen die folgenden Punkte aufzuzeichnen habe[115]:

- die verantwortliche Organisation,
- die betroffenen Regulierungen beziehungsweise Standards,
- einen Vermerk, inwieweit es sich um einen Wiederholungsfehler handelt,
- die Ursachen und Folgen des Fehler,
- einen Korrekturvorschlag und
- die Diskussion mit Mitarbeitern der geprüften Abteilung.

Weiterhin wurde die Dokumentation von Prüfungsfeststellungen im Zusammenhang mit ihrer Wesentlichkeit untersucht. Dabei wurden 35 Manager und Partner von Wirtschaftsprüfungsunternehmen befragt. Sie gaben an, dass in den Arbeitspapieren nicht alle festgestellten Fehler dokumentiert werden. 41,2% der Prüfer machen die Dokumentation abhängig vom Ausmaß der Abweichung.[116] Die Prüfer scheinen dabei in Kauf zu nehmen, dass festgestellte Fehler nicht oder nicht ausreichend dokumentiert werden. Damit besteht die Gefahr, dass ein unzutreffendes Gesamturteil abgegeben wird, weil die einzelnen unwesentlichen Fehler sich zu einer wesentlichen Größe kumulieren können.[117] Von Prüfungspraktikern wird beschrieben, dass die Prüfer ihre Prüfungsfeststellung

---

111 Vgl. ISA 230, Tz. 6.
112 Vgl. IIA Practice Advisory Nr. 2330-1 (Aufzeichnung von Informationen), Tz. 2.
113 Vgl. beispielsweise Haub (2001), S. 14-16, und Colbert (2005).
114 Vgl. Hodge (2004b).
115 Sawyer/Dittenhofer/Scheiner (2003), S. 360-365.
116 Vgl. Wolz (2004), S. 132.
117 Vgl. Wolz (2004), S. 133.

sorgfältig dokumentieren sollten, um Missverständnissen gegenüber den Schlussfolgerungen und Vorschlägen des Prüfers vorzubeugen.[118]

2.4.4. Mündliche Berichterstattung

Die Berichterstattung des Prüfers findet während der gesamten Prüfung statt.[119] Einerseits wird der Prüfer seine ersten Zwischenergebnisse und Prüfungsfeststellung bereits während der Prüfung mit den Mitarbeitern der geprüften Organisation mündlich besprechen. Andererseits erfolgt die formale Berichterstattung in der Regel am Ende der Prüfung in Form eines schriftlichen Prüfungsberichtes. In den regulatorischen Grundlagen für Interne Revisoren wird beschrieben, dass Zwischenberichte schriftlich oder mündlich, förmlich oder formlos übermittelt werden können.[120] Die Prüfer sollen ihre Schlussfolgerungen und Empfehlungen im Verlauf der Auftragsdurchführung oder in der Schlussbesprechung mit den zuständigen Managementebenen besprechen, bevor sie den Schlussbericht herausgeben.[121] Insgesamt wird anerkannt, dass die „Berichterstattung über eine Prüfungsaufgabe... ein *notwendiger Bestandteil der Aufgabenerfüllung*“[122] ist.

Wenn in der Literatur zur betriebswirtschaftlichen Prüfungslehre die mündliche Berichterstattung überhaupt berücksichtigt wird, dann fast ausschließlich in Form der Schlussbesprechung. Die Schlussbesprechung ist in der Abgabenordnung[123] und nach Regelungen des Genossenschaftsgesetzes[124] gesetzlich geregelt. Hier finden sich Aussagen über den Zeitpunkt, die Inhalte sowie die Teilnehmer der Schlussbesprechung.[125] Die Schlussbesprechung ist demnach üblicherweise nach Beendigung der Prüfungsdurchführung und vor Erstellung des endgültigen Prüfungsberichtes durchzuführen. Es werden die Ergebnisse und Feststellungen der Prüfung besprochen. Teilnehmer sind die Prüfer und Vertreter des geprüften Unternehmens. Obwohl es bei der Abschlussprüfung keine gesetzliche Verpflichtung dazu gibt, entspricht es dennoch den

---

118 Vgl. Schwartz (1999), S. 48.
119 Vgl. Schlager (1996), S. 662.
120 Vgl. IIA Practice Advisory Nr. 2410-1 (Berichterstattungskriterien), Tz. 14.
121 Vgl. IIA Practice Advisory Nr. 2440-1 (Verbreitung der Revisionsergebnisse), Tz. 1-2.
122 Olbrich/Ludewig (2004), S. 462 (Hervorhebungen im Original).
123 Vgl. § 201 Abs. 1 S. 1 AO.
124 Vgl. § 57 Abs. 4 S. 1 GenG.
125 Vgl. § 201 AO und § 57 Abs. 4 GenG.

Gepflogenheiten, eine Schlussbesprechung durchzuführen.[126] Gemäß § 321 Abs. 5 HGB muss der Vorstand eine Möglichkeit zur Stellungnahme haben, bevor der Prüfungsbericht an den Aufsichtsrat weitergegeben wird. Dies kann im Rahmen der Schlussbesprechung geschehen. Außerdem kann der Abschlussprüfer auf Mängel hinweisen, die keine Auswirkungen auf die Erteilung des Bestätigungsvermerks haben und er kann zu den Beanstandungen auch Hinweise und Anregungen zu deren Beseitigung vorlegen sowie strittige Prüfungsfeststellungen diskutieren.[127]

Neben diesen Aussagen finden sich für externe Prüfer weder in den internationalen Prüfungsstandards noch in den Prüfungsstandards des IDW konkrete Aussagen zur mündlichen Berichterstattung und insbesondere zum Verhalten des Prüfers bei der Rückmeldung von Fehlern. Für öffentliche Prüfer konnten regulatorische Aussagen über die Abhaltung der Schlussbesprechung gefunden werden. Im Österreicher Handbuch der öffentlichen Finanzkontrolle wird beschrieben, wie sich der Prüfer in der Schlussbesprechung und bei der schriftlichen Berichterstattung zu verhalten habe. Demnach solle er bei der Schlussbesprechung mit positiven Prüfungsergebnissen beginnen, keine widersprüchlichen Aussagen machen, Kritik immer mit konkreten Beispielen untermauern und den Geprüften eine Möglichkeit zur Stellungnahme geben. In der schriftlichen Berichterstattung habe er darauf zu achten, dass er keine Einzelfälle verallgemeinere, dass er keine unsachgemäßen Zusammenfassungen und Kürzungen der Ergebnisse vornehme und dass er die Einwände der Geprüften in den Bericht einbeziehe.[128]

In der Literatur zur betriebswirtschaftlichen Prüfungslehre wird der Ablauf der Schlussbesprechung[129] erläutert sowie die rechtliche Bindungswirkung der Absprachen in der Schlussbesprechung[130]. Dabei wird auf Einladungsfristen, die Teilnehmer an der Besprechung und die Dokumentation der Ergebnisse der Schlussbesprechung eingegangen.[131] Das Institute of Internal Auditors hat ebenfalls einen Leitfaden über die

---

126 Vgl. Klein (2002), Sp. 2149.
127 Vgl. Klein (2002), Sp. 2150-2151.
128 Vgl. Schwab (o. J.), S. 21.
129 Vgl. Zuberbühler (1982), S. 3-4.
130 Vgl. Baur (1988).
131 Vgl. Schneider (1995), S. 186-188.

Durchführung der Schlussbesprechung herausgegeben.[132] Darin wird aus den regulatorischen Grundlagen zur Berichterstattung die zweckmäßige Vorgehensweise bei der Berichterstattung abgeleitet. In diesem Leitfaden wird argumentiert, dass es der Zweck der Schlussbesprechung sei, die Qualität des Abschlussberichtes zu sichern und den Beitrag der Internen Revision zur Organisationsentwicklung zu stärken.[133] Der Prüfer solle berücksichtigen, dass er eine gute Qualität des Prüfungsberichtes gewährleisten und seine Prüfungsempfehlungen dem Management „verkaufen" müsse. Um dieses Ziel zu erreichen müsse er eine gute Beziehung zu den Geprüften aufbauen. Wichtig sei es dabei, dass er die Ansichten der Geprüften angemessen berücksichtigt und berichtet.[134] Allgemein wird ausgesagt, dass die mündliche Berichterstattung immer flexibel gestaltet werden sollte. Die Meinung der Geprüften sollte einbezogen und diskutiert werden. Dabei soll der Prüfer stets kurz und prägnant, präzise, aktuell und gut vorbereitet argumentieren.[135]

Insgesamt finden sich, wie im folgenden Abschnitt gezeigt wird, in der Literatur zur betriebswirtschaftlichen Prüfungslehre fast ausschließlich Aussagen zur schriftlichen Berichterstattung in Form des Prüfungsberichtes, die am Ende der Prüfung stattfindet. Die informellere Art der mündlichen Rückmeldung, die im persönlichen Gespräch mit den Mitarbeitern des geprüften Unternehmens stattfindet, wird in der Literatur kaum berücksichtigt. Außerdem wird der interaktive Charakter der Beziehung zwischen Prüfer und Geprüften vernachlässigt. Es wird bevorzugt eine Richtung des Informationsflusses in der Literatur berücksichtigt: die Information, die vom Geprüften zum Prüfer übertragen wird. Die andere Richtung, der Informationsfluss vom Prüfer zum Geprüften, wird auf die Übergabe des Prüfungsberichts reduziert. Die Tatsache, dass der Prüfer Zwischenergebnisse seiner Prüfung informell an den Geprüften zurückmeldet, wird vernachlässigt. Dabei kann angenommen werden, dass sich dieser Teil der Interaktion wesentlich auf die Bereitschaft des Geprüften, sich aktiv an der Prüfung zu beteiligen, auswirken wird.

---

132 Vgl. Crockett (1992). In den IIA Standards und Practice Advisories finden sich hingegen keine detaillierten Aussagen zur Schlussbesprechung.

133 Vgl. Crockett (1992), S. 1.

134 Vgl. Crockett (1992), S. 8.

135 Vgl. Sawyer/Dittenhofer/Scheiner (2003), S. 726-727.

2.4.5. *Schriftliche Berichterstattung*

2.4.5.1. Aufgaben und Inhalte der schriftlichen Berichterstattung

Die schriftliche Berichterstattung des Prüfers beinhaltet neben dem abschließenden Prüfungsbericht auch die schriftlichen Zwischenberichte, den bei der externen Prüfung üblichen Management Letter[136] und den Bestätigungsvermerk. Die Adressaten des Prüfungsberichtes sind die Auftraggeber der Prüfung und gegebenenfalls andere gesetzlich oder vertraglich bestimmte Personengruppen.[137] Bei der Wirtschaftsprüfung sind die Berichtsempfänger die gesetzlichen Vertreter beziehungsweise die Aufsichtsorgane des geprüften Unternehmens.[138] Bei der Internen Revision zählen neben den Auftraggebern der Prüfung (Vorstand, Geschäftsführung oder Audit Committee) auch die geprüften Bereiche und verschiedene externe Adressaten zu den Berichtsempfängern.[139]

In der Literatur zur betriebswirtschaftlichen Prüfungslehre finden sich einerseits Aussagen über die Aufgaben und Inhalte des Prüfungsberichtes, andererseits über seine Form. Es werden im Wesentlichen vier Aufgaben der schriftlichen Berichterstattung hervorgehoben. Als erstes solle die Berichterstattung dazu führen, dass die Empfehlungen der Prüfer tatsächlich angenommen und umgesetzt werden.[140] Andere Autoren betonen, dass eine wesentliche Aufgabe des Berichtes in seiner Wirkung als Marketinginstrument liegt, mit dem die Bedeutung der Prüfungsorganisation betont werden solle.[141] Die dritte Aufgabe besteht darin, dass die Berichterstattung die Informationsbedürfnisse der Adressaten erfüllen müsse.[142] Letztlich hat die Berichterstattung auch die Funktion zu erfüllen, die Ordnungsmäßigkeit der Prüfung nachzuweisen.[143] Aus

---

136 Der Management Letter ist an die Geschäftsführung des geprüften Unternehmens gerichtet und hat die Aufgabe, Prüfungsfeststellungen, die nicht wesentlich sind und damit nicht in den Prüfungsbericht gehören, dem Management rückzumelden. Vgl. Schlager (1996), S. 666.

137 Vgl. Plendl (2002), Sp. 1777.

138 Vgl. § 321 Abs. 5 HGB.

139 Vgl. Wesel/Jackmuth (2006), S. 82.

140 Vgl. beispielsweise Holman (1981), S. 43-44; Campfield (1983); Whitham (1996); Didis (1997); Pomeranz (1998); Lynch/Golen (2003), S. 53.

141 Vgl. Hofmann (1995), S. 233; Canepa (2002), S. 272, und Wesel/Jackmuth (2006).

142 Vgl. Wells (2003), S. 75.

143 Vgl. Ludewig (1996), S. 338.

diesen unterschiedlichen Funktionen werden, wie im folgenden Abschnitt gezeigt wird, zum Teil ähnliche Anforderungen an die Berichterstattung des Prüfers abgeleitet.

Zu den Inhalten des Prüfungsberichtes finden sich insbesondere in den gesetzlichen und regulatorischen Grundlagen für die Prüfung genauere Angaben.[144] Der Prüfungsbericht müsse den Zweck der Prüfung, den Umfang und die Ergebnisse der Prüfung enthalten.[145] Er kann außerdem Hintergrundinformationen und Zusammenfassungen, Stand früherer Feststellungen, Schlussfolgerungen und Empfehlungen beinhalten.[146] Bei der externen Prüfung werden unter Prüfungsfeststellungen die Fehler, Unrichtigkeiten und Verstöße verstanden.[147] Diese Konzentration auf negative Prüfungsfeststellungen in der externen Prüfung wird dadurch verstärkt, dass der Prüfer im Prüfungsbericht auf bestehende Mängel hinzuweisen hat, wenn deren Kenntnis für die Berichtsadressaten von Bedeutung ist, sogar wenn der Mangel zwischenzeitlich behoben wurde.[148] Im Gegensatz dazu findet sich in der Internen Revision ein anderes Verständnis der Prüfungsfeststellungen. In den Standards zur Internen Revision werden Prüfer ermuntert, zufrieden stellende Leistungen anzuerkennen[149]. „Solche Angaben können für die faire Darstellung der bestehenden Zustände und für die richtige Sichtweise sowie die Ausgewogenheit des Schlussberichts erforderlich sein.“[150] Ebenfalls für die Interne Revision ist geregelt, dass die Schlussfolgerungen und Empfehlungen der Internen Revision vor der Erstellung des Schlussberichts mit den zuständigen Managementebenen besprochen werden sollten.[151] Eine gegebenenfalls abweichende Meinung der geprüften Abteilung könne in den Bericht aufgenommen werden.[152]

---

144 Für die Interne Revision vgl. IIR Revisionsstandard Nr. 3 (Qualitätsmanagement in der Internen Revision), Tz. 3.5.2.3. Für die externe Prüfung vgl. § 321 HGB; IDW PS 210; IDW PS 450; ; ISA 700 (rev.).

145 Vgl. IIA Practice Advisory Nr. 2410-1 (Berichterstattungskriterien), Tz. 1.

146 Vgl. IIA Practice Advisory Nr. 2410-1 (Berichterstattungskriterien), Tz. 2

147 Vgl. IDW PS 210, Tz. 12.

148 Vgl. IDW PS 450, Tz. 62.

149 Vgl. IIA Standard Nr. 2420.A2 (Qualität der Berichterstattung).

150 IIA Practice Advisory Nr. 2410-1 (Berichterstattungskriterien), Tz. 10.

151 Vgl. IIA Practice Advisory Nr. 2440-1 (Verbreitung der Revisionsergebnisse), Tz. 1-3.

152 Vgl. IIA Practice Advisory Nr. 2410-1 (Qualität der Berichterstattung), Tz. 12.

In der betriebswirtschaftlichen Literatur zum Prüfungsbericht wurden beispielsweise die Inhalte und die Gliederung des Prüfungsberichtes bei Versicherungsunternehmen[153] und allgemeiner in der Jahresabschlussprüfung[154] dargestellt. Dabei werden zum Teil recht detailliert die Inhalte beschrieben, die unter jedem einzelnen Gliederungspunkt des Prüfungsberichtes behandelt werden sollten.[155] Zu den Prüfungsfeststellungen wird in dieser Literatur lediglich ausgesagt, dass sie danach untergliedert werden sollten, welchen Posten der Bilanz beziehungsweise der Gewinn- und Verlustrechnung sie betreffen.[156]

2.4.5.2. Beobachtungen und Empfehlungen von Prüfungspraktikern zur Form der schriftlichen Berichterstattung

In den regulatorischen Grundlagen für interne und öffentliche Prüfer finden sich nahezu keine Aussagen zur Form der schriftlichen Berichterstattung und insbesondere des Prüfungsberichtes. Sehr allgemein wird formuliert, dass „Revisionsberichte … richtig, objektiv, klar, prägnant, konstruktiv und vollständig sein [sollen]“[157]. Auch für externe Prüfer werden in den regulatorischen Grundlagen insbesondere die Inhalte der schriftlichen Berichterstattung beschrieben. Zur Form der schriftlichen Berichterstattung wird ausgesagt, dass der Bericht klar, wahrheitsgetreu, vollständig und unparteiisch sein sollte.[158] Eine klare Berichterstattung beinhaltet dannach, dass die Sachverhalte verständlich, eindeutig und problemorientiert darzustellen sind.[159] Die Form soll weiterhin im Zeitablauf beibehalten werden.[160] Die regulatorischen Grundlagen zur Form der schriftlichen Berichterstattung sind ingsgesamt für externe Prüfer etwas detaillierter als für interne und öffentliche Prüfer. Sie sind aber ebenfalls allgemein formuliert und wenig begründet.

---

153 Vgl. Treuberg/Angermayer (1998).
154 Vgl. Schlager (1996); Pfitzer (1999); Stolberg/Zieger (2000).
155 Vgl. Ludewig (1996).
156 Vgl. Ludewig (1996), S. 341.
157 IIA Standard Nr. 2420 (Qualität der Berichterstattung).
158 Vgl. IDW PS 450, Tz. 6-9.
159 Vgl. IDW PS 450, Tz. 10.
160 Vgl. IDW PS 450, Tz. 11.

Dass diese allgmeinen Anforderungen konkretisierungsbedürftig sind, kann aus der Vielzahl von Aufsätzen abgeleitet werden, in denen Prüfer Hinweise zur Formulierung des Prüfungsberichtes geben.[161] In zahlreichen Zeitschriftenaufsätzen fordern Prüfungspraktiker eine Verbesserung der Berichterstattung durch die Prüfer. Nach dem Motto: "Good audit work should not be obscured by poor quality reports"[162] wird gefordert, dass mehr Aufmerksamkeit auf die Berichterstattung des Prüfers gelegt werden sollte. Die Prüfer beschreiben in der Regel ihre eigenen Erfahrungen in der Prüfungspraxis, beziehen aber keine wissenschaftlich gesicherten Aussagen ein. Aus ihren persönlichen Erfahrungen leiten sie Handlungsempfehlungen ab, die sie mit Hilfe der Veröffentlichung in Praktikerzeitschriften anderen Prüfern zur Verfügung stellen wollen. Es wird beispielsweise argumentiert, dass der Bericht verständlich und handlungsorientiert sein müsse, damit die Verbesserungsvorschläge angenommen und umgesetzt werden.[163] Der Prüfer solle die positiven Prüfungsfeststellungen betonen und emotionale Begriffe vermeiden. Weiterhin seien bei der Verfassung des Berichtes stilistische Regeln zu befolgen. Die Empfehlungen sollten immer so formuliert werden, dass auch die Ursachen des Problems benannt werden und nicht nur dessen Symptome.[164] Allgemein sei auf positive Formulierungen zu achten.[165] Die Zahl der Empfehlungen sollte eingeschränkt werden und nur wichtige Empfehlungen tatsächlich in den Bericht aufgenommen werden.[166] Der Bericht solle in der ersten Person geschrieben werden, wobei die passive Form möglichst vermieden werden sollte.[167] Es wird sogar von einem Autor für notwendig angesehen, darauf hinzuweisen, dass der Prüfungsbericht frei von Rechtschreibfehlern sein sollte.[168] Weiterhin wird von den Praktikern die Beobachtung beschrieben, dass ein Bericht nur dann zu Veränderungen führen kann, wenn die Geprüften ihm

---

161 Vgl. beispielsweise Holman (1981); Maniak (1985); Maniak (1990); Whitham (1996); Didis (1997); Haub (2000); Lynch/Golen (2003); Wells (2003); Brown (2005).

162 Didis (1997), S. 38.

163 Vgl. Whitham (1996), S. 60.

164 Vgl. Whitham (1996), S. 60.

165 Vgl. beispielsweise Sawyer/Dittenhofer/Scheiner (2003), S. 365.

166 Vgl. Brown (2005), S. 34.

167 Vgl. Lynch/Golen (2003), S. 55.

168 Vgl. Haub (2001), S. 55-63.

tatsächlich Aufmerksamkeit schenken.[169] Nur dann wird Vertrauen geschaffen und der Weg für eine Umsetzung der Empfehlungen geebnet.

Darüber hinaus gehend wird der Umgang des Prüfers mit den Fehlern des Geprüften auch direkt angesprochen. Es wird betont, dass das Prüfungsergebnis als Möglichkeit zum Lernen und Verbessern gesehen werden solle: „Instead of emphasizing the identification of problems, treat findings presentation as an opportunity to facilitate improvement."[170] Auch im Proaktiven Prüfungsansatz finden sich Hinweise auf den Umgang des Prüfers mit den Fehlern des Geprüften. Dort wird argumentiert, dass zur Verbesserung von Abläufen im Unternehmen die Fehler und Defizite frühzeitig erkannt und behoben werden müssen, damit kein Schaden für das Unternehmen eintritt.[171] Zum Proaktiven Prüfungsansatz gehört es ebenfalls, dass Prüfer und Geprüfte möglichst kooperativ zusammenarbeiten sollen.

Auch wenn die Erfüllung der Marketingfunktion der Prüfungsorganisation in den Vordergrund gestellt wird, so wird argumentiert, dass die Berichte verständlich geschrieben werden sollten. Der Prüfer solle einfache Formulierungen verwenden, den Text gut gliedern, kurze und prägnante Ausführungen verwenden sowie durch zusätzliche Leseanreize setzen, damit der Bericht verständlich ist und den Nutzen der Prüfungsorganisation deutlich machen kann.[172] Der Bericht solle weiterhin stärker kundenorientiert gestaltet sein.[173] Dazu seien bei der Formulierung des Prüfungsberichts, im Rahmen der regulatorischen Anforderungen, die Bedürfnisse und Gewohnheiten des geprüften Unternehmens zu berücksichtigen. Es wird argumentiert, dass durch diese kundenorientierte Ausgestaltung des Prüfungsberichtes die Verständlichkeit des Berichtes deutlich verbessert und damit die Ergebnisse der Prüfung für das geprüfte Unternehmen erst nutzbar gemacht würden. „The presentation of audit findings, when

---

169 Vgl. Lynch/Golen (2003), S. 57.
170 Williams (2003), S. 54.
171 Vgl. Pomeranz (1998), S. 3.
172 Vgl. Hofmann (1995), S. 233.
173 Vgl. Maniak (1990), S. 2.

coupled to the manager's style, becomes far easier and more beneficial to the line manager and the company."[174]

Die Autoren, die die Erfüllung der Informationsbedürfnisse der Prüfungsadressaten als zentrale Funktion der Berichterstattung beschreiben, betonen ebenfalls die Relevanz der Form, in der der Prüfungsbericht geschrieben wird.[175] So wird beispielsweise von einer Internen Revision berichtet, die den ausführlichen Prüfungsbericht für alle Adressaten zugunsten von drei spezifischen Berichten für unterschiedliche Adressatengruppen aufgegeben hat. Im *audit report* werden die Ergebnisse und Empfehlungen für die Geschäftsführung zusammengefasst. Im *corrective action plan* werden Probleme identifiziert und Lösungsvorschläge für die Abteilungen getrennt dargestellt und im *special project report* werden spezielle Projekte der Internen Revision für die betroffenen Abteilungen zusammengefasst. Als Ergebnis wurde beobachtet, dass der Nutzen der Prüfung besser kommuniziert wurde und die Zusammenarbeit mit den Geprüften deutlich verbessert werden konnte.[176]

Allgemein kann festgestellt werden, dass die Prüfungspraktiker einen dringenden Bedarf sehen, die Berichterstattung zu verbessern. Dieser wahrgenommene Mangel in der Qualität der Berichterstattung führt sogar zu der Forderung, dass sich Prüfungsunternehmen bei der Auswahl und Einstellung von Prüfern die Fähigkeiten zur schriftlichen Kommunikation nachweisen lassen sollten. Damit würde der Druck an die Berufsanfänger erhöht, diese Fähigkeiten intensiv auszubilden.[177]

Zusammenfassend kann gesagt werden, dass die Prüfungspraktiker, obwohl sie zum Teil unterschiedliche Funktionen der Berichterstattung betonen, ähnliche Mittel beschrieben, mit denen diese Ziele der Berichterstattung erreicht werden sollen. Bei allen Argumentationen steht im Mittelpunkt, dass der Prüfungsbericht klarer, prägnanter und kundenfreundlicher formuliert werden müsste. Es besteht für Interne Revisoren Einigkeit darüber, dass positive Sachverhalte aufgenommen werden sollen und gute Leistungen der

---

174 Burnett (1983), S. 18.
175 Vgl. Wells (2003), S. 75.
176 Vgl. Bossle/Michenzi (1997).
177 Vgl. Stevens/Stevens (1994), S. 38.

geprüften Abteilung explizit gelobt werden sollten. Diese Maßnahmen sollten sich insgesamt auf eine Verbesserung der Beziehung zum Geprüften, eine bessere Umsetzung der Empfehlungen, eine positivere Beurteilung der Prüfungsorganisation und eine bessere Erfüllung der Informationsaufgabe gegenüber den Prüfungsadressaten auswirken.

Folgende Argumentation liegt den oben beschriebenen Aufsätzen implizit zugrunde: Die Ablehnung des Prüfers durch den Geprüften wird verursacht durch Angst vor Kritik, durch unsensible Prüfungspraktiken und einen feindlichen Prüfungsstil.[178] Weil diese Ablehnung den Prüfungsprozess behindert, sollten sich alle Beteiligten über die Rolle des Prüfers im Klaren sein. Die Prüfungsberichte sollten nur wesentliche Fehler und realistische Empfehlungen enthalten. Prüfer sollten Fähigkeiten im Umgang mit Menschen erwerben und sie sollten das Vertrauen der Geprüften durch Demonstration von Kompetenz, Integrität, Objektivität, eine kooperative Einstellung und Fähigkeiten zum angemessenen Schreiben des Prüfungsberichtes erwerben.[179]

2.4.5.3. Wissenschaftliche Aussagen zur Form der schriftlichen Berichterstattung

Zu den wissenschaftlichen Aussagen werden in diesem Abschnitt einerseits begründete normative Aussagen, wie intuitive Übertragungen psychologischen Wissens auf den Prüfungsprozess[180] oder lehrbuchartige Veröffentlichungen[181], andererseits systematische empirische Forschungsarbeiten zusammengefasst. Auch in dieser Literatur wird die Forderung beschrieben, dass der Prüfungsbericht verständlicher formuliert werden sollte.[182] Dazu sollte er einfach, gut gegliedert, kurz und interessant geschrieben sein.[183] Ein Autor überträgt Aussagen aus der Kommunikations-Psychologie direkt auf die Prüfungssituation. Er beschreibt die verschiedenen Ebenen einer Botschaft und zeigt, welche expliziten und impliziten Botschaften im Prüfungsbericht enthalten sein können.[184] Anschließend formuliert er Hinweise dazu, wie der Bericht möglichst

---

178 Vgl. Crockett (1992), S.7.
179 Vgl. Crockett (1992), S. 7.
180 Vgl. beispielsweise Hofmann (1995).
181 Vgl. beispielsweise Schlager (1996); Plendl (2001); Sawyer/Dittenhofer/Scheiner (2003).
182 Vgl. beispielsweise Wesel/Jackmuth (2006), S. 82-95.
183 Vgl. Hofmann (1995), S. 233.
184 Vgl. Hofmann (1995).

verständlich gestaltet werden kann. Der Bericht sollte immer unparteiisch, vollständig, wahrheitsgetreu und klar formuliert werden.[185]

Weiterhin wird auch in der wissenschaftlichen Literatur betont, dass ein kundenorientiert formulierter Prüfungsbericht ein Signal für gute Qualität bei der Prüfung darstelle.[186] Der Prüfer solle sich bei der Erstellung des Prüfungsberichtes am Verständnis des Lesers orientieren. Was nicht verstanden wird, könne auch nicht umgesetzt werden.[187] Fehler müssen dabei immer mit ihren Kriterien, Bedingungen, Ursachen und Wirkungen sowie dem Hintergrund und entsprechenden Empfehlungen berichtet werden.[188] Im Bericht dürfen die Prüfungsfeststellungen ebenfalls nicht einfach aneinandergereiht werden, weil dies einen negativen Einfluss auf die Beziehung zum Geprüften haben könnte. Besser sei eine ausgewogene Beurteilung des Systems mit positiven und negativen Prüfungsfeststellungen.[189] Im Sinne der Kundenorientierung wird ebenfalls gefordert, dass der Entwurf des Berichtes den für den Jahresabschluss verantwortlichen Personen zugesandt werden sollte, damit diese im Rahmen der Schlussbesprechung Stellung dazu nehmen können und die Ergebnisse gemeinsam diskutiert werden können.[190]

Systematische Untersuchungen zur Form des Prüfungsberichts konzentrieren sich im Wesentlichen auf den Vergleich der unterschiedlichen gesetzlich vorgeschriebenen Prüfungsberichte. Vor- und Nachteile der genannten „*long form*“ des Prüfungsberichtes, wie in Deutschland notwendig, oder der so genannten „*short form*“, wie im angloamerikanischen Sprachraum, werden dargestellt. Dabei wird argumentiert, dass die Langform unzeitgemäß sei, da andere Informationsmedien zur Verfügung stünden und nicht wesentliche Prüfungsfeststellungen üblicherweise im Management Letter oder in mündlichen Besprechungen rückgemeldet werden würden.[191] Andererseits existieren empirisch ermittelte Hinweise dafür, dass ein ausführlicher Prüfungsbericht gegenüber

185 Vgl. Plendl (2002), Sp. 1780.
186 Vgl. Ludewig (2000), S. 256.
187 Vgl. Sawyer/Dittenhofer/Scheiner (2003), S. 696.
188 Vgl. Sawyer/Dittenhofer/Scheiner (2003), S. 710
189 Vgl. Sawyer/Dittenhofer/Scheiner (2003), S. 367.
190 Vgl. Schlager (1996), S. 665.
191 Vgl. Reiter (1996), S. 248.

der standardisierten Kurzform erhebliche Vorteile hinsichtlich der Nutzbarkeit durch die Adressaten des Berichtes aufweist.[192]

Weiterhin wurde empirisch untersucht, wie viel Zeit der Prüfer für die Anfertigung des Prüfberichtes benötigt. Diese Zeit wird in Zusammenhang gesetzt mit dem Ausmaß der nötigen Prüfarbeit, den Anreizen zur pünktlichen Abgabe des Berichtes sowie der Strukturiertheit des Prüfungsansatzes.[193] Es wurde außerdem untersucht, inwieweit die Inhalte des Prüfungsberichtes durch Verhandlungen und Diskussionen zwischen Prüfer und Geprüften verändert werden können.[194] Auch gibt es Untersuchungen darüber, welche formalen Berichtswege die Internen Revision in Unternehmen nutzt, um ihre Prüfungsergebnisse mitzuteilen.[195]

Zusammenfassend lässt sich zu den Arbeiten zur Berichterstattung folgendes sagen: Die meisten der oben zitierten Arbeiten stammen aus praxisorientierten Zeitschriften der Internen Revision. Die Aussagen fassen die subjektiven Erfahrungen dieser praktisch tätigen Prüfer zusammen. Eine systematische (deskriptive) Beobachtung der Berichterstattung und insbesondere des Umgangs des Prüfers mit den Fehlern der Geprüften liegt nicht vor. Der indirekte Aufruf der Praktiker an die Wissenschaft, sich mit diesem Thema zu befassen, wurde bislang nur wenig berücksichtigt.

Weiterhin lässt sich feststellen, dass in den meisten Arbeiten die Berichterstattung gleichgesetzt wird mit dem Schreiben des Berichtes. Die Veröffentlichungen zur Berichterstattung des Prüfers konzentrieren sich im Wesentlichen auf die schriftliche Berichterstattung, insbesondere in Form des Prüfungsberichtes. Die mündliche Berichterstattung wird nahezu ausschließlich in Form der Schlussbesprechung berücksichtigt. Andere, insbesondere informelle Arten der mündlichen Berichterstattung werden vernachlässigt. Insgesamt orientieren sich die deduktiven Aussagen zur Berichterstattung des Prüfers an den rein formalen Kriterien der Berichterstattung. Es werden Aussagen dazu gemacht, welche Inhalte der Prüfungsbericht haben sollte, wie er gegliedert sein sollte und welcher

192 Vgl. Hatherly/Innes/Brown (1991), S. 315; Hatherly/Brown/Innes (1998), S. 27-29.
193 Vgl. Bamber/Smith Bamber/Schoderbek (1993).
194 Vgl. beispielsweise Beattie/Fearnley/Brandt (2000).
195 Vgl. Institute of Internal Auditors (2003).

verbalen Mittel sich der Prüfer bei der Darstellung der Ergebnisse bedienen sollte. Dabei wird die formale, schriftliche Berichterstattung in den Mittelpunkt gestellt. Die verbale Berichterstattung im Rahmen informeller Gespräche mit den Mitarbeitern des geprüften Unternehmens wird ebenso vernachlässigt, wie die Art und Weise der Rückmeldung. Ansatzweise finden sich Aussagen darüber, dass der Bericht „kundenfreundlich" geschrieben sein sollte, dass positive und negative Prüfungsfeststellungen gleichermaßen berichtet werden sollten und dass die Ansichten und Einwände der Mitarbeiter des geprüften Unternehmens berücksichtigt werden sollten.

2.5. Beurteilung des Forschungsstandes zur Fehlerbehandlung in der betriebswirtschaftlichen Prüfungslehre

Seit Mitte der 1970er Jahre werden sowohl die Fehler des geprüften Unternehmens als auch deren Entdeckung durch den Prüfer verstärkt in der betriebswirtschaftlichen Prüfungslehre untersucht. Zum einen gibt es Forschungsansätze, die sich mit den Merkmalen von Fehlern beschäftigen. Die unterschiedlichen Fehlerarten werden untersucht, deren Auftreten in unterschiedlichen Branchen und Jahresabschlussposten sowie Ursachen und Verteilung der Fehler. Weiterhin gibt es eine umfangreiche Forschung zu den Methoden, mit denen Fehler entdeckt werden können. Dabei wurde festgestellt, dass aufmerksamkeitsleitende Methoden einen großen Teil der entdeckten Fehler zuerst signalisieren. Zu diesen aufmerksamkeitsleitenden Verfahren zählen neben den „Erwartungen aus den Erfahrungen früherer Prüfungen" auch die „Gespräche mit den Mitarbeitern der geprüften Organisation". Aus diesem Ergebnis kann geschlussfolgert werden, dass die Art und Weise, in der ein Prüfer diese Gespräche führt, einen wesentlichen Einfluss auf die Entdeckung eines Fehlers hat und somit für den weitern Prüfungsverlauf und die Ergebnisse und Wirkungen der Prüfung von zentraler Bedeutung sind. Hier steht eine systematische Beobachtung des Verhaltens und die Untersuchung der unterschiedlichen Verhaltensstile auf die Prüfung noch aus. Insbesondere die Erforschung der Fehlerbehandlung durch den Prüfer könnte wichtige Erkenntnisse liefern, die angewandt werden können, um die Effektivität und Effizienz von Prüfungen zu verbessern.

Die betriebswirtschaftliche Forschung zur Fehlerbehandlung wurde in diesem Kapitel systematisiert nach Umgang des Prüfers mit dem Fehler des Geprüften, Dokumentation der Prüfungsfeststellungen und Berichterstattung dargestellt. Auf eine Darstellung der Urteilsbildung wurde in dieser Arbeit verzichtet, da die Forschung sich bislang fast ausschließlich mit den kognitiven Aspekten der Urteilsbildung befasst hat. Die Interaktion zwischen Prüfer und Geprüften wird vernachlässigt. Es ist anzunehmen, dass sich auch die Kommunikation und die Beziehung zwischen Prüfer und Geprüften, auf die Urteilsbildung auswirken. Wenn ein Prüfer die Gelegenheit hat, die Prüfungsergebnisse direkt mit den Mitarbeitern der geprüften Organisation zu besprechen, zusätzliche Informationen schnell und unkompliziert einzuholen und die Meinung der Geprüften zu den Prüfungsfeststellungen kennt, wird das Ergebnis anders ausfallen, als wenn dem Prüfer nur die notwendigsten Informationen widerwillig bereitgestellt werden.

Allgemein wird das interindividuell unterschiedliche Verhalten der Prüfer bei der Urteilsbildung nahezu vollständig vernachlässigt. Studien zur Urteilsbildung tendieren dazu, die Aufgabe oder kognitive Sachverhalte zu fokussieren, die anwendbar sind auf alle Prüfer mit den unterschiedlichsten Eigenschaften oder Verhaltensstilen. Sie berücksichtigen die individuellen Unterschiede der Prüfer nicht. Das Ergebnis ist eine Forschung zur Urteilsbildung im Prüfungswesen, die sich mehr auf die Aufgabe und die Rahmenbedingungen konzentriert als auf die Personen, die die Urteile fällen.[196]

Zum Umgang des Prüfers mit den Fehlern des Geprüften gibt es einige normative Aussagen für den Prüfer, die allerdings so allgemein formuliert sind, dass sich keine konkreten Handlungsempfehlungen aus ihnen ableiten lassen. Die Prüfungspraktiker hingegen beschreiben in einer Vielzahl von Veröffentlichungen die Relevanz des konkreten Verhaltens des Prüfers beim Umgang mit den Geprüften und ihren Fehlern. Im Wesentlichen fordern sie, dass Prüfer eine bessere Beziehung zum Geprüften aufbauen sollten, dass sie über gute kommunikative Fähigkeiten und über Erfahrungen in der Konflikthandhabung und in der Verhandlungsführung verfügen sollten. Diesen unsystematischen Beobachtungen steht nur eine systematische empirische Studie gegenüber, in der in einem Laborexperiment die Bedeutung von Prüfungsstilen auf die Ergebnisse der Prüfung nachgewiesen werden konnte.

Dieser Forschungsansatz wurde jedoch nicht weiter verfolgt. Ursache hierfür kann die geringe interdisziplinäre Zusammenarbeit sein. Insbesondere im deutschen Sprachraum

---

196 Vgl. Gibbins/Swieringa (1995), S. 244.

sind verhaltenswissenschaftliche Forschungsansätze in der betriebswirtschaftlichen Prüfungslehre selten.[197] Ganz vereinzelt finden sich Hinweise darauf, dass das Verhalten des Prüfers und als Teil davon seine Fehlerbehandlung intensiver untersucht werden sollte.

Die Berichterstattung wurde im Wesentlichen unter Konzentration auf die formalen Kriterien des Prüfungsberichtes untersucht. Mit der Zielstellung, die Prüfungsempfehlungen möglichst gut umzusetzen, den Nutzen der Prüfungsorganisation hervorzuheben, die Adressaten des Prüfungsberichtes möglichst gut zu informieren und Rechtssicherheit für den Prüfer zu schaffen, wurden formale Anforderungen an den Prüfungsbericht formuliert. Aus der betriebswirtschaftlichen Forschung gibt es bisher keine Untersuchungen dazu, wie sich mündliche, informelle Arten der Berichterstattung auf die weitere Prüfung auswirken. Auch die Art und Weise, in der Empfehlungen vom Prüfer an den Geprüften weitergegeben werden, wurde bisher nicht betrachtet. Lediglich aus dem Bereich der Internen Revision wurden eine Reihe von Beobachtungen und unsystematischen Erfahrungsberichten zur Art der Berichterstattung veröffentlicht.

Wie auch bei der Urteilsbildung wird in der Forschung zur Berichterstattung bisher der Interaktions-Charakter der Prüfung vernachlässigt. Das schlägt sich insbesondere darin nieder, dass unter Berichterstattung im Wesentlichen die Formulierung des Prüfungsberichtes verstanden wird. Andere Arten der Rückmeldung, wie mündliche Hinweise direkt an den Fehlerverursacher oder seinen Vorgesetzten, werden nicht berücksichtigt.

In den vergangenen Jahrzehnten haben Prüfungspraktiker eine Vielzahl von Aufsätzen über das Verhalten von Prüfern veröffentlicht. Sie beschreiben ihre Beobachtungen darüber, welches Verhalten Prüfer zeigen sollten, damit ihre Prüfungen reibungslos verlaufen und bestmögliche Ergebnisse (auch) für das geprüfte Unternehmen liefern können.

Da die Forschung zur betriebswirtschaftlichen Prüfungslehre zwar Hinweise dafür liefert, dass die Fehlerbehandlung durch den Prüfer relevant für den Verlauf der Prüfung ist, aber nahezu keine fundierten Erkenntnisse zum Verhalten des Prüfers liefert, müssen

---

197 Vgl. Schreiber (2000), S. 52.

Ausgangspunkte zu einer Erforschung des Fehlerbehandlungsverhaltens in benachbarten Forschungsdisziplinen gesucht werden. Die Analyse von Verhalten ist ein Schwerpunkt der psychologischen Forschung. Daher wird im Folgenden dargestellt, welche Aussagen innerhalb der Psychologie zur Fehlerbehandlung zu finden sind.

3. Fehlerbehandlung in der psychologischen Forschung

3.1. Nutzen psychologischer Erkenntnisse für die betriebswirtschaftliche Prüfungslehre

Wie im Kapitel 2 gezeigt werden konnte, ist die Wirkungsweise der Fehlerbehandlung durch den Prüfer allein durch Verwendung von Erkenntnissen aus der betriebswirtschaftlichen Prüfungslehre nicht zu erklären. Das Verhalten des Prüfers wurde bis auf die rein kognitiven Betrachtungen zur Urteilsbildung bislang in der betriebswirtschaftlichen Forschung vernachlässigt. Es ist anzunehmen, dass in den verhaltenswissenschaftlichen Forschungsdisziplinen Methoden und Forschungsansätze zu finden sind, die helfen können, das Verhalten des Prüfers beim Auftreten von Fehlern besser zu beschreiben und zu erklären. Insbesondere die Psychologie, als „wissenschaftliche Untersuchung von Verhalten von Individuen und ihren mentalen Prozessen“[1], lässt wertvolle Erkenntnisse und Methoden erwarten: „Social scientists have provided numerous concepts, theoretical propositions, and research findings that can be useful in understanding the behavioral dynamics of internal auditing.“[2]

In der betriebswirtschaftlichen Prüfungslehre wurden bereits Erfahrungen mit der Integration von psychologischen Modellen gewonnen. Insbesondere bei der Erforschung der Urteilsbildung durch den Prüfer wurden Erkenntnisse aus der kognitiven Psychologie auf die Prüfungssituation übertragen. In den Anfangsstadien der Übertragung waren die so gewonnenen Erkenntnisse wenig aussagekräftig, weil psychologische Modelle und Methoden ohne Anpassung an die spezifische Prüfungssituation übernommen wurden. Später wurden die psychologischen Modelle modifiziert und an die Prüfungssituation angepasst, was zu einem beträchtlichen Wissenszuwachs über kognitive Prozesse des Prüfers bei der Urteilsbildung führte.[3]

---

1 Zimbardo/Gerrig (2004), S. 3.
2 Wilson/Wood (1985), S. 2.
3 Vgl. Schreiber (2000), S. 53-54.

In der vorliegenden Arbeit sollen deshalb zunächst die psychologischen Modelle und Forschungsansätze vorgestellt werden, die sich mit dem Umgang von Menschen mit Fehlern beschäftigen. Anschließend werden im Kapitel 4 die psychologischen Erkenntnisse auf die spezifischen Bedingungen der Prüfungssituation angepasst. Dazu wird ein Analyserahmen zur Fehlerbehandlung entwickelt, in dem potentielle Einflussfaktoren und Wirkungen der Fehlerbehandlung des Prüfers systematisch dargestellt werden.

3.2. Verwendung der Begriffe Fehler und Fehlerbehandlung in der psychologischen Forschung

In der psychologischen Forschung wird der Fehler insbesondere in der Handlungs- und Kognitionspsychologie untersucht. Üblicherweise[4] wird ein Fehler in diesen Disziplinen definiert als: „all those occasions in which a planned sequence of mental or physical activities fails to achieve its intended outcome, and where these failures cannot be attributed to the intervention of some change agency"[5]. Das heißt, ein Fehler kann nur bei zielgerichteten Handlungen auftreten und beinhaltet immer das Nichterreichen eines angestrebten Ziels. Eine wesentliche Eigenschaft von Fehlern im Sinne dieser Definition ist es, dass sie nicht zufällig auftreten und damit grundsätzlich vermeidbar sind.[6] Dabei können Fehler auf unterschiedlichen Ebenen der Handlungsregulation[7] auftreten.[8]

Fehler können auf der niedrigsten Ebene der kognitiven Regulation, der sensumotorischen Ebene auftreten. Ein Fehler auf dieser Ebene betrifft insbesondere die stereotypen Bewegungsabläufe und Automatismen, die ohne Beteiligung des Bewusstseins ablaufen. Beispielsweise sind hier Bewegungsfehler, wie falsches Tippen auf der Schreibmaschine zu nennen.

---

4 Vgl. beispielsweise Zapf/Frese/Brodbeck (1999), S. 398.
5 Dyck (2000), S. 11.
6 Vgl. Frese/Zapf (1991), S. 15; Zapf/Frese/Brodbeck (1999), S. 398.
7 Unter „Handlungsregulation" wird in der handlungstheoretischen Forschung die Planung und kognitive Steuerung von Handlungen verstanden. Vgl. Zempel (2002), S. 17.
8 Die im Folgenden vorgestellte Taxonomie bezieht sich auf Frese/Zapf (1991), S. 19-20.

Auf der nächst höheren Ebene, der Ebene der flexiblen Handlungsmuster, liegen Handlungen, die stark strukturiert sind und mit geringer bewusster Beteiligung ablaufen. Auf der Ebene der flexiblen Handlungsmuster werden insbesondere Gewohnheitsfehler begangen. Verursacht werden sie im Wesentlichen durch Heuristiken.[9]

Die dritte Ebene der Handlungsregulation ist die intellektuelle Ebene, auf der komplexe Situationsanalysen erfolgen und neue Handlungspläne gesteuert werden. Diese Ebene wird auch als Ebene des konkreten Denkens bezeichnet. Auf dieser Ebene können je nach Position des Fehlers im Handlungsprozess Zielsetzungs-, Zuordnungs-, Prognose-, Denk-, Merk- und Urteilsfehler unterschieden werden. Fehler auf der Ebene der intellektuellen Handlungsregulation werden im Wesentlichen durch die begrenzte Informationsverarbeitungskapazität des Menschen verursacht, aber auch durch die Überwertigkeit eines Motivs oder die Langsamkeit von Denkprozessen.[10]

Die höchste Regulationsebene von Handlungen wird als Ebene des abstrakten Denkens bezeichnet. Hier werden allgemeine heuristische Regeln generiert, die das Verhalten und die kognitiven Stile langfristig beeinflussen. Diese Regulationsebene ist nicht direkt handlungsrelevant. Erst durch eine Umsetzung der allgemeinen Heuristiken in konkretes Verhalten auf der intellektuellen Regulationsebene werden die Heuristiken und kognitiven Stile handlungsleitend.[11] Die Ebene des abstrakten Denkens beinhaltet Fehler, die aus unangemessenen Heuristiken und kognitiven Stilen resultieren.[12]

In der Psychologie wird, wie in der betriebswirtschaftlichen Prüfungslehre, zwischen bewussten und unbewussten Fehlern unterschieden. Bei bewusst begangenen Fehlern wird der Begriff „Regelverletzung“ verwendet. Regelverletzungen sind dabei: „bewusste – jedoch nicht notwendigerweise zu verurteilende – Abweichungen von Vorgehens-

---

9 Vgl. Frese/Zapf (1991), S. 26. Danach sind insbesondere zwei Heuristiken für das Begehen von Gewohnheitsfehlern verantwortlich. Die Verfügbarkeitsheuristik beschreibt den Vorgang, dass Prozesse, Schemata und Gedächtnisinhalte, die besonders häufig verwendet werden, auch in neuen Situationen bevorzugt verwendet werden. Die Repräsentativitätsheuristik beinhaltet, dass Entscheidungen nach dem Vergleich mit einem Prototypen getroffen werden, ohne dass die Anwendungsvoraussetzungen hinreichend geprüft werden.

10 Vgl. Frese/Zapf (1991), S. 25.

11 Vgl. Frese/Zapf (1991), S. 22.

12 Vgl. Frese/Zapf (1991), S. 21.

weisen, die für notwendig erachtet werden, um sichere Operationen ... zu gewährleisten."[13] Auch ineffizientes Handeln kann im Rahmen des psychologischen Fehlerbegriffs als Fehler klassifiziert werden, wenn davon ausgegangen wird, dass es ein Ziel der Handlung ist, bei der Zielerreichung keine Umwege einzuschlagen.[14]

Wichtig ist der Unterschied zwischen einem Fehler einerseits und seinen Konsequenzen andererseits. Es kann davon ausgegangen werden, dass es keine „schwerwiegenden" Fehler an sich gibt. Vielmehr kann der selbe Fehler in Abhängigkeit von der Situation unterschiedliche Konsequenzen haben.[15] Wenn eine Person das falsche Paar Schuhe anzieht, kann das im normalen Alltag vielleicht unangenehm sein, aber es hat keine schwerwiegenden Konsequenzen. Bei der hochriskanten Besteigung des Mount Everest hingegen kann derselbe Fehler, die Auswahl der falschen Schuhe, tödliche Folgen haben.[16] Es muss also immer zwischen dem Fehler und seinen (negativen) Konsequenzen unterschieden werden. An einem Beispiel aus der Textverarbeitung kann der Unterschied zwischen Fehler und Fehlerkonsequenz ebenfalls deutlich gemacht werden. Bei der Arbeit mit einem Textverarbeitungsprogramm eines Computers kann der Bediener einen Fehler begehen. Beispielsweise drückt er versehentlich die „Löschen"-Taste und ein ganzer Absatz verschwindet. Der Fehler lag hier in der falschen Bedienung der Tasten. Die negative Fehlerkonsequenz besteht darin, dass der Textabschnitt gelöscht wurde.

Neben dem Begriff des Fehlers wird in der Psychologie auch der Begriff der Fehlerbehandlung verwendet. Die Fehlerbehandlung ist hierbei eingebettet in den Prozess der Fehlerbewältigung. Dieser Prozess ist in Abbildung 1 schematisch dargestellt.

---

13 Zapf/Frese/Brodbeck (1999), S. 399.
14 Vgl. Zapf/Frese/Brodbeck (1999), S. 399.
15 Vgl. Dyck (2000), S. 13.
16 Das Beispiel wurde der Dissertation von VAN DYCK entnommen. Sie beschreibt und analysiert im ersten Kapitel ihrer Arbeit sehr anschaulich die Strategien der Fehlerbehandlung anhand von zwei verunglückten Exkursionen auf den Mount Everest. Vgl. Dyck (2000), S. 1-33.

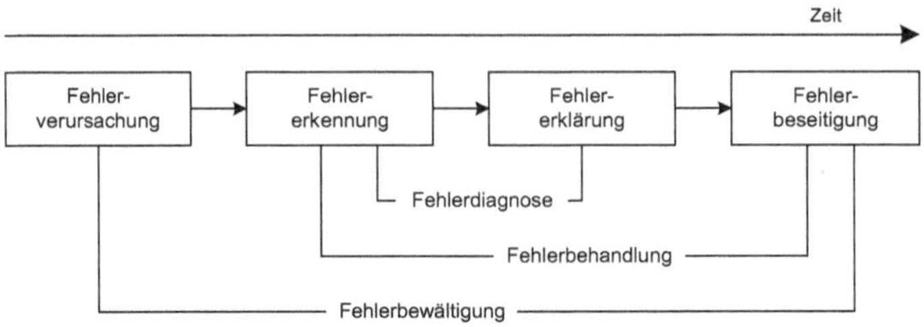

Abbildung 1: Prozess der Fehlerbewältigung

Die Fehlerbewältigung umfasst dabei den gesamten Fehlerprozess: vom Auftreten eines Fehlers über die Erkennung und Erklärung des Fehlers bis hin zu seiner Behebung.[17] In der Psychologie wird immer davon ausgegangen, dass der Fehlerverursacher auch die Person ist, die den Fehler erkennt, erklärt und behebt.

Mit dem Begriff „Fehlerbehandlung“ wird ein Teil der Fehlerbewältigung beschrieben, der alle „Maßnahmen beim Umgang mit Fehlern“[18] beinhaltet. Das bedeutet, dass zum Prozess der Fehlerbehandlung das Erkennen, Erklären und Beseitigen von Fehlern gehört. Auch hier wird in der Psychologie davon ausgegangen, dass der Fehlerverursacher dieselbe Person ist wie die Person, die den Fehler behandelt (also erkennt, erklärt und beseitigt). Insbesondere wurde der Prozess der Fehlerbehandlung beim Umgang mit computergestützten Systemen, wie beispielsweise einem Textverarbeitungsprogramm untersucht.[19]

3.3. Strategien der Fehlerbehandlung

3.3.1. Fehlervermeidung

In der psychologischen Forschung konnte gezeigt werden, dass es zwei idealtypische Strategien der Fehlerbehandlung gibt: die Fehlervermeidung und das Fehlermanagement.

---

17 Vgl. Zapf/Lang/Wittmann (1991), S. 60.

18 Zapf/Frese/Brodbeck (1999), S. 406.

19 Vgl. beispielsweise Brodbeck (1991); Prümper (1991); Zapf/Lang/Wittmann (1991); Nordstrom/Wendland/Williams (1998) oder Heimbeck/Frese/Sonnentag (2003).

Diese unterschiedlichen Strategien konnten auf der individuellen Ebene[20] sowie auf organisationaler Ebene[21] nachgewiesen werden. Die Menschen unterscheiden sich demnach in ihrer Art der Fehlerbehandlung voneinander. Auch für Organisationen gilt, dass sie über eine besondere Kultur im Umgang mit Fehlern verfügen. Grundsätzlich soll mit beiden Strategien der Fehlerbehandlung dasselbe Ziel erreicht werden: die negativen Fehlerkonsequenzen sollen reduziert oder ganz vermieden werden.[22] Bei den beiden Strategien der Fehlerbehandlung unterscheidet sich allerdings der Weg, auf dem dieses Ziel erreicht werden soll.

Die erste Strategie der Fehlerbehandlung scheint eine „klassische Antwort auf das Fehlerproblem"[23] zu sein: die Fehlervermeidung. Hierbei sollen die negativen Fehlerkonsequenzen dadurch vermieden werden, dass die Fehler an sich vermieden werden.[24] Am oben genannten Beispiel aus der Textverarbeitung würde ein System, das nach der Strategie der Fehlervermeidung aufgebaut ist, nach jeder Betätigung der „Löschen"-Taste die Frage stellen: „Möchten Sie den Text wirklich löschen?". Damit soll ein Fehler durch versehentliches Drücken der „Löschen"-Taste vermieden werden.

Innerhalb der psychologischen Forschung entspricht die Strategie der Fehlervermeidung dem traditionellen Ansatz.[25] Fehler werden hier prinzipiell als negativ betrachtet. Durch die Strategie der Fehlervermeidung wird versucht, das Auftreten von Fehlern zu eliminieren.[26] Wenn dennoch Fehler auftreten, so werden die Ursachen bevorzugt bei den handelnden Personen gesucht, nicht im System. Durch Regulierungen, disziplinarische Maßnahmen, Androhung von Strafe, Training und persönlicher Benennung der Schuldigen sollen zukünftige Fehler vermieden werden.[27] Die Rahmenbedingungen sollen so verändert werden, dass möglichst keine Fehler auftreten. Ein Vertreter dieses Ansatzes ist SKINNER[28], der davon ausgeht, dass Fehler einen Bestrafungscharakter

---

20 Vgl. Frese (1995), S. 112.
21 Vgl. Dyck (2000), S. 55.
22 Vgl. Dyck (2000), S. 14.
23 Zapf/Frese/Brodbeck (1999), S. 406.
24 Vgl. Dyck (2000), S. 14.
25 Vgl. Argyris (1985)
26 Vgl. Frese/Dyck (1996), S. 3.
27 Vgl. Reason (2000), S. 768.
28 Vgl. Skinner (1968).

haben. Jeder Mensch sei grundsätzlich unzufrieden mit sich selbst und fühle sich bestraft, wenn er merkt, dass er einen Fehler begangen hat. Insbesondere im Lernprozess wurde die Funktion von Fehlern diskutiert. SKINNER schlussfolgert, dass Fehler aus jedem Lernprozess eliminiert werden sollten.[29] Im Gegensatz zu einer fehlerhaften Handlung entspricht eine Handlung, die fehlerfrei ausgeführt wurde, einer erfolgreich ausgeführten Handlung. Hier wird Erfolg mit Fehlerlosigkeit gleichgesetzt. Nur der Erfolg würde sich positiv auf Vertrauen und Ausdauer auswirken. Die koordinierte Verfolgung von Zielen werde dadurch erhöht und die Effektivität gesteigert.[30] Auch die Vertreter der Humanistischen Psychologie argumentieren, dass Fehler im Lernprozess zu vermeiden seien. Nach ihrer Auffassung darf das Lernen durch die Frustration, die mit dem Begehen von Fehlern einhergeht, nicht gefährdet werden.[31]

Eine Person, die nach der Strategie der Fehlervermeidung handelt, bewertet einen Fehler grundsätzlich als negativ und fühlt sich durch das Auftreten von Fehlern stark belastet. Diese Person geht davon aus, dass bei sorgfältiger Beachtung der Regeln keine Fehler auftreten. Wenn dennoch ein Fehler entdeckt wird, ist die Person bestrebt, den Fehler zu verheimlichen. Eine offene Kommunikation über Fehler wird vermieden. Dadurch wird ein Lernen aus eigenen Fehlern und den Fehlern der Kollegen erheblich erschwert.[32]

3.3.2. Fehlermanagement

Die zweite Strategie im Umgang mit Fehlern wird als Fehlermanagement bezeichnet. Sie stellt eine „sinnvolle Strategie ergänzend zur Fehlervermeidung“[33] dar. Hier sollen ebenfalls die negativen Fehlerkonsequenzen vermieden werden. Allerdings liegt dieser Strategie der Fehlerbehandlung das Verständnis zugrunde, dass es unmöglich ist, alle Fehler zu vermeiden. Vielmehr muss nicht der Fehler vermieden werden, sondern die negativen Fehlerkonsequenzen. Das heißt, das Auftreten von Fehlern wird akzeptiert. Ein Fehler wird nicht als Versagen von Personen gesehen, sondern in erster Linie als Folge einer Schwachstelle im System. Daher wird das gesamte System analysiert, ausgehend

29 Vgl. Skinner (1968), S. 88.
30 Vgl. Sitkin (1992), S. 233.
31 Vgl. Frese (1995), S. 133.
32 Vgl. Rybowiak/Garst/Frese/Batinc (1999), S. 528-529.
33 Zapf/Frese/Brodbeck (1999), S. 407.

von den Personen über die Gruppe, die Arbeitsaufgabe bis hin zum Arbeitsplatz und der Organisation als Ganzem.[34] Die Betonung liegt nun darauf, Fehler ernst zu nehmen und sich aktiv mit ihnen auseinanderzusetzen.[35] Die unterschiedlichen Ansatzpunkte der beiden Strategien der Fehlerbehandlung sind in Abbildung 2 dargestellt.

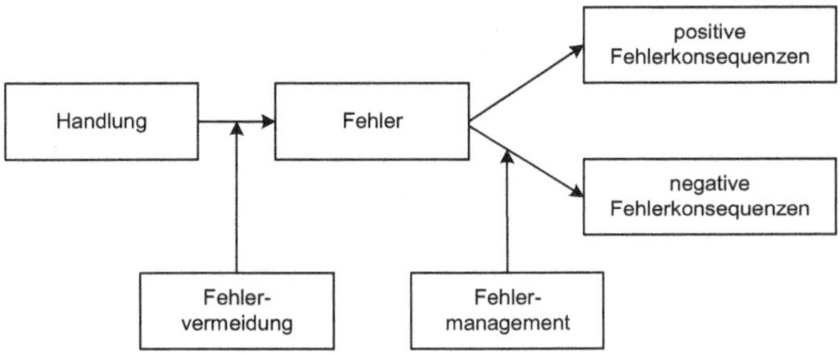

Abbildung 2: Ansatzpunkte von Fehlervermeidung und Fehlermanagement

Jeder Fehler kann neben negativen Wirkungen auch positive Aspekte beinhalten.[36] Diese positiven Fehlerkonsequenzen sollen mit der Strategie des Fehlermanagements nutzbar gemacht werden. Zu den positiven Wirkungen von Fehlern zählen die Möglichkeit zum Lernen, die Notwendigkeit, das Verhalten anzupassen und Innovationen zu fördern.[37] Wenn man Lernen nicht so sehr als Sammlung von Wissen versteht, sondern als Integration von Erfahrung und Einsicht[38], wird die Bedeutung von Fehlern im Lernprozess deutlich. Hier bilden Fehler den Ausgangspunkt für Exploration und Lernen. Sie stellen eine Ausnahme dar und treten immer dann auf, wenn eingetretene Ereignisse nicht mit den Erwartungen übereinstimmen. Daher erfordern sie eine stärkere Aufmerksamkeit sowie eine aktivere und tiefere kognitive Verarbeitung. Dabei können auch bisher übersehene Probleme erkannt und bearbeitet werden. Fehler fördern demnach die Aufmerksamkeit und die gedankliche Vorwegnahme potentieller Probleme.[39] Fehler

---

34 Vgl. Reason (2000), S. 769.
35 Vgl. Dyck (2000), S. 14.
36 Vgl. Dyck (2000), S. 37.
37 Vgl. Dyck (2000), S. 37.
38 Vgl. Kolb (1976), S. 21.
39 Vgl. Sitkin (1992), S. 237.

stimulieren Suchprozesse, wobei Exploration und kreative Lösungen angeregt werden.[40] Insbesondere kleinere Fehler regen dazu an, das Vorgehen den tatsächlichen Bedingungen anzupassen. Bei erfolgreich ausgeführten Handlungen besteht dazu keine Motivation.[41] Weiterhin steigen die Risikotoleranz, die notwendige Vielfalt und die praktischen Erfahrungen im Umgang mit Fehlern, was eine bessere Anpassung an sich ändernde Bedingungen ermöglicht.[42]

Wenn eine Person die Vorteile von Fehlern aktiv nutzt und für individuelles Lernen verwendet, verfolgt sie die Strategie des Fehlermanagements. Fehlermanagement wird beschrieben als Optimierung des Fehlerprozesses.[43] Wie bereits dargestellt, ist es für einen positiven Umgang mit Fehlern notwendig, dass zwischen dem Fehler auf der einen Seite und den Konsequenzen, die aus dem Fehler folgen, auf der anderen Seite, unterschieden wird.[44] Die Erkenntnis, „...not errors, but merely their negative consequences are the real ‚trouble makers' in any system"[45] beschreibt die grundlegende Haltung zu Fehlern bei Personen, die die Strategie des Fehlermanagements befolgen. Die negativen Fehlerkonsequenzen sollen reduziert werden, indem der Fehlerbehandlungsprozess gestärkt wird.[46]

Bei dem oben genannten Beispiel aus der Textverarbeitung würde ein System, das nach dem Prinzip des Fehlermanagements aufgebaut ist, eine Funktion bereitstellen, die das Rückgängig-Machen von Befehlen (mit Hilfe der so genannten „undo"-Funktion) ermöglicht. Damit kann die negative Fehlerkonsequenz, die im Löschen des Textabschnitts bestand, vermieden werden. Nicht der Fehler, das falsche Bedienen der Taste, soll verhindert werden, sondern die negative Konsequenz. Der unterschiedliche Ansatzpunkt der beiden Strategien ist in Abbildung 3 noch einmal schematisch dargestellt.

---

40 Vgl. Frese/Dyck (1996), S. 5.
41 Vgl. Sitkin (1992), S. 238.
42 Vgl. Sitkin (1992), S. 238-239.
43 Vgl. Frese/Dyck (1996), S. 2-4.
44 Vgl. Frese (1995), S. 113, und Dyck (1997), S. 109.
45 Frese/Dyck (1996), S. 4.
46 Vgl. Dyck (2000), S. 36.

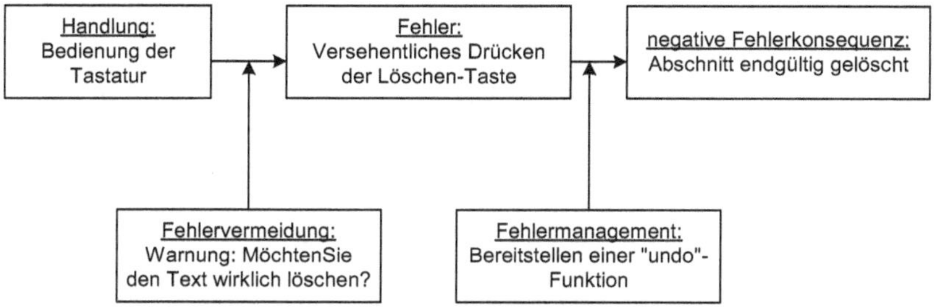

Abbildung 3: Fehlervermeidung und Fehlermanagement an einem Beispiel aus der Textverarbeitung

Eine Person also, die die Strategie des Fehlermanagements befolgt, zeichnet sich dadurch aus, dass sie bei ihren Handlungen erwartet, dass trotz sorgfältiger Ausführung der Handlungen Fehler auftreten können. Weiterhin werden Fehler nicht grundsätzlich als negativ beurteilt. Wenn Fehler antizipiert werden, ist die emotionale Belastung durch einen Fehler relativ gering. Eine Person, die der Strategie des Fehlermanagements folgt, spricht mit ihren Kollegen offen über aufgetretene Fehler und nimmt diese zum Anlass, um über eine Verbesserung des Systems nachzudenken. Eine aktive Auseinandersetzung mit dem Fehler begünstigt das Lernen aus Fehlern.[47]

3.4. Einflussfaktoren für die Fehlerbehandlung

3.4.1. Individuelle Einflussfaktoren

Die Strategie der Fehlerbehandlung stellt ein konkretes Verhalten einer Person dar. Das Verhalten wiederum wird wesentlich durch die allgemeinen heuristischen Regeln der abstrakten Regulationsebene beeinflusst. Ein Aspekt dieser Regulationsebene ist die individuelle Fehlerorientierung einer Person. Die individuelle Fehlerorientierung beschreibt, wie eine Person denkt, dass man grundsätzlich mit Fehlern umgehen sollte und wie sie Fehler bei der Arbeit beurteilt.[48] Die Fehlerorientierung einer Person stellt eine Coping-Strategie dar. Unter Coping-Strategien werden die „Strategien und

---

[47] Vgl. Rybowiak/Garst/Frese/Batinc (1999), S. 529.
[48] Vgl. Rybowiak/Garst/Frese/Batinic (1999), S. 527.

Verhaltensweisen der Auseinandersetzung mit Stressoren und belastenden Situationen"[49] verstanden. Diese interindividuell unterschiedlichen Strategien hängen einerseits damit zusammen, wie negativ Fehler beurteilt werden und in welchem Ausmaß Fehler vermieden werden. Andererseits beeinflusst die individuelle Fehlerorientierung den konkreten Umgang mit Fehlern. Dazu gehört, inwieweit sich der Fehlerverursacher (unnötige) Vorwürfe wegen des Fehlers macht, inwieweit er offen über die begangenen Fehler spricht, anstatt sie zu vertuschen und ob er aktiv mit Fehlern umgeht und aus ihnen lernt.[50]

Eine Person mit negativer Fehlerorientierung bewertet demnach die eigenen Fehler grundsätzlich als negativ. Da sie die Einstellung hat, dass Fehler durch sorgfältiges Arbeiten zu vermeiden sind, neigt sie dazu, sich nach der Entdeckung eines eigenen Fehlers Vorwürfe zu machen. Auf der emotionalen Ebene fühlt sich diese Person stark belastet durch das Auftreten von Fehlern. Sie tendiert dazu, begangene Fehler zu vertuschen und sie möglichst schnell aus dem Gedächtnis zu verdrängen.[51]

Im Gegensatz dazu bewertet eine Person mit positiver Fehlerorientierung einen Fehler nicht grundsätzlich als negativ. Sie erwartet, dass auch bei sorgfältiger Handlungsausführung Fehler auftreten können. Wenn dann tatsächlich ein Fehler entdeckt wird, fühlt sich diese Person nur wenig belastet. Sie kommuniziert ihre Fehler offen gegenüber den Kollegen. Nachdem der Fehler festgestellt wurde, denkt eine Person mit positiver Fehlerorientierung darüber nach, welche Ursachen der Fehler hatte und welche Schlussfolgerungen sie aus dem Auftreten des Fehlers ziehen kann. Diese aktive Auseinandersetzung mit dem Fehler führt dazu, dass die Fehlerkompetenz der Person steigt und bei eventuell neu auftretenden Fehlern die Reduzierung der negativen Fehlerkonsequenzen einfacher wird. Es konnte nachgewiesen werden, dass die Fehlerorientierung einer Person eine relative stabile Persönlichkeitseigenschaft darstellt, die seinen Umgang mit Fehlern wesentlich beeinflusst.[52]

---

49 Häcker/Stampf (2004), S. 175.
50 Vgl. Rybowiak/Garst/Frese/Batinic (1999), S. 529.
51 Vgl. Rybowiak/Garst/Frese/Batinc (1999), S. 528-529.
52 Vgl. Rybowiak/Garst/Frese/Batinic (1999), S. 542.

In der psychologischen Literatur wird ein Messinstrument vorgestellt, mit dem die individuelle Fehlerorientierung einer Person gemessen werden kann.[53] Dabei werden die Validierung des Fragebogens und die Zusammensetzung des Konstrukts aus verschiedenen Skalen beschrieben. Die individuelle Fehlerorientierung setzt sich demnach aus den folgenden Skalen zusammen: „Fehlerkompetenz", „Lernen aus Fehlern", „Eingehen von Fehlerrisiken", „Fehlerbelastung", „Fehlerantizipation" und „Vertuschen von Fehlern".[54]

Die individuelle Fehlerorientierung einer Person ist auf der höchsten Ebene der menschlichen Handlungsregulation, der Ebene des abstrakten Denkens, angesiedelt. Diese allgemeinen heuristischen Regeln wirken sich nicht direkt auf das Handeln aus. Vielmehr werden sie auf der intellektuellen Ebene in konkretes Verhalten übertragen. Eine Person mit einer negativen Fehlerorientierung wird in einer konkreten Situation eher zu einem Verhalten im Sinne der Fehlervermeidung tendieren, während eine Person mit positiver Fehlerorientierung eher zum Fehlermanagement neigen wird.

Grundsätzlich muss festgehalten werden, dass die individuelle Fehlerorientierung einer Person, genauso wie seine Heuristiken oder Stile, nicht prinzipiell richtig oder falsch sein kann. Sie kann lediglich angemessen oder unangemessen für eine bestimmte Situation sein.[55]

Über die Ursachen dafür, dass eine Person eher eine positive oder negative Fehlerorientierung besitzt, gibt es bislang keine gesicherten Erkenntnisse. Lediglich der Zusammenhang zu den impliziten Theorien über die Veränderbarkeit von Eigenschaften nach DWECK[56] konnte nachgewiesen werden. DWECK geht davon aus, dass implizite Theorien die Auswahl und das Verfolgen von Zielen leiten.[57] Diese impliziten Theorien sollen als Disposition wirken, das heißt, sie beeinflussen die Wahrscheinlichkeit, dass ein be-

---

53 Vgl. Rybowiak/Garst/Frese/Batinic (1999).

54 Eine detaillierte Beschreibung der Skalen findet sich bei Rybowiak/Garst/Frese/Batinic (1999), S. 542-543.

55 Vgl. Frese/Zapf (1991), S. 22.

56 Vgl. Maier/Rosenstiel (1997), S. 106; Dyck (1997), S. 112.

57 Vgl. Dweck (1996), S. 69.

stimmtes Verhalten gewählt wird. Situationale Faktoren beeinflussen die Wahrscheinlichkeit ebenfalls.[58]

Implizite Theorien sind dabei grundsätzliche Annahmen einer Person über sich selbst und ihre Umwelt. In dem hier vorgestellten Konzept werden die impliziten Theorien über die Veränderbarkeit von eigenen Eigenschaften betrachtet. Es werden dabei zwei unterschiedliche implizite Theorien unterschieden: die *entity theory* (Nicht-Veränderbarkeits-Theorie) und die *incremental theory* (Veränderbarkeits-Theorie).[59] Personen, die davon überzeugt sind, dass die eigenen Eigenschaften (wie Intelligenz, Persönlichkeit und Charakter) nicht veränderbar sind, verfügen über die so genannte Nicht-Veränderbarkeits-Theorie. Personen hingegen, die überzeugt sind, dass ihre Eigenschaften veränderbar sind, werden der Veränderbarkeits-Theorie zugeordnet. In empirischen Untersuchungen konnte nachgewiesen werden, dass Personen mit Nicht-Veränderbarkeits-Theorie andere Ziele verfolgen und anders handeln als Personen mit impliziter Veränderbarkeits-Theorie.[60] Dabei wurde auch gezeigt, dass die impliziten Theorien domän-spezifisch sind. Eine Person kann also beispielsweise bezüglich ihrer Intelligenz der Nicht-Veränderbarkeits-Theorie angehören, bezüglich ihres Charakters aber der Veränderbarkeits-Theorie.[61]

In empirischen Untersuchungen konnte DWECK belegen, dass Personen mit einer impliziten Nicht-Veränderbarkeits-Theorie eher Leistungsziele übernehmen, während Personen mit einer impliziten Veränderbarkeits-Theorie eher Lernzielen folgen.[62] Eine Person, die eher Leistungsziele verfolgt, möchte ihre eigene Kompetenz möglichst positiv bewertet sehen. Sie möchte ihre eigenen Fähigkeiten zeigen und nicht ausreichende Fähigkeiten verbergen. Da sie der Meinung ist, die eigenen Fähigkeiten nicht beeinflussen zu können, richtet sie ihre Aktivitäten darauf aus, ihre „vorhandenen

---

58 Vgl. Dweck/Leggett (1988), S. 269.

59 Die deutschen Übersetzungen der Begriffe wurden aus folgendem Aufsatz übernommen: Schlangen/Stiensmeier-Pelster (1997), S. 303.

60 Vgl. Dweck (1996), S. 69.

61 Vgl. Dweck (1996), S. 70-71.

62 Eine ausführlichere Darstellung der Studien findet sich bei Schlangen/Stiensmeier-Pelster (1997), S. 303-305.

Fähigkeiten möglichst gut zur Geltung zu bringen“[63]. Eine Person, die eher Lernziele verfolgt, möchte dagegen in erster Linie ihre Kompetenz erhöhen. Sie möchte vorrangig zusätzliches Wissen und Können erwerben, und neigt nicht dazu, gering ausgeprägte Fähigkeiten zu verbergen.

Das Verhalten dieser beiden Personengruppen unterscheidet sich auch dann, wenn Misserfolge oder Fehler auftreten. Personen mit Nicht-Veränderbarkeits-Theorie reagieren eher hilflos und neigen dazu aufzugeben, wenn Fehler aufgetreten sind oder die Ziele nicht wie erwartet erreicht wurden. Herausforderungen werden eher gemieden. Außerdem neigen diese Personen mit Leistungszielen dazu, sich bei Schwierigkeiten keine Unterstützung durch andere Personen zu holen.[64] Personen hingegen, die über eine Veränderbarkeits-Theorie verfügen, fühlen sich durch Misserfolge eher angespornt.[65] Sie erhöhen ihre Anstrengung bei Hindernissen und Fehlern. Außerdem fragen sie aktiv Hilfe nach, wenn sie auf Schwierigkeiten stoßen. Dieser Zusammenhang konnte mehrfach empirisch belegt werden.[66] In Gruppenversuchen konnte weiterhin gezeigt werden, dass diejenigen Gruppen, deren Mitglieder stärker Lernziele verfolgten, eine höhere Fehlerorientierung einschließlich stärkerer Fehlererklärung und Lernen aus Fehlern zeigten als eine Gruppe, deren Mitglieder vorrangig Leistungsziele verfolgten.[67]

Auch in ihrer Reaktion auf Fehler anderer Personen unterscheiden sich die beiden Personengruppen voneinander. Personen mit Nicht-Veränderbarkeits-Theorien bevorzugen als Reaktion auf Fehlverhalten bestrafende Handlungen, während Personen mit Veränderbarkeits-Theorien Hinweise und Erläuterungen bevorzugen, die zu Lernen führen. Sie versuchen eher an den Ursachen für das fehlerhafte Verhalten anzusetzen und dadurch erwünschtes Verhalten zu ermutigen.[68]

---

63 Schlangen/Stiensmeier-Pelster (1997), S. 304.
64 Vgl. Chillarege/Nordstrom/Williams (2003), S. 372.
65 Vgl. Dweck/Leggett (1988), S. 256; Dweck (1996), S. 72-75.
66 Vgl. beispielsweise Dweck/Leggett (1988), S. 257-258, oder Chillarege/Nordstrom/Williams (2003), S. 372-373.
67 Vgl. Dyck (1997), S. 112.
68 Vgl. Dweck (1996), S. 83.

Um die Wirkungsweise der impliziten Theorien zu erforschen, hat DWECK Zusammenhänge zu anderen individualpsychologischen Variablen ermittelt. Dabei konnte sie feststellen, dass die impliziten Theorien unabhängig sind von der allgemeinen Einstellung zu sich selbst und zu anderen Personen. Dafür hat sie die Variablen Selbstvertrauen, Selbstwertgefühl und Optimismus über die menschliche Natur betrachtet. Weiterhin scheinen die impliziten Theorien unabhängig von der Selbstpräsentation im Sinne von Selbstbeobachtung und sozialer Erwünschtheit und von weiteren Eigenschaftskomplexen wie der Einstellung zu Autoritäten, dem Liberalismus und dem Konservatismus einer Person zu sein.[69]

Es gibt Hinweise dafür, dass die impliziten Theorien von Personen beeinflussbar sind. So konnten LEVY, STOESSNER und DWECK in Laborexperimenten die impliziten Theorien von Versuchspersonen verändern, indem sie ihnen fiktive wissenschaftliche Artikel zum Lesen gaben, in denen entweder wissenschaftliche Belege über die Konstanz von Persönlichkeitseigenschaften (Nicht-Veränderbarkeits-Theorie) oder über die Veränderbarkeit dieser Eigenschaften (Veränderbarkeits-Theorie) erbracht wurden. In der anschließenden Versuchsdurchführung verhielten sich die Versuchspersonen, die in ihrem „wissenschaftlichen" Bericht gelesen hatten, dass Persönlichkeitseigenschaften stabil sind, eher wie Personen mit Nicht-Veränderbarkeits-Theorie, während sich die Versuchspersonen mit dem Bericht darüber, dass die Eigenschaften veränderbar sind, eher im Sinne der Veränderbarkeits-Theorie verhielten.[70]

Da die impliziten Theorien direkt mit der Fehlerorientierung einer Person zusammenhängen, kann angenommen werden, dass auch die Fehlerorientierung durch gezielte Wissensvermittlung zu beeinflussen ist. Das heißt, es besteht grundsätzlich die Möglichkeit, das Verhalten einer Person beispielsweise durch Schulungen oder Trainings zu beeinflussen und eine gewünschte Strategie der Fehlerbehandlung zu stärken.

---

69 Vgl. Dweck (1996), S. 87.
70 Vgl. Levy/Stroessner/Dweck (1998), S. 1430-1431.

3.4.2. Situationale Einflussfaktoren

Das Verhalten einer Person wird einerseits durch seine persönlichen Eigenschaften bestimmt, andererseits aber auch durch situationale Bedingungen modifiziert. Im Folgenden sollen situationale Einflussfaktoren vorgestellt werden, die Einfluss auf die Fehlerbehandlunge einer Person haben, indem sie eher fehlervermeidendes Verhalten oder Verhalten im Sinne des Fehlermanagements begünstigen. Da die Forschung zum Umgang mit Fehlern im Wesentlichen aus der Arbeits- und Organisationspsychologie stammt, werden hier vorwiegend Fehler bei der Arbeit betrachtet. Weiterhin muss angemerkt werden, dass insbesondere die Tätigkeit in Hochsicherheitsbereichen untersucht wurde, da hier die negativen Fehlerkonsequenzen besonders schwerwiegend sein können. Die Untersuchungen stammen daher vorwiegend aus den Bereichen des Flugverkehrs, der Reaktorsicherheit und aus Krankenhäusern.[71]

Besonders in der Gestaltung der Arbeitsaufgabe finden sich unterschiedliche Ansätze zum Umgang mit Fehlern.[72] Vor allem in den traditionellen Ansätzen wird häufig eine Strategie der Fehlervermeidung gefördert. Um das Ziel der fehlerfreien Handlungen im Sinne der Fehlervermeidung zu realisieren, wurden allgemeine Strategien zur Gestaltung der Rahmenbedingungen vorgeschlagen.[73]

Einerseits lag der Schwerpunkt der Arbeitsgestaltung darin, die Komplexität der Aufgaben und Informationen zu reduzieren und möglichst wenig Entscheidungsalternativen für die handelnde Person zuzulassen. Fehler sollten dadurch vermieden werden, dass es ein festes System von Regeln und Anweisungen gibt, an die sich die handelnden Personen halten müssen.[74] Es konnte allerdings nicht nachgewiesen werden, dass diese Strategie tatsächlich Fehler reduzierend wirkt.

Weiterhin wurde argumentiert, dass die handelnden Personen besser qualifiziert werden müssten. Obwohl diese Forderung grundsätzlich sinnvoll zu sein scheint, sprechen auch

---

71 Vgl. beispielsweise Hackman (1993); Edmondson (1996); Gillingham/Blanco/Lewko (1997); Rochlin (1999); Helmreich (2000); Hofer/Hayward (2000).

72 Vgl. Maier/Rosenstiel (1997), S. 103-104.

73 Vgl. Zapf/Frese/Brodbeck (1999), S. 406-407.

74 Vgl. Dyck (2000), S. 19.

empirische Belege dafür, dass eine höhere Qualifikation unter spezifischen Bedingungen zu vermehrten Fehlern führen kann. So begingen in einem Laborexperiment Experten bei Routineaufgaben häufiger Gewohnheitsfehler als Novizen.[75] Weiterhin sollten die Fehler durch menschliches Versagen dadurch reduziert werden, dass verstärkt Sicherheitsvorrichtungen und Automatisierung eingerichtet werden. Hier tritt allerdings ein Problem auf, das unter dem Stichwort „Ironie der Automatisierung“[76] diskutiert wurde. Bei zunehmender Automatisierung entstehen zwei problematische Sachverhalte. Einerseits kann bei der Automatisierung der menschliche Fehler, der ja eigentlich ausgeschlossen werden soll, vom Handelnden zum Entwickler der Automatisierung verlagert werden. Dadurch kann der Fehler sogar an Gewicht zunehmen, da er nun systematisch auftritt und wesentlich schwerer zu korrigieren ist als ein Fehler des Handelnden. Andererseits bleiben auch nach Automatisierungen immer noch Handlungen und Entscheidungen für die handelnde Person bestehen. Das sind in der Regel gerade die komplexen Entscheidungen und Handlungen, die sich nur schwer oder gar nicht automatisieren lassen.[77] Wenn dem Menschen aber gerade diese Handlungen und Entscheidungen überlassen werden, kann das Fehlerpotential in dem Bereich erheblich steigen. Insgesamt führte die Arbeitsgestaltung, die sich ausschließlich auf Fehlervermeidung konzentrierte, nicht zu deutlich sichereren Systemen.

Positiv auf Fehlermanagement wirkt es sich aus, wenn die Arbeitsaufgabe eine frühzeitige Rückmeldung über den aktuellen Stand der Zielerreichung zulässt. Weiterhin sollte sie so transparent sein, dass Fehler von Mitarbeitern selbst entdeckt und analysiert werden können und einen hohen Handlungsspielraum beinhalten, damit Fehlerursachen behoben und negative Konsequenzen bewältigt werden können.[78] Durch gezielte Arbeits- und Technikgestaltung können die Handlungsspielräume erhöht werden und Funktionen, die ein schnelles Rückgängigmachen von Handlungen ermöglichen, können eingebaut werden.[79] Außerdem wird argumentiert, dass Handlungen zu dezentralisieren seien, damit Fehler auf eine Handlung begrenzt bleiben sowie ein angemessenes

---

75 Vgl. Prümper/Zapf/Brodbeck/Frese (1992).
76 Vgl. Bainbridge (1983).
77 Vgl. Bainbridge (1983), S. 775.
78 Vgl. Frese (1991), S. 778-779.
79 Vgl. Zapf/Frese/Brodbeck (1999), S. 407-409.

Anspruchsniveau geschaffen werden sollte und die Handlungen mit schellen Rückmeldungen zu versehen seien.[80]

Innerhalb einer Arbeitsgruppe kann Fehlermanagement durch das so genannte „Gruppendenken" behindert werden.[81] Gruppendenken beschreibt eine Tendenz, die häufig auftritt, wenn eine Gruppe eine Entscheidung zu treffen hat. Es wurde beobachtet, dass die Gruppenmitglieder neue Informationen nicht mehr aufnehmen und verarbeiten, wenn diese nicht in den bisherigen Entscheidungsprozess passen. Damit soll gewährleistet werden, dass ein schneller Konsens gefunden werden kann. Diese Tendenz tritt dann verstärkt auf, wenn der angestrebte Konsens dem Standpunkt des Gruppenführers entspricht.[82] Ein angemessener Umgang mit Fehlern kann demnach nur dann stattfinden, wenn die Wirkung des Gruppendenkens verringert wird. Das kann beispielsweise durch externe Beobachter geschehen, die ausdrücklich Kritik und Widerspruch durch die Mitglieder befürworten. Außerdem sollten in der Gruppe Normen für kritisches Überdenken von Entscheidungen etabliert werden.

3.4.3. Organisationale Einflussfaktoren

Der Umgang einer Person mit Fehlern wird durch seine persönlichen Eigenschaften und durch situationale Faktoren beeinflusst. Weiterhin wirken, insbesondere im Arbeitsprozess, organisationale Faktoren auf das Verhalten der einzelnen Mitglieder der Organisation. Als wesentliche Bedingung muss an dieser Stelle das organisationale Klima genannt werden. Das organisationale Klima stellt eine spezifische Form der Organisationskultur dar und ist von seiner Art her deskriptiv und nicht normativ.[83] Das organisationale Klima kann definiert werden als die von den Mitgliedern der Organisation geteilte Wahrnehmung darüber, wie die Dinge in der Organisation gehandhabt werden.[84] Das Fehlerklima einer Organisation beinhaltet demnach die von den

---

80 Vgl. Sitkin (1992), S. 248-250.

81 Vgl. Maier/Rosenstiel (1997), S. 104-105.

82 Vgl. Zimbardo/Gerrig (2004), S. 762.

83 Vgl. Dyck (1997), S. 113.

84 Vgl. Dyck (1997), S. 113.

Mitgliedern der Organisation geteilten Ansichten, Einstellungen und Verhaltensstile bezogen auf den Umgang mit Fehlern.[85]

VAN DYCK untersuchte Organisationen hinsichtlich ihres Umgangs mit Fehlern und konnte nachweisen, dass die Organisationen sich in ihrer Fehlerkultur unterscheiden.[86] Dazu entwickelte sie ein Messinstrument, mit dem die Fehlerkultur einer Organisation erfasst werden kann. In ihren Untersuchungen fand sie Unternehmen, in denen ein Klima der Fehlervermeidung dominierte. In diesen Unternehmen wird insbesondere betont, dass es wichtig sei, den Regeln und Anweisungen sowie den Entscheidungen des Leiters zu folgen.[87] In diesen Organisationen wird Erfolg häufig mit monetären oder symbolischen Vorteilen belohnt. Als Folge davon steigt die Zufriedenheit des Handelnden ebenso wie seine Motivation bei erfolgreich, das heißt fehlerfrei, ausgeführten Handlungen. Allgemein lässt sich feststellen: wenn es das Ziel einer Organisation ist, Stabilität und kurzzeitige Leistung zu fördern, bietet Erfolg in diesem Sinne die ideale Grundlage für zuverlässige Leistung. Erfolg ermutigt zur Erhaltung des gegenwärtigen Zustandes, und so lange die Umweltbedingungen diesen Zustand begünstigen, sind Effektivität und Zufriedenheit gesichert.[88] Andererseits konnte VAN DYCK Unternehmen finden, in denen eine Kultur des Fehlermanagements herrscht. Hier wurden Fehler als Anlass zum Lernen genommen und offen diskutiert.

Grundsätzlich unterschieden sich Organisationen mit einer Kultur der Fehlervermeidung von Organisationen mit einer Kultur des Fehlermanagements in drei Dimensionen voneinander: in ihrer „Fehlerkompetenz“ (*mastery orientation)*, im „Fehlerbewusstsein“ (*awareness*) und in der „Fehlerabwehr“ (*error aversion*).[89]

---

85 Vgl. Dyck (2000), S. 17.
86 Vgl. Dyck (1997), S. 114; Dyck (2000), S. 44.
87 Vgl. Dyck (2000), S. 20.
88 Vgl. Sitkin (1992), S. 233.
89 Vgl. Dyck (2000), S. 55-57.

Die Fehlerkompetenz bezieht sich im organisationalen Kontext darauf, wie im Unternehmen die Fehler kommuniziert und korrigiert werden. Bei einer Kultur der Fehlervermeidung werden Fehler eher vertuscht und falls möglich heimlich korrigiert. Wenn Fehler bekannt werden, müssen die Mitarbeiter in der Regel mit Bestrafung rechnen. Bei einer Kultur des Fehlermanagements hingegen werden Fehler offen kommuniziert und die Mitarbeiter werden ermuntert, aus den Fehlern zu lernen. Damit sollen zukünftig die negativen Fehlerkonsequenzen reduziert und die positiven Fehlerkonsequenzen maximiert werden.

Das Fehlerbewusstsein beinhaltet die Antizipation von Fehlern sowie Wissen, Akzeptanz und Vorwegnahme von Risiken. Bei einer organisationalen Kultur der Fehlervermeidung wird davon ausgegangen, dass Fehler bei einer korrekten Handlungsausführung nicht auftreten können. Fehler werden daher nicht erwartet. Anders ist das bei einer Kultur des Fehlermanagements. Hier dominiert das Wissen darum, dass Fehler auftreten können und dass Veränderungen auch immer risikoreiche Handlungen beinhalten. Dieses Fehlerbewusstsein ist wichtig, damit Fehler schnell entdeckt und behoben werden können.

Die Fehlerabwehr hingegen beinhaltet die Belastung durch Fehler und das Vertuschen aufgetretener Fehler. In Organisationen mit einer Kultur der Fehlervermeidung müssen die Mitarbeiter mit Bestrafungen rechnen, wenn sie einen Fehler begangen haben. Hier werden sie eher dazu neigen, aufgetretene Fehler zu vertuschen und sich stark belastet fühlen. In einer Organisation mit einer Fehlermanagement-Kultur hingegen wird die Belastung durch Fehler wesentlich geringer sein. Die Mitarbeiter werden dann auch weniger dazu tendieren, ihre Fehler zu vertuschen.

Da sich Organisationen hinsichtlich ihres Fehlerklimas voneinander unterscheiden, wurden die Einflussfaktoren für die Entstehung einer Kultur der Fehlervermeidung beziehungsweise einer Kultur des Fehlermanagements untersucht. Um eine Kultur des Fehlermanagements zu erreichen, sollten die Systeme und Organisationen so ausgerichtet werden, dass nicht die Fehler an sich, sondern lediglich die negativen Fehlerkonsequenzen vermieden werden. Die Fehlerkonsequenzen sollten möglichst schnell nach ihrem Auftreten behoben werden können und das Lernen aus Fehlern soll unterstützt werden. Um die Strategie des Fehlermanagements zu begünstigen, sollte die soziale Unterstützung beim Auftreten von Fehlern gefördert werden.[90] Eine Qualifizierung der Mitarbeiter durch spezielle Fehlertrainings führe ebenso zu einer Förderung des Fehlermanagements wie Maßnahmen der Organisationsgestaltung. Innerhalb der Organisation müssten Fehler als notwendiger Bestandteil von Innovation und Lernen betrachtet werden und deshalb „fehlerfreundliche" Strukturen gefördert werden.[91] Unter einer fehlerfreundlichen Organisationskultur ist zu verstehen, dass der Fehler als Normalität betrachtet wird und Fehlerlosigkeit als Warnsignal für Trägheit, Risikovermeidung und unterfordernde Aufgaben angesehen wird.[92] Dieses Ziel könne erreicht werden durch angemessenes Training und Sozialisation der Mitarbeiter, durch Bereitstellung von Ressourcen zur Einführung und Überwachung des Fehleransatzes und durch die Entwicklung einer fehlerfreundlichen Ideologie.[93]

Insbesondere der Führungsstil scheint sich wesentlich auf die Ausprägung der Fehlerkultur im Unternehmen auszuwirken. Es gibt Hinweise dafür, dass ein autoritärer Führungsstil eher die Übernahme einer Kultur der Fehlervermeidung fördert, während ein unterstützender Führungsstil eher zu einer Kultur des Fehlermanagements führt.[94] So wurde in einer empirischen Untersuchung zur falschen Medikamentenverabreichung in Krankenhäusern festgestellt, dass das Verhalten der Oberschwester wesentlich den Umgang mit Fehlern in der Abteilung bestimmte.[95]

Auf organisationaler Ebene wird weiterhin diskutiert, dass insbesondere die so genannten „intelligenten" Fehler Lernen fördern und daher organisational legitimiert werden sollten.[96] Unter intelligenten Fehlern werden dabei Fehler verstanden, die aus sorgfältig geplanten und engagierten Aktionen mit unsicherem Ausgang folgen, wobei ihre Auswirkungen ein moderates Ausmaß haben sollten. Sie sollten in vertrauten Bereichen

---

90 Vgl. Zapf/Frese/Brodbeck (1999), S. 407-409.
91 Vgl. Maier/Rosenstiel (1997), S. 105.
92 Vgl. Sitkin (1992), S. 254.
93 Vgl. Sitkin (1992), S. 252-254.
94 Vgl. Maier/Rosenstiel (1997), S. 104-105.
95 Vgl. Edmondson (1996).
96 Vgl. Sitkin (1992), S. 250-252.

auftreten, damit Lernen stattfinden kann.[97] Die verantwortlichen Leiter sollten die Wichtigkeit von intelligenten Fehlern betonen. Intelligente Fehler sollten sich positiv auf Karriere und Belohnungen innerhalb der Organisation auswirken. Eine weitere Maßnahme zur Legitimation stellt die Veröffentlichung intelligenter Fehler im Unternehmen dar (Motto: Fehler des Monats). Ergänzend müsse ein Fehler-Management-System aufgebaut werden.[98] Darunter ist die Einführung von strategischen Fehler-Programmen auf Organisations-Niveau zu verstehen. Diese beinhalten Kompensations-Programme, die einen spielerischen Umgang mit Fehlern pflegen und dabei Aufmerksamkeit auf intelligente Fehler lenken, diese legitimieren und belohnen.

3.5. Wirkungen der Fehlerbehandlung

3.5.1. Wirkung der Fehlerbehandlung auf Häufigkeit und Ausmaß von Fehlern

Die beiden Strategien der Fehlerbehandlung führen zu unterschiedlichen Ergebnissen. Insbesondere gibt es Hinweise dafür, dass die Strategie der Fehlerbehandlung die Häufigkeit und das Ausmaß zukünftiger Fehler beeinflusst, das individuelle und organisationale Lernen sowie die Anpassungsfähigkeit und Leistung von Organisationen. Die Strategie der Fehlervermeidung zielt, wie in Abschnitt 3.3.1 beschrieben, in erster Linie darauf ab, durch starre Einhaltung von Regeln möglichst alle Fehler zu vermeiden. Problematisch an diesem Konzept ist, dass es in der Regel mit einer Überbetonung der Fehlervermeidung einhergeht. Wenn lange Zeit keine Fehler aufgetreten sind, verringert sich die Fehlerantizipation und Handlungen zum Umgang mit Fehlern werden immer seltener. Damit gehen auch die Fähigkeiten im Umgang mit Fehlern zurück. Der unvermeidliche Fehler, der dennoch durch das System „rutscht", kann einen wesentlich höheren Schaden anrichten.[99] Außerdem muss festgehalten werden, dass es grundsätzlich nicht möglich ist, alle Fehler zu vermeiden. So konnte gezeigt werden, dass sich Experten nicht darin von Anfängern unterscheiden, dass sie weniger Fehler begehen.[100]

---

[97] Vgl. Sitkin (1992), S. 243.
[98] Vgl. Sitkin (1992), S. 254-256.
[99] Vgl. Dyck (1997), S. 108.
[100] Vgl. Prümper/Zapf/Brodbeck/Frese (1992), S. 326.

Sehr ausführlich untersuchte EDMONDSON die Wirkungsweise des Fehlermanagements in Krankenhäusern. Dazu betrachtete sie das relativ weit verbreitete Phänomen der falschen Medikamentenverabreichung.[101] Aufgrund der komplexen und schnell ineinander greifenden Abläufe scheint dieser Fehler in Krankenhäusern nicht vollständig vermeidbar zu sein. Es konnte gezeigt werden, dass in Abhängigkeit vom Verhalten der Oberschwester die Schwere und Häufigkeit dieses Fehlers variierte. Zum einen gab es Abteilungen, in denen Fehlervermeidung angestrebt wurde und jeder entdeckte Fehler sofort bestraft wurde. Hier entwickelten die Krankenschwestern eine ängstliche und unterwürfige Haltung. Aufgetretene Fehler wurden vertuscht. Dadurch schien die Rate der Fehler gering zu sein, die einzelnen Fehler hatten allerdings zum Teil schwerwiegende Konsequenzen. In den Abteilungen, in denen die Oberschwester eher Fehlermanagement anstrebte, wurde offen über die aufgetretenen Fehler gesprochen. Es gab keine Strafen bei der Entdeckung der Fehler. Die Krankenschwestern konnten so ein angemessenes Verhalten den Fehlern gegenüber entwickeln. Durch die Diskussion der einzelnen Fehler konnten auch andere Krankenschwestern aus den einmal aufgetretenen Fehlern lernen. Die Folgen der Fehler wurden schnell in Angriff genommen. Hier wurden zwar mehr Fehler berichtet. Allerdings waren die Folgen der Fehler wesentlich unproblematischer.

Es kann also davon ausgegangen werden, dass bei einer Strategie der Fehlervermeidung gegebenenfalls weniger Fehler auftreten, auf jeden Fall aber weniger Fehler berichtet werden als bei einer Strategie des Fehlermanagements. Die negativen Fehlerkonsequenzen werden allerdings bei einer Strategie der Fehlervermeidung schwerwiegender sein als bei Fehlermanagement.

3.5.2. Wirkung der Fehlerbehandlung auf individuelles und organisationales Lernen

Eine positive Wirkung von Fehlern ist, wie in Abschnitt 3.3.2 beschrieben, dass sie einen Anlass zu intensiver Informationsverarbeitung bieten, die Aufmerksamkeit erhöhen und damit eine wichtige Voraussetzung für Lernen darstellen. Bei der Strategie der Fehlervermeidung sollen die Fehler an sich vermieden werden. Damit werden neben den negativen Fehlerkonsequenzen auch die positiven Fehlerkonsequenzen verhindert und ein Lernen aus Fehlern kann nicht stattfinden. Bei der Strategie des Fehlermanagements

---

[101] Vgl. Edmondson (1996).

werden im Gegensatz dazu nicht die Fehler vermieden, sondern die negativen Fehlerkonsequenzen. Bei diesem aktiven Umgang mit Fehlern soll Lernen unterstützt und gefördert werden, weil Fehler notwendige Bestandteile des Lernprozesses sind. Sie liefern Rückmeldung darüber, was die Person noch nicht weiß und kann. Außerdem unterbrechen sie frühzeitige Automatisierungsprozesse, die weiteres Lernen behindern können.[102]

Die Forschergruppe um FRESE untersuchte die Fehlerbehandlung von Personen in Mensch-Computer Interaktionen.[103] Sie ließen Versuchspersonen eine Software nach traditionellem Konzept (Fehlervermeidung) sowie nach dem Konzept des Fehlermanagements lernen. Anschließend prüften sie das erworbene Wissen der Versuchspersonen. Lernen mit Fehlermanagement bedeutete, dass die Versuchspersonen lediglich allgemeine Einführungen zu der Software erhielten und anschließend Aufgaben zu lösen hatten, die nicht fehlerfrei zu bearbeiten waren. Außerdem erhielten sie eine Unterweisung über den Umgang mit Fehlern: Sie sollten Fehler befürworten („Toll, ich hab einen Fehler gemacht!"). Außerdem lernten sie, dass es immer einen Ausweg aus einer Fehlersituation gibt. Die Gruppe mit der Fehlervermeidungsstrategie lernte bestimmte Abläufe, die sie trainieren sollte („Übung macht den Meister").

Insgesamt haben die Personen, die eine Software mit dem Konzept des Fehlermanagements erlernt haben, später bessere Leistungen gezeigt als die Versuchspersonen, die nach dem Prinzip der Fehlervermeidung gelernt haben. Die Ergebnisse dieser Studie konnten mit verschiedenen Versuchspersonen-Gruppen und Software-Programmen repliziert werden.[104] Die Überlegenheit des Fehlermanagements beim Lernen wurde dadurch erklärt, dass die Gruppe, die nach der Strategie des Fehlermanagements unterrichtet wurden, emotionale Strategien lernte, wie sie mit den Fehlern umzugehen habe. Dadurch fühlten sie sich beim Auftreten von Fehlern weniger belastet als Versuchspersonen, die die Strategie der Fehlervermeidung anwandten. Weiterhin lernte diese Gruppe effektivere Strategien für den Umgang mit Fehlern, sie war motivierter und

---

102 Vgl. Frese/Dyck (1996), S. 5.

103 Vgl. Brodbeck (1991); Frese (1991); Prümper (1991); Zapf (1991); Zapf/Lang/Wittmann (1991); Zapf/Scherübl (1991); Dormann/Frese (1994); Frese (1995) und Frese/Dyck (1996).

104 Vgl. Frese (1995), S. 118.

nahm Fehler als Anlass für exploratives Verhalten.[105] Diese Ergebnisse konnten von anderen Forschergruppen bei Auszubildenden[106] und älteren Versuchspersonen[107] bestätigt werden. Allgemein kann angenommen werden, dass sich die Strategie des Fehlermanagements grundsätzlich positiv auf individuelles Lernen auswirkt, während die Strategie der Fehlervermeidung eher hinderlich für Lernen ist.

Auch auf organisationaler Ebene kann davon ausgegangen werden, dass sich die Strategie der Fehlerbehandlung auf Lernen, in diesem Fall auf organisationales Lernen, auswirkt. In der organisationalen Umwelt gehen Veränderungen immer schneller vonstatten. Die Organisationen müssen daher, um sich den veränderten Bedingungen anpassen zu können, lernfähig sein. Da Wissenssysteme aber zunehmend unabgeschlossen, komplex und wenig strukturiert sind, müssen Fehler als natürliche Bestandteile des Lernens akzeptiert werden.[108] In der Forschung zum Katastrophenschutz wurden die Bedingungen dafür, dass Lernen aus Fehlern stattfindet, beschrieben. So darf keine Bestrafung stattfinden, Lernen muss gefördert werden, Verbesserungen sollten belohnt werden und Zwischenfälle müssen gründlich untersucht werden. Nur wenn diese Bedingungen erfüllt sind, kann aus einmal aufgetretenen Zwischenfällen tatsächlich gelernt werden.[109] Da mit der Strategie des Fehlermanagements diese Voraussetzungen geschaffen werden, kann angenommen werden, dass ein organisationales Fehlermanagement-Klima sich positiv auf organisationales Lernen auswirkt.[110] Eine lernende Organisation müsse eine positive Einstellung zu Exploration und Fehlern haben und sich aktiv mit den aufgetretenen Fehlern auseinandersetzen.[111] Organisationen mit einer Kultur der Fehlervermeidung hingegen werden Fehler nicht akzeptieren. Dadurch wird Experimentieren unterdrückt und organisationales Lernen behindert.[112]

---

105 Vgl. Frese (1995), S. 118-122.
106 Vgl. Nordstrom/Wendland/Williams (1998), S. 277.
107 Vgl. Chillarege/Nordstrom/Williams (2003), S. 380-381.
108 Vgl. Maier/Rosenstiel (1997), S. 102.
109 Vgl. Gillingham/Blanco/Lewko (1997), S. 189.
110 Vgl. Rybowiak/Garst/Frese/Batinc (1999), S. 528.
111 Vgl. Rybowiak/Garst/Frese/Batinc (1999), S. 528.
112 Vgl. Dyck (2000), S. 32.

3.5.3. *Wirkung der Fehlerbehandlung auf die Anpassungsfähigkeit von Organisationen*

Wenn das Konzept der Fehlervermeidung in Organisationen durchgesetzt wird, treten regelmäßig folgende Probleme auf[113]: Durch die fehlerfrei (erfolgreich) ausgeführte Tätigkeit entsteht Selbstzufriedenheit. Die Bereitschaft, das eigene Verhalten an die Umweltbedingungen anzupassen, sinkt. Anpassungen scheinen ja ohnehin überflüssig zu sein. Weiterhin sinkt das Aufmerksamkeitsniveau der Mitarbeiter. Die Angst vor Fehlern fördert Verhalten, das sich am Altbewährten orientiert. Nach dem Motto „Lieber nichts tun, als einen Fehler begehen" erstarren die Mitarbeiter in Unbeweglichkeit. Die Leistungsroutinen werden angewendet, auch wenn sie nicht mehr angemessen sind. Das an eine fehlervermeidende Organisation angepasste Verhalten führt dazu, dass die Suche nach Alternativen begrenzt wird und insgesamt ein geringes Aufmerksamkeitsniveau der Mitarbeiter zu verzeichnen ist. Insgesamt steigt die Tendenz zur Risikovermeidung. Das liegt auch an der Risiko-Asymmetrie, die allen Organisationen eigen ist. Probleme, die aus risikoreichen Aktionen folgen, führen regelmäßig zu persönlicher Bestrafung des Einzelnen. Probleme hingegen, die aus der Vermeidung von risikoreichen Aktionen resultieren, werden in der Regel nicht bis zum einzelnen Individuum zurückverfolgt und bestraft. Durch diese Tendenz wird Aktivität gebremst und ein Verhalten der Risikovermeidung gefördert. Erfolg wird in Verbindung gebracht mit konservativen, risikovermeidenden Ansätzen zur Entscheidungsfindung. Weiterhin entwickelt sich in „fehlervermeidenden" Organisationen eine starke Homogenität. Wenn Unternehmen erfolgreich sind, tendieren sie dazu, an ihrem erfolgreichen Rezept festzuhalten: an den gleichen Verfahrensabläufen und an Mitarbeitern mit ähnlichen Eigenschaften. Je erfolgreicher ein Unternehmen ist, umso homogener ist in der Regel die demografische Verteilung bei den Mitarbeitern und umso weniger herrschen abweichende Aktivitäten und Informations-Sets vor.

Bei diesem Ansatz der Fehlervermeidung wird in der Regel vernachlässigt, dass eine vollständige Eliminierung von Fehlern nicht möglich ist.[114] Sie sind außerdem, besonders

---

113 Vgl. Sitkin (1992) S. 234-236.
114 Vgl. Dyck (2000), S. 35.

in dynamischen Umwelten, nicht sicher vorherzusehen.[115] Während eine Kultur der Fehlervermeidung also zu Beständigkeit führt und zu Erfolg bei stabilen äußeren Bedingungen, wirkt sie hemmend auf Veränderungen und Anpassungen auf veränderte Rahmenbedingungen. Dabei konnte in verschiedenen Untersuchungen im Management nachgewiesen werden, dass Risikotoleranz positiv zu bewerten ist, solange sie nicht extrem ist.[116]

Ein Unternehmen mit einer Kultur des Fehlermanagements hingegen fördert Anpassung und Innovation. Indem Fehler nicht grundsätzlich verurteilt werden, können die bewährten Wege verlassen und neue Verfahrensweisen ausprobiert werden. Kreativität und Innovation sind somit möglich und können langfristig zu einer besseren Anpassung des Unternehmens an sich ändernde Bedingungen führen. Versuche, die nicht erfolgreich waren, werden offen diskutiert und die Ursachen für das Scheitern identifiziert. Dadurch vermehrt sich das Wissen in der Organisation und zukünftige Aktionen können besser geplant werden und erfolgreicher sein.

Zusammenfassend lässt sich sagen, dass durch Fehlervermeidung in einer stabilen Umgebung eine große Anzahl von Fehlern vermieden werden kann. Mögliche Fehler lassen sich dann relativ gut vorhersehen und vermeiden.[117] Dies hat allerdings den Nachteil, dass ein System geschaffen wird, das den Fehlerprozess schwächt, bei notwendigen Veränderungen eher starr und rigide ist und sich nicht anpassen kann. Außerdem können die Fehler, die dennoch begangen werden, schwerwiegendere Fehlerkonsequenzen haben.[118] Insgesamt gilt also, dass insbesondere in sich ändernden Umgebungen die aktive Auseinandersetzung mit den begangenen Fehlern im Sinne des Fehlermanagements notwendig ist. Diese Auseinandersetzung kann nur dann erfolgen, wenn Fehler nicht grundsätzlich als negativ beurteilt werden.

---

115 Vgl. Dyck (1997), S. 107.
116 Vgl. Sitkin (1992), S. 239.
117 Vgl. Dyck (2000), S. 36.
118 Vgl. Dyck (2000), S. 37.

3.5.4. *Wirkung der Fehlerbehandlung auf die Leistung einer Organisation*

Für die organisationale Fehlerkultur konnte in einer empirischen Untersuchung gezeigt werden, dass die Art der Fehlerkultur in einem Unternehmen sowohl mit objektiven als auch mit subjektiven Leistungsparametern korreliert.[119] VAN DYCK hat in ihrer Untersuchung die Fragebögen von 380 Managern aus 65 Unternehmen ausgewertet. Die Versuchspersonen hatten Angaben zum organisationalen Fehlerklima gemacht. Weiterhin sollten sie die Leistung ihrer Organisation im Vergleich zu ähnlich großen Unternehmen derselben Branche einschätzen. Diese Einschätzung diente als subjektiver Leistungsindikator. Als objektive Leistungsparameter wertete sie eine ökonomische Kennzahl aus, die sich aus verschiedenen betriebswirtschaftlichen Größen, wie Gewinn, Cash Flow und *added value* zusammensetzte und die sie einer Veröffentlichung der Niederländischen Handelskammer entnommen hat. Im Ergebnis zeigte sich, dass beide Leistungsparameter mit der Fehlerkultur im Unternehmen signifikant korrelieren. Unternehmen, die eine Kultur des Fehlermanagement hatten, erreichten bessere Leistungswerte als Unternehmen mit einer Kultur der Fehlervermeidung.[120] Auch für Kleinunternehmer konnte ein signifikanter Zusammenhang zwischen der Fehlerkompetenz des Unternehmers und seinem unternehmerischen Erfolg gefunden werden.[121] Der Erfolg wurde in dieser Studie aus dem Unternehmenswachstum, der Unternehmensgröße, der Arbeitszufriedenheit des Unternehmers und dessen Einkommen ermittelt.[122]

3.6. Beurteilung des Forschungsstandes in der Psychologie

Wie in diesem Kapitel gezeigt werden konnte, gibt es in der Psychologie ein theoretisch fundiertes und empirisch überprüftes Wissen über die Fehlerbehandlung von Personen und Organisationen. Da die Zahl der Untersuchungen bislang noch relativ gering ist, müssen die Ergebnisse zunächst vorsichtig interpretiert werden. Es scheint gesichert zu sein, dass sich die beiden Strategien Fehlervermeidung und Fehlermanagement unterscheiden lassen. Eine Person tendiert demnach eher zu einer dieser beiden Strategien. Dieses Verhalten einer Person wird ebenfalls durch situationale und organisationale

---

119 Vgl. Dyck (2000), S. 49-82.
120 Vgl. Dyck (2000), S. 68.
121 Vgl. Göbel/Frese (1999), S. 101.
122 Vgl. Göbel/Frese (1999), S. 99.

Bedingungen beeinflusst. Die Strategie der Fehlerbehandlung scheint einen wesentlichen Einfluss auf die Häufigkeit und das Ausmaß zukünftiger Fehler zu haben. Sie beeinflusst wahrscheinlich individuelles und organisationales Lernen und bestimmt damit die Anpassungsfähigkeit von Organisationen an sich ändernde Rahmenbedingungen. Damit kann angenommen werden, dass die Strategie der Fehlerbehandlung eine wesentliche Einflussgröße für die Leistung von Organisationen darstellt.

Bei der Fehlerbehandlung von Individuen scheint es sich um ein für die gesamte Organisation wesentliches Merkmal zu handeln. Eine Übertragung der Konzepte auf den Prüfungsprozess scheint viel versprechend zu sein. Weiterhin wurden in der Psychologie zuverlässige Messinstrumente entwickelt, mit denen die individuelle Fehlerorientierung einer Person sowie das Fehlerklima einer Organisation erfasst werden können. Damit ist auch eine methodische Voraussetzung für die Übertragung auf den Prüfungsprozess vorhanden.

4. Analyserahmen zur Fehlerbehandlung im Prüfungsprozess

4.1. Aufbau des Analyserahmens zur Fehlerbehandlung im Prüfungsprozess

Nachdem in Kapitel 2 und 3 die betriebswirtschaftlichen und psychologischen Erkenntnisse zur Fehlerbehandlung getrennt dargestellt wurden, soll dieses Wissen nun mit Hilfe eines Analyserahmens integriert werden. Als Grundlage für diese Integration dient der Konzeptionelle Bezugsrahmen für eine realwissenschaftliche Theorie von betriebswirtschaftlichen Prüfungen von RICHTER (im Folgenden: „Konzeptioneller Bezugsrahmen")[1]. Der Zweck des Analyserahmens besteht darin, das Forschungsobjekt abzugrenzen und zu konkretisieren. Da bislang wenig gesicherte Erkenntnisse über die Fehlerbehandlung des Prüfers vorhanden sind, müssen zunächst die Einflussfaktoren und Wirkungen der Fehlerbehandlung systematisiert und „plausible, aber noch vorläufige Aussagen über die Beziehungszusammenhänge"[2] formuliert werden. Zum besseren Verständnis der weiteren Ausführungen wird der Konzeptionelle Bezugsrahmen zunächst vorgestellt, bevor seine Eignung für die Untersuchung der Fehlerbehandlung im Prüfungsprozess diskutiert wird.

Der Konzeptionelle Bezugsrahmen dient „einer umfassenden Analyse der Forschungsobjekte der betriebswirtschaftlichen Prüfungslehre"[3]. Er unterscheidet zwischen den Analysebereichen „Prüfer/Prüfungsorgan" und „Geprüfter/geprüfte Organisation". Beide Seiten sind analog aufgebaut. Innerhalb dieser beiden Bereiche werden drei Analyseebenen unterschieden. Auf der makroskopischen Ebene werden die Variablen der Umwelt untersucht. Dazu gehört sowohl die organisatorische Umwelt als auch die private Umwelt der handelnden Individuen. Auf einer mittleren Eben wird die Organisation betrachtet, wobei sowohl die Prüfungsorganisation als auch die geprüfte Organisation berücksichtig werden. Schließlich wird auf der Prozessebene das Verhalten der beteiligten Personen einschließlich des (Klein-)Gruppenverhaltens untersucht.[4] Auf dieser Ebene des Prüfungsprozesses unterscheidet RICHTER vier Analyseeinheiten, wobei

---

1 Eine ausführliche Beschreibung findet sich in Richter (1999b). Soweit nicht anders angegeben beziehen sich die folgenden Ausführungen auf diese Quelle.

2 Richter (1999b), S. 265.

3 Richter (1999b), S. 267.

4 Vgl. Richter (1999b), S. 267.

jede dieser Einheiten sowohl auf der Prüferseite als auch auf der Geprüftenseite untersucht wird. Die Analyseeinheiten sind das Individuum, die Situation, der Prüfungsprozessverlauf und die Prüfungsergebnisse und -wirkungen.[5] Es wird davon ausgegangen, dass sich die Prüfungsergebnisse und -wirkungen hinreichend durch die personalen, situationalen und prozessualen Variablen erklären lassen.[6]

Der Konzeptionelle Bezugsrahmen nach RICHTER wurde der Analyse der Fehlerbehandlung zugrunde gelegt, weil er eine ganzheitliche Sicht auf den Prüfungsprozess beinhaltet, der die beiden beteiligten Seiten im Prüfungsprozess berücksichtigt: den in seine Organisation eingebundenen Prüfer und den ebenfalls in seine Organisation eingebundenen Geprüften. Eine weitere Besonderheit des Konzeptionellen Bezugsrahmens liegt darin, dass bei der Betrachtung des Prüfungsprozesses über die Untersuchung der Prüfungsmethoden hinausgegangen wird, die in anderen Konzepten zur Untersuchung des Prüfungsprozesses überwiegen.[7]

Für die Entwicklung des Analyserahmens zur Fehlerbehandlung wird der Konzeptionelle Bezugsrahmen folgendermaßen angepasst. Da die Zielstellung der vorliegenden Arbeit eine Betrachtung des Prüferverhaltens beinhaltet, wird die mikroskopische Perspektive auf den Prüfungsprozess gewählt. Die Beziehungen zu den Variablen der anderen Analyseebenen werden skizziert, der Schwerpunkt liegt jedoch auf der Betrachtung der Prozessebene, wobei das Verhalten im Mittelpunkt des Forschungsinteresses steht. Die Zusammenhänge zur persönlichen Umwelt von Prüfer und Geprüften sowie zur organisationalen Umwelt fließen nur gelegentlich in den Analyserahmen ein, wenn ein direkter Zusammenhang zur Fehlerbehandlung des Prüfers angenommen wird. Hier ist weitere Forschung notwendig, um die Beziehungen zwischen dem Verhalten der agierenden Personen und den sie umgebenden Rahmenbedingungen weiter zu untersuchen.[8] Weiterhin wird das Analyseobjekt des Konzeptionellen Bezugsrahmens im Analyserahmen zur Fehlerbehandlung eingeschränkt. Es umfasst in der vorliegenden Arbeit lediglich das äußere, beobachtbare Verhalten des Prüfers als Folge eines ent-

---

5 Vgl. Richter (1999b), S. 291-298.
6 Vgl. Richter (1999b), S. 291.
7 Vgl. Richter (1999c), S. 1507.
8 Vgl. Kapitel 7.

deckten Fehlers des Geprüften. Weiterhin wird die Unterscheidung zwischen Gruppe und Organisation aufgehoben. Um die Übersichtlichkeit zu erhalten, werden die Variablen, die sich der Gruppe und der Organisation zuordnen lassen, zusammengefasst.

Ausgehend von diesen Anpassungen des Konzeptionellen Bezugsrahmens kann der Aufbau des Analyserahmens zur Fehlerbehandlung abgeleitet werden. Das Analyseobjekt ist die Fehlerbehandlung des Prüfers. Für diese Variable des Prüfungsprozesses sollen Einflussfaktoren und Wirkungsweisen näher beschrieben werden. In Abbildung 4 ist der Analyserahmen zur Fehlerbehandlung schematisch dargestellt.

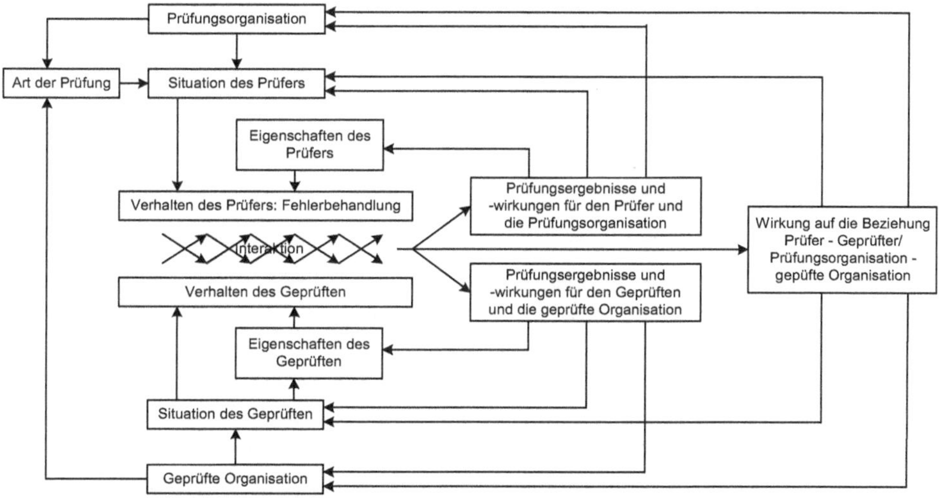

Abbildung 4: Analyserahmen zur Fehlerbehandlung im Prüfungsprozess

Wie in Abbildung 4 zu erkennen ist, wird das Verhalten des Prüfers und damit auch seine Fehlerbehandlung durch personale und situationale Bedingungen beeinflusst sowie durch die Interaktion mit dem Geprüften. Zu den personalen Einflussfaktoren gehören die Persönlichkeitseigenschaften des Prüfers sowie seine Fähigkeiten und Fertigkeiten. Bei den situationalen Einflussgrößen werden insbesondere die Art des Fehlers, die Art der Prüfung, die dem Prüfer zugeschriebene Rolle, der Prüfungsansatz und das organisationale Klima in der Prüfungsorganisation berücksichtigt. Die Interaktion zwischen Prüfer und Geprüften wird bestimmt durch die Einstellungen der Prozessbeteiligten, das Verhalten des Prüfers und das Verhalten des Geprüften einschließlich seiner personalen und situationalen Bedingungen. In Abbildung 4 lässt sich weiterhin erkennen, dass das individuelle Verhalten und die Interaktionen während des Prüfungsprozesses die Prüfungsergebnisse und -wirkungen für den Prüfer und die Prüfungsorganisation genauso wie für den Geprüften und die geprüfte Organisation beeinflussen. Sie werden außerdem Auswirkungen auf die Beziehungen zwischen Prüfer und Geprüften und zwischen prüfender und geprüfter Organisation haben. Diese Prüfungswirkungen beeinflussen wiederum die Situation für Prüfer und Geprüfte in den Folgejahren.

Mit diesem Analyserahmen ist ein Ordnungsschema vorgegeben, das verwendet wird, um die vermuteten Zusammenhänge zur Fehlerbehandlung systematisch darzustellen. In einer logisch-analytischen Vorgehensweise sollen die Beziehungen abgeleitet und soweit wie möglich empirisch belegt werden.

4.2. Definition der verwendeten Begriffe „Fehler“ und „Fehlerbehandlung“

Da im Analyserahmen die Fehlerbehandlung durch den Prüfer untersucht werden soll, müssen zunächst die begrifflichen Grundlagen geklärt werden. Insbesondere die Begriffe „Fehler“ und „Fehlerbehandlung“ müssen definiert werden, damit die Anwendungsvoraussetzungen des Analyserahmens beschrieben sind.

In dieser Arbeit wird der Begriff „Fehler“ in Anlehnung an die in der betriebswirtschaftlichen Literatur übliche Verwendung des Begriffes für Abweichungen zwischen dem idealen und dem realen Zustand der geprüften Sachverhalte[9] verwendet. Es muss allerdings einschränkend festgehalten werden, dass unter dem Begriff „Fehler“ ausschließlich unbeabsichtigte Abweichungen verstanden werden. Das Verständnis des Fehlers als Abweichung beinhaltet ein eher weites Fehlerkonzept. Mit der Abweichung zwischen realem und idealem Zustand können einerseits unbeabsichtigte Verstöße gegen Regulierungen oder organisationale Richtlinien gemeint sein. Andererseits werden auch Schwachstellen in den geprüften Sachverhalten, die die Effizienz des Systems ein-

---

9 Vgl. Abschnitt 2.2.1.

schränken, zu den Fehlern gezählt. Dieses Verständnis deckt sich auch mit dem psychologischen Fehlerbegriff, der den Fehler als Nichterreichen eines Ziels definiert[10]. Wenn es das Ziel einer Handlung ist, möglichst effizient zu sein, so wird auch ineffizientes Verhalten als Fehler verstanden. Das absichtliche Fehlverhalten wird bei der von mir verwendeten Definition des Fehlerbegriffs ausgegrenzt. Es kann angenommen werden, dass das Verhalten des Prüfers, wenn er dolose Handlungen aufdeckt, anders sein muss als bei der Entdeckung unbeabsichtigter Fehler.

Mit dem Begriff „Fehlerbehandlung" beschreibe ich in dieser Arbeit das äußere, beobachtbare Verhalten des Prüfers nach dem Auftreten von Abweichungen und deren Beurteilung als „Fehler". In der psychologischen Literatur wird davon ausgegangen, dass die Person des Fehlerverursachers identisch ist mit der Person des Fehlerentdeckers. Hier muss für die Prüfungssituation eine Anpassung vorgenommen werden. Die Fehlerbehandlung im Prüfungsprozess beinhaltet demnach das Verhalten einer Person (des Prüfers), nachdem er einen Fehler einer anderen Person (des Geprüften) entdeckt hat.

In der psychologischen Literatur wird der Begriff der Fehlerbehandlung verwendet für die Erkennung, Erklärung und Beseitigung eines Fehlers.[11] Wenn diese Begriffsbestimmung auf den Prüfungsprozess übertragen wird, so kann die Fehlerbehandlung des Prüfers konkreter beschrieben werden als die Erkennung eines Fehlers sowie die mündliche und schriftliche Berichterstattung des Prüfers. Die Berichterstattung schließt dabei die Rückmeldung des Fehlers an die Mitarbeiter und Vorgesetzten der geprüften Organisation sowie an prozessunabhängige Prüfungsadressaten ein. Weiterhin beinhaltet die Berichterstattung die Mitteilung von Verbesserungsvorschlägen. Die Beseitigung des entdeckten und erklärten Fehlers liegt wiederum in der Verantwortung der Geprüften. Die Beurteilung des Fehlers soll, weil es sich hierbei um einen vorwiegend kognitiven Prozess handelt, ausgegrenzt werden. Die Interaktion zwischen Prüfer und Geprüften und insbesondere das beobachtbare Verhalten des Prüfers sollen im Mittelpunkt der Betrachtung stehen.

---

10 Vgl. Abschnitt 3.2.
11 Vgl. Abschnitt 3.2.

Bei der Übertragung der psychologischen Aussagen zur Fehlerbehandlung auf den Prüfungsprozess muss beachtet werden, dass die psychologischen Erkenntnisse sich auf den Umgang einer Person mit den eigenen Fehlern beziehen. Die Erkenntnisse zur Fehlerorientierung und zum Umgang mit Fehlern sind somit nicht direkt auf den Prüfer übertragbar. Vielmehr muss der Zusammenhang zwischen der Beurteilung und Behandlung eigener Fehler und der Beurteilung und Behandlung fremder Fehler untersucht werden. In Kapitel 6 wird eine empirische Untersuchung vorgestellt, die diesen Zusammenhang prüfen soll.

4.3. Analyseobjekt: Fehlerbehandlung des Prüfer

Mit Hilfe des Analyserahmens zur Fehlerbehandlung im Prüfungsprozess wird das Analyseobjekt „Fehlerbehandlung des Prüfers" untersucht. Die Fehlerbehandlung stellt dabei einen Aspekt im Prüfungsprozessverlauf dar. Üblicherweise wird der Prüfungsprozess in die Phasen Auftragsannahme, Prüfungsplanung, Prüfungsdurchführung, Urteilsbildung, Berichterstattung und Dokumentation unterteilt.[12] Die Fehlerbehandlung des Prüfers beinhaltet die Erkennung und Rückmeldung eines Fehlers. Da der Prüfer einen Fehler erst nach der Urteilsbildung zurückmelden kann, wird seine Fehlerbehandlung insbesondere in der Phase der Berichterstattung relevant. Aber auch in anderen Phasen des Prüfungsprozesses wird die Fehlerbehandlung des Prüfers einen Einfluss auf den Prüfungsprozess haben. So ist auch die Phase der Prüfungsdurchführung gekennzeichnet durch Interaktionen zwischen Prüfer und Mitarbeitern der geprüften Organisation. Auch in dieser Phase wird der Prüfer Fehler entdecken und an die Geprüften zurückmelden.

In Anlehnung an die Untergliederung des Informationsverhaltens soll die Phase der Prüfungsdurchführung unterteilt werden in Entwicklung einer Problemrepräsentation, Hypothesengenerierung, Informationsbeschaffung und Urteilsbildung.[13] Dabei stellen die Problemrepräsentation, die Hypothesengenerierung und die Urteilsbildung im Wesentlichen kognitive Prozesse dar, während bei der Informationsbeschaffung der interaktive Charakter in den Vordergrund tritt. Einen Teil der Interaktionen zwischen Prüfer und

---

12 Vgl. beispielsweise Marten/Quick/Ruhnke (2003), S. 224-426.
13 Vgl. Schreiber (2000), S. 178-182.

Geprüften wird dabei die Behandlung von Fehlern darstellen. Das bedeutet, dass die Fehlerbehandlung durch den Prüfer auch in der Phase der Prüfungsdurchführung, und zwar insbesondere bei der Informationsbeschaffung, eine besondere Relevanz besitzt.

Eine weitere Phase des Prüfungsprozesses, die Phase des follow-up, wird in der wissenschaftlichen Literatur häufig vernachlässigt.[14] In dieser Phase sollen Prüfer beurteilen, wie angemessen, zeitnah und effektiv die Vorgesetzten des geprüften Bereichs die Fehler, die im Prüfungsbericht benannt wurden, beseitigt haben.[15] Auch in dieser Phase wird die Fehlerbehandlung des Prüfers wesentlichen Einfluss auf die Umsetzung der Empfehlungen und damit auf die Effektivität der Prüfung haben.

Die Fehlerbehandlung des Prüfers wird somit besondere Relevanz im Prüfungsprozess haben in den Phasen, die durch Interaktionen zwischen Prüfern und Geprüften gekennzeichnet sind. Das sind insbesondere die Phasen Informationsbeschaffung, Berichterstattung und follow-up. Einschränkend muss angefügt werden, dass die Phasen nicht rein sequenziell nacheinander ablaufen und somit die Fehlerbehandlung des Prüfers auch nicht ausschließlich auf die drei genannten Phasen beschränkt ist. Diese Eingrenzung ist für die folgende Arbeit notwendig, da untersucht wird, welche Einflussfaktoren in bestimmten Phasen des Prüfungsprozesses relevant sind. Wenn eine Wirkung der diskutierten Variablen in der Phase der Informationsbeschaffung, der Berichterstattung beziehungsweise in der Phase des follow-up vermutet wird, so wird der Zusammenhang zur Fehlerbehandlung diskutiert.

Wie im Abschnitt 3.3 dargestellt, werden in der psychologischen Forschung zwei grundlegende Strategien der Fehlerbehandlung unterschieden: die Fehlervermeidung und das Fehlermanagement. In diesem Abschnitt soll zunächst dargestellt werden, wie sich ein Prüfer mit einer Strategie der Fehlervermeidung beziehungsweise ein Prüfer mit einer Strategie des Fehlermanagements tendenziell verhält. In Übereinstimmung mit der psychologischen Literatur wird davon ausgegangen, dass die individuelle Fehler-

---

[14] Der Prüfungsprozess wird in der Regel mit der Berichterstattung und der Dokumentation der Prüfungsergebnisse abgeschlossen. Vgl. beispielsweise Rittenberg/Schwieger (2001); Arens/Elder/Beasley (2003) und Marten/Quick/Ruhnke (2003), S. 424-426.

[15] Vgl. Keating (1995), S. 59, und Flesher/Zanzig (1998), S. 27.

orientierung eine Heuristik darstellt, die auf der obersten Ebene der menschlichen Handlungsregulation angesiedelt ist und damit nicht direkt handlungsleitend ist. Vielmehr wirkt sie indirekt auf die Handlung und beeinflusst die Wahrscheinlichkeit, dass ein bestimmtes Verhalten gezeigt wird.[16]

Die meisten Prüfer werden daher in einigen Situationen im Sinne der Fehlervermeidung handeln, in anderen Situationen im Sinne des Fehlermanagements. Wichtig ist, dass sich die Prüfer aber dennoch hinsichtlich ihrer Tendenz unterscheiden. So werden Prüfer mit einer Tendenz zur Fehlervermeidung häufiger bestrafende Handlungen für angemessen halten, während Prüfer mit einer Tendenz zum Fehlermanagement eher den Schwerpunkt auf das Lernpotential legen, das in den Fehlern enthalten ist.[17] Im Folgenden sollen die beiden Strategien der Fehlerbehandlung vorgestellt werden. Dabei werden zur Veranschaulichung der Unterschiede die beiden Alternativen jeweils in ihren extremen Ausprägungen beschrieben. In der Realität werden häufig Mischformen beziehungsweise gemäßigte Ausprägungen der Stile zu finden sein.

Die charakteristischen Merkmale für die Strategien der Fehlervermeidung und des Fehlermanagements werden in Tabelle 2 zusammengefasst.

---

16 Vgl. Abschnitt 3.3.

17 Dieser Zusammenhang zwischen individueller Fehlerorientierung und bevorzugter Handlung bei Fehlern konnte in Laborexperimenten bestätigt werden. Vgl. Dweck (1996), S. 83.

	Fehlervermeidung	Fehlermanagement
primäres Ziel	alle wesentlichen Fehler finden und dokumentieren bzw. beseitigen lassen	Lernen aus Fehlern und Organisationsentwicklung
prophylaktische Wirkung soll erzielt werden durch	klare Benennung der Fehler und Fehlerverursacher Betonung der Regulierungen Abschreckung	Analyse und Darstellung der systematischen Fehlerursachen Lernen Steigerung der Fehlerkompetenz bei den Geprüften
bevorzugte Form der Rückmeldung	schriftlich, um Objektivität der Urteilsbildung zu wahren vollständige Dokumentation	mündlich/direkt, um Meinung des Geprüften in Urteilsbildung einzubeziehen und diskutieren zu können
Inhalte des Berichtes	ausschließlich negative Aspekte es werden keine Anmerkungen des Geprüften in den Bericht aufgenommen	Einschätzung des Systems mit positiven und negativen Aspekten Anmerkungen des Geprüften werden aufgenommen, wenn keine Einigung erzielt werden konnte
Form des Berichtes	distanziert, faktenlastig, unpersönlich	höflich, sorgfältig formuliert
Verbesserungsvorschläge und Korrektur von Fehlern	werden dem Geprüften bevorzugt schriftlich vorgegeben	werden mit Geprüften gemeinsam erarbeitet
Verfolgung der Umsetzung	keine oder in Check-Listen-Form	bietet seine Unterstützung bei der Umsetzung an
Kontakt zum Geprüften zwischen den Prüfungen	wird vermieden	rege, Mandant wird ermuntert, sich auch zwischen den Prüfungen mit fachlichen Fragen direkt an den Prüfer zu wenden

Tabelle 2: Merkmale der Strategie der Fehlervermeidung beziehungsweise des Fehlermanagementes

Mit einer Strategie der Fehlervermeidung sollen die negativen Fehlerkonsequenzen dadurch vermieden werden, dass das Auftreten von Fehlern reduziert wird.[18] Es wird angestrebt, dass möglichst keine Fehler mehr auftreten. Daher verfolgen Prüfer, die primär zur Strategie der Fehlervermeidung tendieren, das Ziel, möglichst alle Fehler in den zu prüfenden Unterlagen zu finden und den Verantwortlichen für den Fehler zu benennen. Dahinter steckt die Annahme, dass Fehler, die einmal gefunden und dokumentiert wurden, zukünftig nicht mehr auftreten. Durch die klare Benennung von Verantwortlichen soll erreicht werden, dass die Mitarbeiter der geprüften Organisation zukünftig sorgfältiger arbeiten, um Fehler zu vermeiden. Die prophylaktische Prüfungs-

[18] Vgl. Abschnitt 3.3.1.

wirkung soll somit durch klares Hervorheben der Regulierungen sowie durch Abschreckung erreicht werden.

Ein Prüfer mit der Strategie der Fehlervermeidung wird die Fehler und Korrekturvorschläge möglichst unpersönlich und distanziert zurückmelden. Damit keine Diskussion über seine Rückmeldung zustande kommt und seine Unabhängigkeit gewahrt bleibt, bevorzugt er die schriftliche Form der Rückmeldung. Der Bericht an den Vorstand enthält nahezu alle Fehler. Eine Stellungnahme der geprüften Abteilung wird in der Regel nicht einbezogen. Vermutet der Prüfer einen Fehler, so wird er bevorzugt die Ursachen vor der Mitteilung allein ergründen, um sein Urteil unbeeinflusst fällen zu können. Er wird seine Prüfungshandlungen anpassen, ohne die Geprüften über die Gründe dafür aufzuklären. Da der Prüfer mit einer Strategie der Fehlervermeidung sich als Fachmann für alle zu prüfenden Sachverhalte versteht, wird er die Verbesserungsvorschläge allein erarbeiten und sie der geprüften Organisation vorgeben. Auch die Vorgabe der Fehlerkorrekturen und Verbesserungsvorschläge erfolgt bevorzugt schriftlich, damit der Prüfer bei fehlender oder mangelhafter Fehlerkorrektur oder Umsetzung der Verbesserungsvorschläge nachweisen kann, dass er Abhilfe für die gefundenen Probleme vorgegeben hatte. Der Prüfer wird den Kontakt zu den Geprüften zwischen den Prüfungen vermeiden, damit seine Unabhängigkeit gewahrt bleibt.

Im Gegensatz dazu verfolgt ein Prüfer mit der Strategie des Fehlermanagements implizit das Ziel, sein Wissen der geprüften Abteilung zur Verfügung zu stellen. Er möchte damit erreichen, dass Abläufe beziehungsweise Strukturen verbessert werden und dass die Mitarbeiter der geprüften Organisation zukünftig auftretende Fehler selbst bewältigen können und dadurch die negativen Fehlerkonsequenzen reduziert werden. Nicht die Vermeidung von Fehlern ist seine primäre Zielstellung, sondern die Reduzierung negativer Fehlerkonsequenzen. Er fördert das Lernen aus Fehlern und versucht, Kompetenz im Umgang mit Fehlern zu vermitteln.

Konkret bedeutet es, dass er bei einer Entdeckung von Fehlern bevorzugt gemeinsam mit dem verantwortlichen Mitarbeiter in der geprüften Organisation versucht, die Ursachen zu ermitteln. Insbesondere bei systematischen Fehlern werden die Ursachen gesucht, wobei der Schwerpunkt nicht auf den Personen liegt, die den Fehler begangen haben, sondern auf Fehler begünstigenden Abläufen. Es wird versucht zu verstehen, wie der Fehler zustande kommen konnte, um dem Fehlerverursacher das Wissen, Werkzeug oder die organisatorische Unterstützung zu geben, die er benötigt, um diesen Fehler zukünftig nicht mehr zu begehen, beziehungsweise ihn selbst zu erkennen und in Übereinstimmung mit den Unternehmensrichtlinien zu berichtigen.

Ein Prüfer mit einer Strategie des Fehlermanagements legt weiterhin Wert darauf, dass die Geprüften ihre Fehler möglichst selbst korrigieren, wobei er seine Hilfe und Unterstützung anbietet. Er wird die Fragen des Geprüften beantworten, seinen eigenen Standpunkt erläutern und gegebenenfalls belegen. Insgesamt versucht er, die Fehlerkompetenz des Geprüften zu erhöhen. Das geschieht dadurch, dass er Wissen und Techniken im Umgang mit Fehlern vermittelt, eine positive Einstellung zu Fehlern fördert, die Kommunikation über Fehler als selbstverständlichen Bestandteil in die Organisation integriert sowie die Teilnahme an Weiterbildungsmaßnahmen empfiehlt. Er wird die Zusammenhänge darstellen und Schwachpunkte in Ablauf und Struktur aufzeigen. Bei seiner Rückmeldung bevorzugt er die direkte mündliche Ansprache des Geprüften, um dessen Argumente und Standpunkte bei der Beurteilung des Sachverhaltes berücksichtigen zu können. Der Prüfer mit einer Strategie des Fehlermanagements wird in seinem Bericht eine vollständige Einschätzung der geprüften Organisation abgeben, wobei er positive und negative Aspekte darstellt. Der Bericht wird vor der Weitergabe an die Vorgesetzten der geprüften Organisation mit den betroffenen Mitarbeitern besprochen. Falls in einem Punkt keine Einigung erzielt werden kann, wird der Prüfer seinen Bericht um die Darstellung der geprüften Organisation ergänzen. Die Verbesserungsvorschläge werden gemeinsam mit den Mitarbeitern der geprüften Organisation erarbeitet. Bei der Umsetzung der Veränderungen steht der Prüfer jederzeit mit seinem Fachwissen zur Verfügung, wenn Fragen oder Probleme auftreten. Auch zwischen den einzelnen Prüfungen ist der Prüfer für die Geprüften ansprechbar. Er ermuntert die Geprüften, sich mit fachlichen Fragen jederzeit an ihn zu wenden.

4.4. Einflussfaktoren für die Fehlerbehandlung des Prüfers

4.4.1. Systematisierung der Einflussfaktoren

Nachdem die beiden möglichen Strategien der Fehlerbehandlung, die ein Prüfer bei der Fehlerbehandlung anwenden kann, beschrieben wurden, sollen nun die Faktoren dargestellt werden, die die Wahl einer bestimmten Strategie beeinflussen (sollten). Wie in Abbildung 5 zu erkennen ist, lassen sich die Einflussfaktoren auf das Verhalten des Prüfers in personale Einflussfaktoren, situationale Faktoren und Einflüsse aus der Interaktion zwischen Prüfer und Geprüften unterteilen.

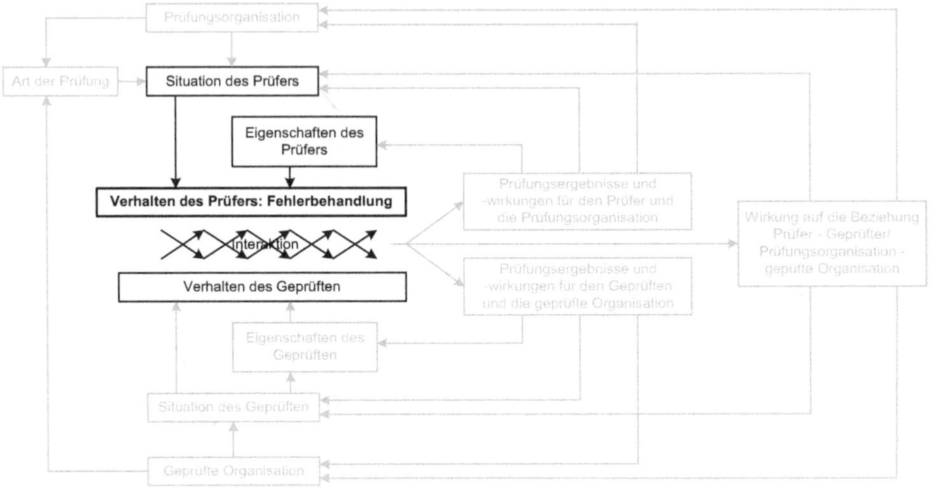

Abbildung 5: Einflussfaktoren der Fehlerbehandlung im Analyserahmen

Bei der Diskussion der Einflussfaktoren werden die Faktoren vorgestellt, die einen Einfluss auf die Fehlerbehandlung des Prüfers haben könnten. Die vermuteten Zusammenhänge werden dargestellt und mit Hilfe der betriebswirtschaftlichen und der psychologischen Literatur soweit wie möglich belegt. Ziel dieser Darstellung ist es, diejenigen Einflussfaktoren zu identifizieren, die bei der Wahl einer bestimmten Strategie der Fehlerbehandlung zu beachten sind. Zunächst soll mit den personalen Eigenschaften des Prüfers und ihrem Einfluss auf die Strategie der Fehlerbehandlung begonnen werden.

4.4.2. Personale Einflussfaktoren für die Fehlerbehandlung

4.4.2.1. Persönlichkeits-Typologien des Prüfers

In der Forschung zur betriebswirtschaftlichen Prüfungslehre hat die Suche nach Persönlichkeitsmerkmalen, die erfolgreichen Prüfern gemein sind, eine lange Tradition. Schon in den 1950er Jahren wurde begonnen, Prüfertypen zu beschreiben und die Eignung der einzelnen Typen für den Prüferberuf zu diskutieren. Da die Ergebnisse dieser Forschung auch für die Betrachtung der Einflussfaktoren für das prüferische Verhalten relevant sein können, sollen sie im folgenden Abschnitt dargestellt werden. Anschließend wird diskutiert, inwieweit die Aussagen zur Persönlichkeit des Prüfers Rückschlüsse auf sein

Verhalten beziehungsweise auf gewünschtes oder erfolgreiches Verhalten des Prüfers zulassen. Aus der Analyse der Forschung soll abgeleitet werden, welche Persönlichkeitsmerkmale für Prüfer als relevant betrachtet wurden, warum gerade diese Merkmale ausgesucht wurden und welchen Einfluss sie auf das Verhalten des Prüfers und den Prüfungsprozess haben. Dabei wird der Schwerpunkt auf der Diskussion liegen, inwieweit Persönlichkeitsmerkmale von Prüfern eine bestimmte Strategie der Fehlerbehandlung fördern oder hemmen.

Da die Forschung zur Persönlichkeit des Prüfers ihren Ursprung in der Beschreibung von unterschiedlichen Prüfertypen hatte, sollen im ersten Abschnitt die geläufigsten Prüfertypologien skizziert werden. Methodisch lassen sich Untersuchungen zu Typologien als korrelative Forschungsansätze[19] charakterisieren. Es werden Typen beziehungsweise Eigenschaftenkomplexe beschrieben, deren Häufigkeit bei einer Berufsgruppe, hier den Prüfern, analysiert wird. Wenn ein Typ besonders häufig vorkommt, schlussfolgert man, dass die dazugehörigen Eigenschaften notwendig für die Berufsausübung sind. Es wird davon ausgegangen, dass die Eigenschaften während der Berufsausübung erworben wurden oder dass Personen, die nicht über diese Eigenschaften verfügen, den Prüferberuf aufgegeben haben. Ein Typus wird definiert als „...abgegrenzte Kategorie, der Menschen zugeordnet werden können, die ein bestimmtes Muster von Eigenschaften aufweisen."[20] Im Gegensatz zu einer Klassifikation, die durch scharfe Klassengrenzen gekennzeichnet ist, sind Typologien durch unscharfe und verschwimmende Grenzen gekennzeichnet.[21] Das heißt, es werden Menschen mit einem ähnlichen Komplex von Persönlichkeitseigenschaften zu Gruppen beziehungsweise Typen zusammengefasst.

Zunächst dominierten wissenschaftlich nicht fundierte Typologien, wie beispielsweise die im Folgenden dargestellte Beobachtung eines Revisionsdirektors aus dem Jahr 1954. KÜRSCHNER beschreibt Prüfertypen, die aus seiner Sicht charakteristisch sind.[22] Er unterteilt die Prüfer anhand von drei „typischen" Eigenschaften, die er in seiner

---

19 Als korrelative Forschungsansätze werden die Arbeiten bezeichnet, deren Hauptanliegen darin besteht, unterschiedliche Gruppen mit Hilfe von Korrelationsanalysen zu charakterisieren. Vgl. Pervin (1993), S. 72.

20 Zimbardo/Gerrig (1999), S. 521.

21 Vgl. Chmielewicz (1994), S. 72.

22 Vgl. Kürschner (1954), S. 73-74.

langjährigen Prüfungspraxis kennen gelernt hat. Zum einen charakterisiert er Prüfer anhand ihrer Planmäßigkeit. Der „Systematiker" hat jahrelange Erfahrung und zeigt keine Beeinflussbarkeit in seiner systematischen, planmäßigen Arbeitsweise. Der „Intuitive" ist im Gegensatz dazu in seinen Prüfungsmethoden variabel. Sein Einsatz ist stark von Gefühlen geleitet. Als zweites werden extravertierte und introvertierte Prüfer unterschieden. Ein Prüfer kann entweder offen und aufgeschlossen sein und quantitativ-extensive Prüfungsmethoden bevorzugen oder er ist eher distanziert und benutzt vorwiegend qualitativ-intensive Prüfungsmethoden. Sein Bericht weist „Mut zur Lücke" auf; notfalls wird auf unwesentliche Details verzichtet. Als drittes wird der weitgehend ausgestorbene Typ des „Wühlers und Vielwissers" beschrieben. Ähnlich intuitiv ist die Typologie von GRUPP, der zwischen „Streber", „Systematiker", „Managertyp", „Routinier", „jovialer Positivist", „Besserwisser" und „Pedant" unterscheidet.[23] Wie sich im Folgenden zeigen wird, lassen sich diese intuitiv erfassten beziehungsweise in der Praxis unsystematisch beobachteten Eigenschaften teilweise auch in den wissenschaftlich untersuchten Typen wieder finden.

Neben diesen intuitiven Typologien wurden systematische Versuche unternommen, Prüfertypen zu identifizieren. Eine methodische Grundlage für diese Untersuchungen bildete der Myers-Briggs Typen Indikator (MBTI). Dieser basiert auf der Jung'schen Persönlichkeitstheorie. Er wird aufgrund seiner guten Reliabilität und Validität in verschiedenen Forschungsbereichen intensiv eingesetzt, so auch in der Forschung zur Prüfungslehre.[24] Mit Hilfe des MBTI werden die Personen anhand von vier Kriterien differenziert, wobei pro Kriterium zwei extreme Ausprägungen angegeben werden.[25]

Auf den ersten beiden Ebenen werden kognitive Eigenschaften abgebildet. Es wird die Art beschrieben, in der eine Person ihre Umwelt wahrnimmt („sinnesbezogen" versus „intuitiv") und Urteile bildet („Denken" versus „Fühlen"). Weiterhin wird mit Hilfe des

---

23 Vgl. Grupp (1977), S. 93-94.

24 Vgl. Wheeler (2001), S. 130.

25 Die folgenden Darstellungen beziehen sich auf Schloemer/Schloemer (1997), S. 25, sowie Wheeler (2001), S.129-130. Die Übersetzung der englischen Begriffe wurde von Schreiber (2000), S. 293-294, übernommen. Eine ausführliche Beschreibung des Verfahrens inklusive des theoretischen Hintergrunds, der Entwicklung der Skalen und der Interpretation und Gütekriterien findet sich bei Hossiep/Paschen/Mühlhaus (2000), S. 124-135.

MBTI die Introversion beziehungsweise Extraversion einer Person erfasst. Introvertierte Personen bevorzugen ihre innere Welt von Ideen und Konzepten während extravertierte Personen ihre Beurteilungs- und Wahrnehmungsvorgänge eher an der Außenwelt orientieren. Des Weiteren wird eine allgemeine Einstellung zum Umgehen mit der Welt erfasst. Personen, die auf ihre Umwelt in beurteilender Weise zugehen („*Judging*"), zeichnen sich dadurch aus, dass sie aus ihren Beobachtungen schnell Schlussfolgerungen ziehen und Entscheidungen treffen. Personen mit wahrnehmender Herangehensweise („*Perceiving*") verharren länger in der Beobachtung und beurteilen beziehungsweise entscheiden erst deutlich später.[26] Da sich die Personen hinsichtlich jeder der vier Ebenen zwei möglichen Ausprägungen zuordnen lassen, werden mit dem Myers-Briggs Typen Indikator 16 verschiedene Typen unterschieden. Eine Zusammenfassung der empirischen Untersuchungen, die die Persönlichkeitseigenschaften von Prüfern anhand des Myers-Brigg Typen Indikators untersucht haben, findet sich bei WHEELER.[27]

Es zeigte sich, dass die Typen „sinnesbezogen/Denken/Introversion/Judging" und „sinnesbezogen/Denken/Extraversion/Judging" bei amerikanischen Wirtschaftsprüfern (CPAs) in großen und kleinen Prüfungsunternehmen am häufigsten vorkommen[28], wobei der erstgenannte Typ umschrieben wird als: „practical, sensible, decisive, logical, detached"[29], der zweite als: „observant, active, rational problem solvers, assertive"[30]. Diesen beiden Typen ließen sich in verschiedenen Untersuchungen zwischen 33% und 46% der Prüfer zuordnen.[31] Zwischen den Mitgliedern der unterschiedlichen Hierarchie-Ebenen in Wirtschaftsprüfungsunternehmen konnten hingegen keine Unterschiede bezüglich der MBTI-Typen gefunden werden.[32]

Kritisch ist an der Verwendung des MBTI anzumerken, dass bei der Zuordnung der Personen zu einem Typus eine starke Vereinfachung vorgenommen wird. Für jede unter-

---

26 Vgl. Hossiep/Paschen/Mühlhaus (2000), S. 126.
27 Vgl. Wheeler (2001).
28 Weitere Literaturangaben und ausführlichere Beschreibung der Studien finden sich bei Schloemer/Schloemer (1997), S. 26 und S. 35.
29 Wheeler (2001), S. 128.
30 Wheeler (2001), S. 128.
31 Vgl. Schloemer/Schloemer (1997), S. 30, und Wheeler (2001), S. 137.
32 Vgl. Satava (1994), S. 108.

suchte Eigenschaft werden nur zwei Pole zugelassen. Damit ist eine differenzierte Betrachtung einzelner Persönlichkeitsmerkmale nicht möglich. Aufgrund seiner einfachen Handhabung und seiner relativ einfach zu interpretierenden Ergebnisse wird der MBTI in der Forschung jedoch häufig eingesetzt. Er kann in jedem Fall eine gute Heuristik für die Annäherung an eine Forschungsfrage darstellen.[33]

Eine weitere Typologie, die ursprünglich zur Erklärung psychosomatischer Erkrankungen entwickelt wurde, ist auf den Prüferberuf angewendet worden. Dabei handelt es sich um das Verhaltensmuster bei Stress. Es wird unterschieden in Typ-A Persönlichkeit und Typ-B Persönlichkeit. Typ-A Persönlichkeiten zeichnen sich aus durch starkes Konkurrenzverhalten, dem Wunsch nach schnellem Handeln sowie einem Leben unter ständigem Druck und Feindseligkeit.[34] Sie können beschrieben werden als Personen, die hyperaktiv auf umweltbedingten Stress reagieren.[35] Die Typ-B Persönlichkeit wird in der Literatur nicht näher beschrieben. Es wird davon ausgegangen, dass alle Personen, die sich nicht dem Typ-A zuordnen lassen, zum Typ B gehören. Es wurde in einer empirischen Untersuchung festgestellt, dass in Prüfungsunternehmen Typ-A Persönlichkeiten häufiger bei Partnern als bei Prüfern auf niedrigeren Hierarchie-Ebenen vertreten sind.[36] Außerdem scheinen eher weibliche Prüfer Typ-A Persönlichkeiten zu sein als männliche Prüfer.[37]

Es wurde weiterhin ein positiver Zusammenhang zwischen Typ-A Verhalten einerseits und Arbeitszufriedenheit und Arbeitsleistung andererseits nachgewiesen.[38] Dieser Zusammenhang konnte in einer Meta-Analyse über eine Reihe empirischer Untersuchungen bestätigt werden. Eine mögliche Interpretation dieses Zusammenhangs besagt, dass Menschen mit Typ-A Persönlichkeit zufrieden sein müssten in einer fordernden, schnellen und leistungsorientierten Arbeitsumgebung wie der Prüfung.[39] Im Gegensatz

---

[33] Vgl. Hossiep/Paschen/Mühlhaus (2000), S. 128.
[34] Vgl. Pervin (1993), S. 67, und Brierley (1999), S. 66.
[35] Vgl. Fisher (2001), S. 146.
[36] Vgl. Schloemer/Schloemer (1997), S. 25, und Fisher (2001), S. 155.
[37] Vgl. Fisher (2001), S. 156.
[38] Vgl. Fisher (2001), S. 162.
[39] Vgl. Brierley (1999), S. 71.

dazu sollten Typ-B Persönlichkeiten zufriedener sein mit langsameren, unterstützten und beziehungsorientierten Arbeitsumgebungen.

Kritisch ist zu bemerken, dass der Forschung zu den Stresstypen eine mehrdimensionale Betrachtungsweise zugrunde liegt. Ein ganzes Bündel an Eigenschaften oder Verhaltensweisen werden zu einem Typus zusammengefasst. Es ist anzunehmen, dass aussagekräftigere Ergebnisse erzielt werden können, wenn die einzelnen Verhaltensweisen separat betrachtet werden.[40] Es muss herausgearbeitet werden, welches die entscheidenden Bestandteile des Typ-A Verhaltensmusters sind. Steht der Stress in Verbindung mit dem Kampf um Kontrolle im Vordergrund oder ist der Kampf mit negativen Gefühlen wie Feindseligkeit und Wut zentral für das Verhaltensmuster?[41]

Allgemein haben sich Typologien als wenig geeignet für die Vorhersage von Verhalten erwiesen. Zum einen sind nur wenige Personen eindeutig einem Typus zuordenbar. Es dominieren im Wesentlichen die Mischformen. Die Aussagekraft der Typologien wird dadurch erheblich beeinträchtigt.[42] Außerdem legt die Vielfalt der Personen, die im Prüferberuf erfolgreich sind, nahe, dass es nicht einen bestimmten Persönlichkeitstypus gibt, der besonders für diese Tätigkeiten geeignet ist.[43] Es scheinen sich vielmehr einzelne Persönlichkeitsmerkmale günstig oder ungünstig auf die Berufsausübung auszuwirken. Weiterhin muss bei der Betrachtung der häufigsten Typen die Kausalität des Zusammenhangs berücksichtigt werden. „Bevorzugen nun bestimmte Typen bestimmte Settings oder produzieren bestimmte Settings spezifische Typen?“[44] Aus diesen Gründen wurde die Forschung zu Typologien im Wesentlichen aufgegeben und durch die Untersuchung einzelner Persönlichkeitseigenschaften ersetzt.

4.4.2.2. Eigenschaften nach dem 5-Faktoren-Modell der Persönlichkeit

Konkret zur Fehlerbehandlung durch den Prüfer lassen sich keine theoretischen Aussagen in der Literatur zur betriebswirtschaftlichen Prüfungslehre finden. Daher wird versucht,

---

40 Vgl. beispielsweise Fisher (2001), S. 164.
41 Vgl. Pervin (1993), S. 72.
42 Vgl. zur Kritik an Typologien: Zimbardo/Gerrig (1999), S. 522.
43 Vgl. Wiley (1998), S. 149.
44 Hossiep/Paschen/Mühlhaus (2000), S. 133.

aus den allgemeinen Aussagen zu Persönlichkeitseigenschaften von Prüfern implizite Aussagen zur Fehlerbehandlung durch den Prüfer abzuleiten. Dazu wird untersucht, welche Eigenschaften bei Prüfern verstärkt auftreten. Es wird diskutiert, welcher Zusammenhang zwischen diesen Eigenschaften und der Fehlerbehandlung des Prüfers bestehen könnte. Dazu sollen zunächst die stabilen Persönlichkeitseigenschaften von Prüfern untersucht werden. Das sind „überdauernde Merkmale und Eigenschaften, die eine Person dazu prädisponieren, sich über verschiedene Situationen hinweg konsistent zu verhalten“[45], bevor in den Abschnitten 4.4.2.3 bis 4.4.2.5 weniger stabile Fähigkeiten und Eigenschaften diskutiert werden.

Ab Mitte der 1980er Jahre erschien eine Reihe von Veröffentlichungen zu Persönlichkeitseigenschaften von Prüfern.[46] Ziel dieser Untersuchungen war es, die typischen Eigenschaften eines guten Prüfers zu erkennen. Mit diesen Informationen könne die Mitarbeiterauswahl effizienter gestaltet werden und Trainingsprogramme könnten besser an die Anforderungen des Berufes angepasst werden.[47] Dabei wurden die typischen Eigenschaften eines Prüfers zunächst ohne Berücksichtigung der Hierarchieebene beschrieben. Später wurde die Person des Prüfers differenzierter betrachtet, indem die unterschiedlichen Hierarchie-Ebenen innerhalb des Berufs berücksichtigt wurden. Diese differenziertere Betrachtungsweise sei notwendig, da die Kenntnis der unterschiedlichen Anforderungen und damit der notwendigen Eigenschaften auf unterschiedlichen Hierarchie-Ebenen insbesondere für Leistungsbewertung und Beförderungsentscheidungen wichtig sei.[48]

Damit in dieser Arbeit die untersuchten Persönlichkeitsmerkmale systematisch dargestellt werden, habe ich das 5-Faktoren-Modell der Persönlichkeit als Gliederungshilfe verwendet. In der Literatur zur Beschreibung der Persönlichkeit hat sich ein Konsens

45 Zimbardo/Gerrig (2004), S. 604.

46 Vgl. beispielsweise Birnberg/Shields/McGhee (1980); Bedeian/Mossholder/Touliatos/Barkman (1986); Gul (1986); Granleese/Barrett (1990); Abdolmohammadi/Shanteau (1992); Eugere (1994); Satava (1994); Wiley (1998); Ballou (2001).

47 Diese Argumentation findet sich beispielsweise bei Abdolmohammadi/Shanteau (1992), S. 159.

48 Vgl. Tan/Libby (1997), S. 99.

darüber herausgebildet, dass dieses Modell geeignet ist, die Struktur der Persönlichkeit zu charakterisieren.[49] Das 5-Faktoren-Modell der Persönlichkeit stellt ein Klassifikationssystem zur Beschreibung von Menschen dar. Die fünf Faktoren des Modells sind sehr weit gefasst. Sie werden jeweils bipolar beschrieben. Im Einzelnen besteht das Modell aus den Faktoren: Extraversion, Verträglichkeit, Gewissenhaftigkeit, Neurotizismus und Offenheit für Erfahrungen.[50] Es gibt empirische Hinweise darauf, dass diese Eigenschaften bei einer Person relativ stabil über die Zeit sind.[51]

Die Dimension Extraversion wird durch die beiden Pole „extravertiert" (gesprächig, energiegeladen und durchsetzungsfähig) beziehungsweise „introvertiert" (ruhig, zurückhaltend und schüchtern) beschrieben.[52] Dieser Faktor findet sich auch in der Beschreibung der Persönlichkeitseigenschaften nach EYSENCK.[53] EYSENCK beschreibt den typischen Extravertierten als geselligen Menschen, der Partys mag, viele Freunde hat, Leute braucht, mit denen er reden kann und der es nicht mag, allein zu lesen oder zu lernen. Er sehnt sich nach Aufregung, nutzt sich bietende Chancen, agiert aus einer Laune heraus und ist insgesamt ein impulsiver Mensch.[54] Eine introvertierte Person wird im Gegensatz dazu beschrieben als Mensch, der ruhig und introspektiv ist und lieber Bücher als Menschen mag. Er plant langfristig voraus und misstraut dem Impuls des Moments. Eine introvertierte Person mag keine Aufregung und möchte ein geordnetes Leben haben. Sie benimmt sich selten aggressiv und verliert kaum die Kontrolle über ihre Gefühle.[55]

In einer Untersuchung mit 90 männlichen Mitgliedern des Institute of Chartered Accountants in Irland (ICAI) wurde ermittelt, dass die Prüfer introvertierter als die Normalbevölkerung sind.[56] Dieses Ergebnis wurde in einer Untersuchung von 348 irischen, englischen, schottischen und walisischen Prüfern bestätigt.[57] Bei der Betrach-

---

49 Vgl. Zimbardo/Gerrig (2004), S. 607.
50 Vgl. Zimbardo/Gerrig (2004), S. 608.
51 Vgl. Hossiep/Paschen/Mühlhaus (2000), S. 39.
52 Vgl. Zimbardo/Gerrig (2004), S. 608.
53 Einzelheiten zu dieser Systematik finden sich bei Eysenck (1969).
54 Vgl. Eysenck (1969), S. 118.
55 Vgl. Eysenck (1969), S. 119.
56 Vgl. Granleese/Barrett (1990), S. 961.
57 Vgl. Granleese/Barrett (1993), S. 190.

tung der Extraversion ist weiterhin eine interessante Entwicklung zu beobachten. Anhand einer Befragung von 125 amerikanischen Wirtschaftsprüfern (CPAs) wurde der Persönlichkeitstyp mit Hilfe des Myers-Briggs Typen Indikators erfasst. Es konnte ein Trend zu mehr extravertierten Prüfern festgestellt werden. So tendierten 83% der Personen, die nach 1989 Partner geworden sind, zum extravertierten Typus. Im Vergleich dazu waren nur 20% der Prüfer, die vor 1989 Partner geworden sind, extravertiert.[58] Dieser Trend wird mit der Notwendigkeit eines verstärkten Marketings der Prüfungsleistung erklärt. Es ist wahrscheinlich, dass die Zunahme an Beratungsleistungen, die Wirtschaftsprüfer erbringen, ebenfalls diesen Trend verstärkt. Die Extraversion von Prüfern scheint besonders in den letzten Jahren die Wahrscheinlichkeit zu erhöhen, dass ein Prüfer zum Partner befördert wird.[59] Es konnte außerdem gezeigt werden, dass Extraversion wahrscheinlicher in nationalen als in lokalen Prüfungsunternehmen zu finden ist.[60]

Aus methodischer Sicht muss einschränkend gesagt werden, dass die Fragebögen zur Erfassung der Extraversion fast ausnahmslos aus der klinischen Psychologie stammen. Sie wurden demnach speziell für psychisch kranke Menschen entwickelt und normiert. Eine Verzerrung der Daten ist insbesondere im Sinne der sozialen Erwünschtheit wahrscheinlich, wenn die Fragebögen nicht für den Einsatz in der Forschung angepasst werden.[61] Weiterhin ist anzumerken, dass in den üblichen Fragebögen zur Ermittlung der Extraversion unterschiedliche Merkmale erfasst werden, die in sich nicht homogen sind. Einerseits werden die Personen anhand ihrer Geselligkeit unterschieden, andererseits anhand ihrer Impulsivität. Welche dieser Eigenschaften zentral für die untersuchte Fragestellung ist, bleibt offen.[62]

Nichtsdestotrotz können die empirischen Ergebnisse insoweit zusammengefasst werden, dass es Hinweise auf Veränderungen im Prüferberuf gibt.[63] Danach wird in zunehmendem Maße ein extravertiertes Auftreten des Prüfers gefordert. Die Persönlichkeitseigenschaft „Extraversion“ wird sich insbesondere in den Phasen des Prüfungsprozesses

---

58 Vgl. Schloemer/Schloemer (1997), S. 32.
59 Vgl. Schloemer/Schloemer (1997), S. 27.
60 Vgl. Wheeler (2001), S. 143.
61 Vgl. Lienert/Raatz (1998), S. 61.
62 Vgl. Pervin (1993), S. 311.
63 Vgl. Schloemer/Schloemer (1997), S. 32.

auswirken, die durch eine starke Interaktion mit anderen Personen gekennzeichnet ist. Das sollte insbesondere die Phase der Informationssammlung sowie die Phasen der Berichterstattung und des follow-up betreffen.

Für den Prüfer scheint es zunehmend notwendig zu sein, aktiv zu handeln und auf die Geprüften zuzugehen. Seine kommunikativen Fertigkeiten sollten damit ebenfalls im zunehmenden Maße an Bedeutung gewinnen. Diese Tendenz kann auch im Zusammenhang mit den in Abschnitt 1.1 dargestellten Entwicklungstendenzen in der Prüfung gesehen werden. Eine Prüfung, die vor allem auf laufende Verbesserungen auch außerhalb des Rechnungswesens, auf die Schaffung von Mehrwert und die Betrachtung von Wirtschaftlichkeit der Strukturen und Abläufe ausgerichtet ist, erfordert einen Prüfer, der aktiv und engagiert mit den Geprüften zusammenarbeitet. Ein Zusammenhang zwischen dem extravertierten Verhalten des Prüfers und seiner Strategie der Fehlerbehandlung kann angenommen werden.

Während ein Prüfer mit einer Tendenz zur Fehlervermeidung seine Prüfungsfeststellungen eher schriftlich berichtet und den direkten Umgang beziehungsweise die Diskussion mit den Mitarbeitern der geprüften Organisation auf ein Mindestmaß beschränkt, geht ein Prüfer mit einer Strategie des Fehlermanagements offen und aktiv mit den Geprüften um.[64] Er bevorzugt die mündliche Rückmeldung und sucht die aktive Auseinandersetzung mit den Mitarbeitern der geprüften Organisation. Es kann angenommen werden, dass es einem extravertierten Prüfer leichter fallen wird, die Strategie des Fehlermanagements anzuwenden als einem introvertierten Prüfer. Dieser wird eher zu einer Strategie der Fehlervermeidung tendieren.

Neben der Extraversion wird im 5-Faktoren-Modell die Verträglichkeit als zentrales Persönlichkeitsmerkmal beschreiben. Der englische Begriff dafür lautet „*agreeability*". Er wird ins Deutsche auch als „Liebenswürdigkeit" übersetzt.[65] Personen mit hohen Werten auf dieser Skala werden beschrieben als „altruistisch, mitfühlend, verständnisvoll und wohlwollend. Sie neigen zu zwischenmenschlichem Vertrauen, zur Kooperativität,

---

64 Vgl. Abschnitt 4.3.
65 Vgl. Schreiber (2000), S. 86.

zur Nachgiebigkeit, und sie haben ein starkes Harmoniebedürfnis"[66]. Personen mit geringer Verträglichkeit sind dagegen „kalt, streitsüchtig und unbarmherzig"[67].

In der betriebswirtschaftlichen Prüfungsliteratur wird die Auffassung vertreten, dass ein guter Prüfer verträglich sein sollte. Notwendig sei diese Eigenschaft, um die Zusammenarbeit mit den Geprüften zu sichern und außerdem ihren Respekt und ihre Aufmerksamkeit zu erhalten.[68] Dazu sei es hilfreich, wenn der Prüfer freundlich zu den Geprüften ist und sich um sie als Menschen kümmert. Prüfer selbst geben an, dass diese Eigenschaft, abgestimmt mit einer unbeeinflussten und objektiven Haltung, als eine Schlüsselvariable für erfolgreiche Prüfungen angesehen wird. Wegen der notwendigen Interaktionen mit den Mitarbeitern der geprüften Organisation und den eigenen Mitarbeitern sei diese Eigenschaft mindestens genauso wichtig wie technische Fähigkeiten.[69] Auch die Anpassungsfähigkeit als Persönlichkeitseigenschaft lässt sich der Verträglichkeit im Rahmen des 5-Faktoren-Modells zuordnen. Diese Eigenschaft wird von Prüfern ebenfalls als wichtig für einen erfolgreichen Prüfer angesehen.[70]

Die Eigenschaft „Psychotizismus" (auch „soziale Konformität") nach EYSENCK[71] ist eng mit der Verträglichkeit einer Person verbunden. Menschen mit einem hohen Psychotizismus-Wert können auch als wenig sozial konform bezeichnet werden. Sie neigen dazu, einsam, empfindungslos, sorglos um andere und in Opposition zu akzeptierten sozialen Gebräuchen zu sein.[72] Sie werden auch beschrieben als aggressiv und asozial.[73] Menschen mit niedrigem Psychotizismus-Wert sind dagegen „freundlich und rücksichtsvoll"[74] Damit kann angenommen werden, dass Personen mit niedrigen Psychotizismus-Werten eher hohe Werte auf der Dimension „Verträglichkeit" erreichen und Personen mit hohen Psychotizismus-Werten eher wenig verträglich sind. In Großbritannien und Irland wurde in deskriptiven Untersuchungen festgestellt, dass

---

66 Hossiep/Paschen/Mühlhaus (2000), S. 120.
67 Zimbardo/Gerrig (2004), S. 608.
68 Vgl. Wiley (1998), S. 144.
69 Vgl. Wiley (1998), S. 144.
70 Vgl. Abdolmohammadi/Shanteau (1992), S. 167.
71 Vgl. Eysenck (1969), S. 3-137.
72 Vgl. Pervin (1993), S. 310.
73 Vgl. Zimbardo/Gerrig (2004), S. 606.
74 Zimbardo/Gerrig (2004), S. 606.

Wirtschaftsprüfer signifikant konformer mit sozialen Normen sind als die Normalbevölkerung[75] und daher eher verträgliche Persönlichkeiten darstellen.

Die Verträglichkeit wirkt sich im Prüfungsprozess am ehesten auf die Phasen mit einer verstärkten Interaktion zwischen Prüfer und Geprüften aus. Das sind insbesondere die Phasen Informationsbeschaffung, Berichterstattung und follow-up. Die Verträglichkeit könnte in einem Zusammenhang zur bevorzugten Strategie der Fehlerbehandlung stehen. Es kann angenommen werden, dass Personen mit einer hohen Verträglichkeit eher zu einer Strategie des Fehlermanagements tendieren. Bei dieser Strategie können sie die Anmerkungen der Geprüften aufnehmen, sie integrieren und in den Erkenntnisprozess einbeziehen. Sie versuchen nicht, einen Schuldigen für gefundene Fehler zu finden, sondern konzentrieren sich vielmehr auf eine Betrachtung der Systeme und Strukturen. Eine Person mit niedriger Verträglichkeit sollte demnach eher zu einer Strategie der Fehlervermeidung tendieren, die auch eher auf Konfrontation ausgelegt ist. Eine empirische Bestätigung dieses Zusammenhangs steht noch aus.

Die dritte Dimension im 5-Faktoren-Modell der Persönlichkeit ist die <u>Gewissenhaftigkeit</u>. Sie scheint ein zuverlässiger Indikator für beruflichen Erfolg über verschiedene Berufsgruppen hinweg zu sein.[76] Sehr gewissenhafte Menschen werden beschrieben als: „ordentliche, zuverlässige, hart arbeitende, disziplinäre, pünktliche, penible, ehrgeizige und systematische“[77] Personen, im Gegensatz zu Personen, die eher „sorglos, leichtsinnig und verantwortungslos“[78] sind.

Für den Beruf des Prüfers gibt es kaum empirisch belegte Aussagen über die Ausprägung der Gewissenhaftigkeit bei Prüfern. Lediglich in einer Studie konnte gezeigt werden, dass die Gewissenhaftigkeit positiv mit der Leistung von Prüfern korreliert. Dieser Zusam-

---

75 Vgl. Granleese/Barrett (1990), S. 961, und Granleese/Barrett (1993), S. 190.
76 Vgl. Schreiber (2000), S. 290.
77 Hossiep/Paschen/Mühlhaus (2000), S. 120.
78 Zimbardo/Gerrig (2004), S. 608.

menhang galt allerdings nur für Routineaufgaben. Bei neuartigen Aufgaben konnte dieser Zusammenhang nicht bestätigt werden.[79]

Weiterhin konnte festgestellt werden, dass die Gewissenhaftigkeit bei Personen nur gering mit kognitiven Fähigkeiten korreliert.[80] Die Gewissenhaftigkeit wurde bislang nur in der Phase der Urteilsbildung untersucht. Inwieweit sie Auswirkungen auf andere Phasen des Prüfungsprozesses hat und insbesondere auf die Interaktion zwischen Prüfer und Geprüften wirkt, wurde bisher nicht untersucht. Ein begründeter Zusammenhang zwischen der Gewissenhaftigkeit und der bevorzugten Strategie der Fehlerbehandlung kann nicht argumentiert werden.

Die vierte Komponente im 5-Faktoren-Modell der Persönlichkeit ist der Neurotizismus. Personen mit hohem Neurotizismus-Wert werden als emotional labil bezeichnet. Personen mit niedrigem Neurotizismus-Wert sind emotional stabil. Als emotional labil werden Personen beschrieben, die sich benehmen, als wenn sie eine Reihe neurotischer Symptome hätten. Bei Stress neigen sie relativ schnell dazu zusammenzubrechen. Sie beklagen sich häufig über Ärger und Ängste und über körperliche Schmerzen und sind „ängstlich, instabil und launisch“[81]. Sie reagieren schnell auf Stress.[82] Emotional stabile Personen erscheinen nicht neurotisch, beziehungsweise nur der stärkste Stress kann neurotische Symptome bei ihnen hervorrufen.[83] Sie wirken „stabil, ruhig und zufrieden“[84].

Für den Neurotizismus gilt, dass er kein Indikator für beruflichen Erfolg zu sein scheint. Über verschiedene Berufsgruppen hinweg konnte kein Zusammenhang zwischen Neurotizismus und beruflichem Erfolg ermittelt werden.[85] Auch für Prüfer gibt es bislang nur wenig deskriptive Daten darüber, wie das Persönlichkeitsmerkmal „Neurotizismus“ verteilt ist. Es gibt allerdings Hinweise dafür, dass Prüfer emotional stabiler sind als die

---

79 Vgl. Stuart (1993), S. 96-98.
80 Vgl. Schreiber (2000), S. 290.
81 Zimbardo/Gerrig (2004), S. 608.
82 Vgl. Pervin (1993), S. 315.
83 Vgl. Eysenck (1969), S. 119.
84 Zimbardo/Gerrig (2004), S. 608.
85 Vgl. Schreiber (2000), S. 290.

Normalbevölkerung.[86] Ich nehme an, dass es keinen Zusammenhang zwischen dem Neurotizismus eines Prüfers und seiner bevorzugten Strategie der Fehlerbehandlung gibt.

Die fünfte Komponente des 5-Faktoren-Modells ist die Offenheit für Erfahrungen. Personen mit einer hohen Ausprägung in dieser Dimension werden beschrieben als „kreativ, intellektuell und offen“ [87], während Personen mit niedriger Ausprägung „einfach, oberflächlich und unintelligent“[88] erscheinen. Offenheit beinhaltet auch, dass Personen die Initiative ergreifen, um neue Fakten, Ideen und Methoden zu lernen. Über diese Eigenschaft sollten zu einem bestimmten Grade auch Prüfer verfügen.[89]

Gesicherte Erkenntnisse dafür, dass diese Eigenschaft bei Prüfern anders als in der Normalpopulation verteilt ist, liegen bislang nicht vor. In einer empirischen Untersuchung wurde gezeigt, dass Prüfer sich im Vergleich zu Steuer- und Unternehmensberatern durch einen hohen Grad an Offenheit für Erfahrungen und Kreativität auszeichnen.[90] 129 Partner von sechs großen Wirtschaftsprüfungsunternehmen konnten charakterisiert werden als Personen mit hoher Vorstellungskraft, intellektueller Neugier, Menschenkenntnis und Einfühlungsvermögen sowie Freude am Problemlösen.[91] Bei dieser Untersuchung muss allerdings ein methodischer Einwand formuliert werden. Die Ergebnisse können aufgrund der niedrigen Antwortquote zustande gekommen sein. Von 1.200 versendeten Fragebögen wurden nur 129 brauchbare Antworten ausgewertet. Hier liegt die Vermutung nahe, dass gerade diejenigen Prüfer, die eher intellektuell aufgeschlossen, tolerant und neugierig sind, die also im Sinne des Fragebogens als Personen mit hoher Offenheit zu charakterisieren sind, eher an der Befragung teilgenommen haben als Prüfer, die nicht über diese Eigenschaft verfügen.

Die Offenheit für Erfahrungen wird sich insbesondere auf die Interaktionen mit den Mitarbeitern der geprüften Organisation auswirken, also auf die Phasen Informationsbeschaffung, Berichterstattung und follow-up. Aber auch auf die

---

86 Vgl. Granleese/Barrett (1990), S. 961, und Granleese/Barrett (1993), S. 190.
87 Zimbardo/Gerrig (2004), S. 608.
88 Zimbardo/Gerrig (2004), S. 608.
89 Vgl. Wiley (1998), S. 146.
90 Vgl. Eugere (1994) S. 177.
91 Vgl. Eugere (1994), S. 150-151.

Hypothesen- und Urteilsbildung könnten Auswirkungen zu beobachten sein. Ich nehme an, dass es einen Zusammenhang zwischen der Offenheit für Erfahrungen und der bevorzugten Strategie der Fehlerbehandlung eines Prüfers gibt. Ein Prüfer, der wenig für neue Erfahrungen offen ist, wird sich eher an eingefahrenen, bewährten Abläufen orientieren. Er wird Fehler des Geprüften eher im Sinne der Fehlervermeidung behandeln. Dabei kann er autokratisch vorgehen und muss das Prüfungsvorgehen und die Prüfungsfeststellungen nicht gemeinsam mit dem Geprüften erarbeiten. Er kann sich weiterhin besser an seinen Methoden und Erfahrungen orientieren als bei einer offenen, gemeinschaftlichen Interaktion mit dem Geprüften. Der Prüfer, der offen gegenüber neuen Erfahrungen ist, wird eher zur Strategie des Fehlermanagements tendieren. Dieser Zusammenhang sollte empirisch gesichert werden.

Problematisch an der Verwendung des 5-Faktoren-Modells der Persönlichkeit ist, dass es vorwiegend deskriptiv ist und eine theoretische Fundierung noch aussteht.[92] Stabile Persönlichkeitsmerkmale allein scheinen außerdem nicht geeignet zu sein, Verhalten zuverlässig vorherzusagen.[93] Aus diesem Grunde soll die Betrachtung der Persönlichkeit ergänzt werden um weitere, weniger stabile Eigenschaften[94] und die interpersonalen Fähigkeiten des Prüfers.

4.4.2.3. Individuelle Fehlerorientierung des Prüfers

Eine zentrale Eigenschaft von Personen, die den Umgang mit Fehlern anderer Personen beeinflussen sollte, ist ihre individuelle Fehlerorientierung. Bei der individuellen Fehlerorientierung handelt es sich um eine allgemeine Einstellung gegenüber eigenen Fehlern.[95] Wie beurteilt der Prüfer die Fehler, die ihm selbst bei seiner Arbeit unterlaufen und wie geht er mit ihnen um? Diese Eigenschaft sollte den Umgang des Prüfers mit den Fehlern des Geprüften ebenfalls beeinflussen. Voraussetzung für diesen Einfluss ist, dass die Einstellung zu eigenen Fehlern übertragen wird auf die Einstellung zu Fehlern anderer Personen. Die Ergebnisse einer Laboruntersuchung deuten darauf hin, dass dieser

---

92 Vgl. Zimbardo/Gerrig (2004), S. 609.

93 Vgl. Zimbardo/Gerrig (2004), S. 609.

94 Es wird auch der Begriff „Orientierung" verwendet, wenn eher spezifische und weniger stabile Persönlichkeitseigenschaften beschrieben werden, vgl. Göbel (1998), S. 100.

95 Vgl. Abschnitt 3.4.1.

Zusammenhang zwischen dem Umgang mit eigenen und mit fremden Fehlern bestehen könnte. Wie in Abschnitt 3.4.1 gezeigt, bevorzugen Personen mit (eigenen) Lernzielen (die eng mit einer Fehlerorientierung im Sinne des Fehlermanagements verbunden sind) bei fremden Fehlern eher Wissensvermittlung, während Personen mit (eigenen) Leistungszielen (die mit einer Fehlerorientierung im Sinne der Fehlervermeidung verbunden sind) eher bestrafende Handlungen wählen.

In der betriebswirtschaftlichen Prüfungsliteratur findet sich die Forderung, dass Prüfer ihre Einstellung zu Fehlern verändern müssten. Sie müssten akzeptieren, dass die Fehlerwahrscheinlichkeit zunimmt.[96] Weiterhin müssten sie ihre negative Beurteilung, häufig verbunden mit einem „(impliziten) moralischen Versagensvorwurf"[97], aufgeben und die Chancen und das Lernpotential von Fehlern bewusst ausnutzen.[98]

Es ist zu klären, inwieweit die Einstellung des Prüfers zu eigenen Fehlern tatsächlich seine Einstellung und sein Verhalten gegenüber Fehlern, die ein Geprüfter verursacht hat, beeinflussen. Bei beiden Eigenschaften könnte es sich auch um relativ unabhängige Konstrukte handeln, wenn das konkrete Verhalten des Prüfers wesentlich durch situationale Bedingungen bestimmt wird. Eine empirische Untersuchung des Zusammenhangs zwischen individueller Fehlerorientierung des Prüfers und seinem Umgang mit den Fehlern des Geprüften wird in Kapitel 6 beschrieben.

4.4.2.4. Hartnäckigkeit, Entscheidungsfreude, Kontrollorientierung und Geschlecht

In den empirischen Studien darüber, durch welche Eigenschaften sich gute Prüfer auszeichnen, werden weitere Persönlichkeitsmerkmale genannt, die sich nicht direkt dem 5-Faktoren-Modell der Persönlichkeit zuordnen lassen. Diese werden im Folgenden vorgestellt und auf plausible Zusammenhänge zur Strategie der Fehlerbehandlung untersucht.

---

96 Vgl. Lindner (2003), S. 411.
97 Peemöller/Richter (2000), S. 82.
98 Vgl. Peemöller/Richter (2000), S. 82.

Zunächst finden sich in der Literatur Aussagen zur Hartnäckigkeit von Prüfern. Die Autoren argumentieren, dass Prüfer über eine überdurchschnittliche Hartnäckigkeit verfügen müssten, da sie ständig Hindernisse überwinden müssen, ohne dabei ihr Ziel aus den Augen zu verlieren.[99] Es finden sich außerdem Hinweise in der Literatur dafür, dass die Entscheidungsfreude ein wesentliches Persönlichkeitsmerkmal erfolgreicher Prüfer ist. Der Prüfer sollte Entscheidungen schnell, klar und empathisch fällen.[100] Prüfer selbst gaben an, dass diese Eigenschaft für einen guten Prüfer relevant ist.[101] Insbesondere auf der Ebene der Partner wird Entscheidungsfreude als wesentliche Eigenschaft genannt.[102] Weiterhin wurde gezeigt, dass männliche Wirtschaftsprüfer bei der Entscheidungsfindung eher zum Denken-Typus[103] tendieren. Das bedeutet, dass sie aus ihren Beobachtungen schnell Schlussfolgerungen ziehen und Entscheidungen treffen. Weibliche Wirtschaftprüfer unterscheiden sich dagegen nicht in ihrer Entscheidungsfindung von der Normalpopulation.[104]

Die Argumentation, mit der begründet wird, dass Prüfer über ein hohes Maß an Hartnäckigkeit und Entscheidungsfreude verfügen sollten, wird bestimmt durch folgende Grundannahme: Der Prüfer muss sich gegen die Mitarbeiter der geprüften Organisation durchsetzen. Er muss fordernd auftreten, darf sich nicht „abwimmeln" lassen, muss schnell Urteile fällen und beharrlich auf seinem Standpunkt bestehen. Insgesamt scheint dieses Verhalten eher zu einer Strategie der Fehlervermeidung zu passen als zu einer Strategie des Fehlermanagements.

Die Kontrollorientierung (*Locus of Control*) beschreibt die Überzeugung einer Person, dass ein erzieltes Ergebnis ihrer Handlung hauptsächlich durch sie selbst bedingt wird (interne Kontrollorientierung) oder dass es hauptsächlich durch Umweltfaktoren bedingt

---

99 Vgl. Wiley (1998), S. 113-116.
100 Vgl. Tan (1999), S. 82.
101 Vgl. Abdolmohammadi/Shanteau (1992), S. 167.
102 Vgl. Tan (1999), S. 83.
103 In dieser Untersuchung wurde der Myers-Briggs Typen Indikator (MBTI) verwendet, der in Abschnitt 4.4.2.1 ausführlicher beschrieben wurde.
104 Vgl. Schloemer/Schloemer (1997), S. 30.

wird (externe Kontrollorientierung).[105] Es gibt empirische Hinweise dafür, dass Prüfer eher zu einer internen Kontrollorientierung tendieren.[106]

Die Kontrollorientierung beeinflusst das Verhalten von Prüfern bei Konflikten. So wurde gezeigt, dass Prüfer mit externer Kontrollorientierung eher den Wünschen des Geprüften nachkommen und damit ihre Unabhängigkeit gefährden als Prüfer mit interner Kontrollorientierung. Dieser Zusammenhang gilt allerdings nicht mehr, wenn der Prüfer sich durch einen hohen ethischen Anspruch auszeichnet.[107] Prüfer mit interner Kontrollorientierung zeigten außerdem ein höheres organisationales Commitment und eine geringere Tendenz zum dysfunktionalen Prüfungsverhalten als Prüfer mit externer Kontrollorientierung.[108] Weiterhin wurde festgestellt, dass intern kontrollierte Prüfer bessere Leistungen zeigen in wenig strukturierten Prüfungsunternehmen und Prüfer, die eine externe Kontrollorientierung haben, besser in stark strukturierten Unternehmen arbeiten.[109] Dieser Zusammenhang wird folgendermaßen erklärt: Personen mit externer Kontrollorientierung glauben, dass die eigene Leistung stark durch äußere Faktoren beeinflusst wird. Diese Personen arbeiten am besten, wenn ihr Verhalten stark kontrolliert wird und sie standardisierte Aufgaben ausführen. Diese Vorgaben werden in strukturierten Prüfungsunternehmen in erhöhtem Maße gemacht.[110]

Ein Prüfer, der eine Strategie des Fehlermanagements anwendet, hat die Zielstellung, sich aktiv an der Verbesserung von Strukturen und Abläufen zu beteiligen. Für diese aktive Beteiligung ist es notwendig, dass der Prüfer davon überzeugt ist, dass sein Verhalten tatsächlich Wirkung zeigt. Daher nehme ich an, dass ein Prüfer mit interner Kontrollorientierung eher zu einer Strategie des Fehlermanagements tendiert als ein Prüfer mit externer Kontrollorientierung. Einem Prüfer mit einer externen Kontrollorientierung wird es schwerer fallen, seinen Beitrag an der Organisationsentwicklung zu erkennen und bewusst zu erhöhen. Daher wird er eher zu einer Strategie der Fehlervermeidung tendieren.

---

105 Vgl. Zimbardo/Gerrig (2004), S. 533.
106 Vgl. Donelly/Quirin/O'Bryan (2003), S. 104.
107 Vgl. Tsui/Gul (1996), S. 47.
108 Vgl. Donelly/Quirin/O'Bryan (2003), S. 102-103.
109 Vgl. Hyatt/Prawitt (2001), S. 271.
110 Vgl. Hyatt/Prawitt (2001), S. 266.

Neben diesen Eigenschaften wurde häufig untersucht, inwieweit sich männliche und weibliche Prüfer voneinander unterscheiden. „The impact of gender on evaluation, advancement and retention of CPA firm professionals has received much attention in the accounting literature.“[111] In diesen Untersuchungen lagen die Schwerpunkte darauf, inwieweit männliche und weibliche Prüfer bei der Leistungsbeurteilung unterschiedlich behandelt werden[112], welche unterschiedlichen Karrieremöglichkeiten[113] und -erwartungen[114] vorliegen und inwieweit die Einbindung in die sozialen Netzwerke unterschiedlich ist[115]. Weiterhin wurden Unterschiede bei der Informationsverarbeitung[116] untersucht. Die hier gefundenen Ergebnisse lassen keine Aussagen über ein konkret unterschiedliches Verhalten männlicher und weiblicher Prüfer in der Interaktion mit den Geprüften zu. Es dominiert eine Untersuchung der allgemeinen Karriereentwicklung beziehungsweise der kognitiven Prozesse. Aussagen für die Fehlerbehandlung des Prüfers lassen sich aus diesen Unterschieden nicht ableiten.

4.4.2.5. Interpersonale Fähigkeiten

Die interpersonalen Fähigkeiten werden in der betriebswirtschaftlichen Prüfungslehre ebenfalls als wesentliche Eigenschaften erfolgreicher Prüfer diskutiert. Ein Prüfer mit guten interpersonalen Fähigkeiten wird relativ allgemein beschrieben als Person, die gut mit Menschen auskommt, auch in schwierigen Entscheidungssituationen. Sie ist fähig zu beruhigen und erscheint überzeugend beim Treffen von Entscheidungen.[117]

Die Verwendung der Begriffe ist in der Literatur teilweise sehr unterschiedlich, wobei auf eine genaue Begriffsbestimmung in der Regel verzichtet wird.[118] Neben den eher

---

111 Schloemer/Schloemer (1997), S. 25.

112 Vgl. beispielsweise Johnson/Lowe/Reckers (1996); Hull/Umansky (1997); Lowe/Reckers/Sanders (2001).

113 Vgl. beispielsweise Maupin (1990); Knapp/Kwon (1991); Anandarajan/Hasan/Moyes/Wulsin (2002).

114 Vgl. beispielsweise Gaffney/McEwen/Welsh (1995).

115 Vgl. Gaffney/McEwen/Welsh (2001), S. 114-117.

116 Vgl. O'Donnell/Johnson (2001).

117 Vgl. Tan (1999), S. 82.

118 Vgl. beispielsweise bei Wilson/Wood (1985) und Abdolmohammadi/Shanteau (1992).

allgemein formulierten Aussagen zu kommunikativen Fähigkeiten[119] werden insbesondere zwei speziellere Fertigkeiten diskutiert: die Fähigkeit zur Gruppenarbeit und die Führungsfähigkeit. Unter Fähigkeit zur Gruppenarbeit[120] wird verstanden, dass eine Person die Gruppenziele unterstützt und dafür sorgt, dass alle Gruppenmitglieder wichtige Informationen erhalten.[121] Die Führungseigenschaften beinhalten die Fähigkeiten des Prüfers, seine Mitarbeiter zu motivieren und das Potential der Gruppe zu entwickeln.[122]

Hinweise auf die Relevanz der interpersonalen Fähigkeiten finden sich sowohl in der Literatur zur öffentlichen Prüfung als auch zur Internen Revision und zur externen Prüfung. In Aufsätzen zur öffentlichen Prüfung wird gefordert, dass die Prüfer neben Fachkenntnissen auch über „prüfungspsychologisches Verhalten" verfügen sollten. Darunter wird verstanden, dass ein Prüfer vertrauensbildendes Verhalten zeigen sollte, dass er empathisch sein sollte sowie über gute Argumentations- und Interviewtechniken verfügen sollte. Weiterhin sollte er Verhandlungen führen können, kooperations- und teamfähig sein und Beratungsleistungen erbringen können.[123] In einer empirischen Untersuchung wurden Mitarbeiter in Rechnungshöfen dazu befragt, über welche Fähigkeiten ein guter Prüfer verfügen sollte. Sie schätzten insbesondere die Fähigkeiten „vertrauensbildendes Verhalten", „Argumentationstechniken", „Kooperationsfähigkeit" und „Teamfähigkeit" als besonders wichtig ein.[124]

Auch in der Literatur zur Internen Revision werden die interpersonalen Fähigkeiten betont. Eine Analyse von Stellenausschreibungen für Interne Revisoren ergab, dass neben den fachlichen Fähigkeiten (Universitäts- oder Fachhochschulstudium) die kommunikativen Fähigkeiten als zweithäufigste Anforderung genannt wurden. Sie wurden von 87% der Arbeitgeber gefordert. Ebenfalls häufig genannt wurden kognitive Eigenschaften wie analytisches, konzeptionelles Denken (80%), gefolgt von Kooperations- und

119 Die kommunikativen Fähigkeiten beschreiben, wie effektiv eine Person in mündlicher und schriftlicher Form kommuniziert. Vgl. Tan (1999), S. 82.
120 Teilweise wird auch der Begriff „Teamfähigkeit" verwendet.
121 Vgl. Tan (1999), S. 82.
122 Vgl. Tan (1999), S. 82.
123 Vgl. Fehr/Teufl/Teufl-Märzinger (2002), S. 209.
124 Vgl. Fehr/Teufl/Teufl-Märzinger (2002), S. 213.

Teamfähigkeit (60%).[125] In einer anderen Untersuchung wurden 35 Interne Revisoren und 8 Prüfungsleiter befragt, welche Eigenschaften einen guten Prüfer auszeichnen. Sie gaben an, dass technische Fähigkeiten und organisationales Wissen eine wichtige Grundlage seien. Allerdings bildeten sie nicht alle Anforderungen an den guten Prüfer. Ein Prüfer müsse außerdem ein guter Zuhörer und ein guter Beobachter sein. Er müsse sowohl eigenes als auch fremdes Verhalten beeinflussen können.[126] Außerdem findet sich in der Literatur die Forderung, dass Prüfer über ausgeprägte Fähigkeiten zur Gruppenarbeit verfügen sollten.[127]

Partner in Wirtschaftsprüfungsunternehmen gaben in einer Befragung an, dass die interpersonalen Fähigkeiten und psychologischen Eigenschaften für erfolgreiche Prüfer auf der Partner-Ebene als wichtiger beurteilt wurden als das technische Wissen und die kognitiven Fähigkeiten.[128] Insgesamt schätzen sie ein, dass die interpersonalen Fähigkeiten besonders wichtig auf höheren Hierarchie-Ebenen sind. So werden die interpersonalen Fähigkeiten als relevant beurteilt für die Leistung von Managern und Partnern.[129] Die Teamfähigkeit dagegen wird besonders auf niedrigeren Hierarchie-Ebenen als wichtig eingeschätzt. Insbesondere die Leistung von Assistenten und Prüfungsleitern hänge von ihrer Teamfähigkeit ab.[130] Die Wirtschaftsprüfer sind sich einig darüber, dass die Übernahme von Verantwortung wichtig für einen guten Prüfer ist.[131] Die Führungseigenschaften seien allerdings insbesondere auf den mittleren Hierarchie-Ebenen relevant. Insbesondere gute Prüfungsleiter und Manager unterscheiden sich von weniger guten Prüfungsleitern und Managern durch gute Führungsfähigkeiten.[132]

Ein ähnliches Konstrukt stellen die von TAN beschriebenen „stillschweigenden" (*„tacit"*) Managementfähigkeiten dar. Sie beinhalten das Wissen, wie man sich selbst managt. Dazu gehört die Fähigkeit, sich selbst zu motivieren und die eigene Arbeit effizient zu

---

125 Vgl. Westhausen (2003), S. 220.
126 Vgl. Wilson/Wood (1985), S. 31.
127 Vgl. Sinason (2002), S. 24-26.
128 Vgl. Abdolmohammadi/Searfoss/Shanteau (1994), zitiert nach Tan/Libby (1997), S. 99.
129 Vgl. Tan (1999), S. 83.
130 Vgl. Tan (1999), S. 83.
131 Vgl. Abdolmohammadi/Shanteau (1992), S. 167.
132 Vgl. Tan (1999), S. 83.

organisieren. Weiterhin umfassen sie das Wissen darüber, wie man andere managt, also das Wissen darüber, wie man mit Untergebenen umgeht und mit gleichrangigen und übergeordneten Personen interagiert. Als dritten Schwerpunkt beinhalten die stillschweigenden Managementfähigkeiten das Wissen darüber, wie man seine Karriere managt.[133] Im weitesten Sinne enthalten diese stillschweigenden Managementfähigkeiten auch die Führungseigenschaften einer Person.[134] Von ihren Vorgesetzten als gut bewertete Assistenten und Prüfungsleiter unterscheiden sich hinsichtlich ihrer „stillschweigenden" Managementfähigkeiten nicht von schlecht bewerteten Assistenten und Prüfungsleitern.[135] Bei den Managern sieht das anders aus. Die gut bewerteten Manager verfügten über bessere stillschweigende Managementfähigkeiten als schlecht beurteilte.[136]

Zusammenfassend kann zu den interpersonalen Fähigkeit gesagt werden, dass ihre Bedeutung für eine gute Berufsausübung des Prüfers durchaus anerkannt wird. Die praktisch tätigen Prüfer schätzen interpersonale Fähigkeiten, wie Führungsfähigkeiten, Teamfähigkeit und kommunikative Fertigkeiten für einen guten Prüfer als wichtig ein. Die konkrete Wirkungsweise dieser Eigenschaften auf den Prüfungsprozess ist allerdings bislang nicht untersucht worden.[137] Dieser Bedarf wird teilweise bereits in der Literatur formuliert, wie dieses Beispiel aus der öffentlichen Prüfung zeigt: „Betrachtet man das heutige Anforderungsprofil insgesamt, so legen die LRHe in erster Linie ihr Augenmerk auf die persönlichen Fähigkeiten und das prüfungspsychologische Verhalten ihres Prüfpersonals. Um so interessanter ist, dass nur zwei RHe erwähnenswerte Schulungen zu prüfungspsychologischen Verhalten anbieten."[138]

Es kann davon ausgegangen werden, dass gute kommunikative Fähigkeiten für jeden Prüfer sinnvoll sind, unabhängig davon, welcher Strategie der Fehlerbehandlung er folgt. Die Fähigkeit zur Gruppenarbeit dürfte allerdings besonders von Prüfern mit einer Strategie des Fehlermanagements benötigt werden. Bei dieser Strategie wird ein partnerschaftlicher Prüfungsansatz gewählt, bei dem der Prüfer sich als ein Teil der Gruppe

---

133 Vgl. Tan/Libby (1997), S. 101-102.
134 Vgl. Abdolmohammadi/Searfoss/Shanteau (2004), S. 11-12.
135 Vgl. Tan/Libby (1997), S. 107.
136 Vgl. Tan/Libby (1997), S. 108.
137 Vgl. Abdolmohammadi/Searfoss/Shanteau (2004), S. 13.
138 Fehr/Teufl/Teufl-Märzinger (2002), S. 214.

versteht. Je mehr die Beratung und Verbesserung von Strukturen und Abläufen in den Mittelpunkt der prüferischen Tätigkeit gelangt, umso wichtiger werden die interpersonalen Fähigkeiten als Voraussetzung für ein Verhalten im Sinne des Fehlermanagements sein.

Insgesamt muss zur Forschung über Persönlichkeitseigenschaften von Prüfern angemerkt werden, dass eine deskriptive Herangehensweise dominiert. Dabei wurden im Wesentlichen zwei methodische Vorgehensweisen angewandt. Einerseits wurde erhoben, welche Persönlichkeitseigenschaften bei Prüfern gehäuft auftreten.[139] Andererseits wurden Prüfer befragt, über welche Persönlichkeitseigenschaften ein guter Prüfer verfügen sollte.[140] Mit diesen Vorgehensweisen erhält man einen Einblick in die aktuelle Verteilung der Eigenschaften. Es können keine Aussagen darüber getroffen werden, inwieweit diese Eigenschaften wichtig für die Berufsausübung sind. Auch die Kausalität der Zusammenhänge ist nicht klar. Ergreifen gerade Personen, die über diese Eigenschaften verfügen, den Prüferberuf? Oder entwickeln sich diese Eigenschaften erst während der Berufsausübung? Es könnte auch sein, dass Prüfer mit abweichenden Persönlichkeitseigenschaften aus dem Beruf gedrängt werden. Es können ebenfalls keine Aussagen darüber getroffen werden, inwieweit Personen mit anderen Persönlichkeitseigenschaften ebenfalls erfolgreich im Beruf wären. Wenn die Autoren aus der Ist-Analyse der Persönlichkeitseigenschaften von Prüfern Schlussfolgerungen für die Personalauswahl und für mögliche Trainingsmaßnahmen ziehen[141], müssen diese Ergebnisse vorsichtig interpretiert werden.

Um eine fundierte Aussage darüber treffen zu können, über welche Persönlichkeitseigenschaften ein Prüfer verfügen sollte, müsste mit der Analyse der Tätigkeiten begonnen werden. Erst aus den spezifischen Anforderungen der Tätigkeit kann ein Anforderungsprofil erstellt werden. Anschließend kann dieses Anforderungsprofil auf die notwendigen Eigenschaften einer Person übertragen werden. Wenn man im Gegensatz

139 Vgl. beispielsweise Granleese/Barett (1993); Schloemer/Schloemer (1997); Fisher (2001); Wheeler (2001).

140 Vgl. beispielsweise Abdolmohammadi/Shanteau (1992); Tan/Libby (1997); Wiley (1998); Tan (1999) und Abdolmohammadi/Searfoss/Shanteau (2004).

141 Vgl. Abdolmohammadi/Shanteau (1992).

dazu nur von den Eigenschaften der Personen ausgeht, ermittelt man lediglich den aktuellen Stand. Über die Zweckmäßigkeit dieses aktuellen Zustands können keine Aussagen getroffen werden. Dieser Mangel wurde bereits 1994 artikuliert. BOUGEN beschreibt, dass bei der Forschung innerhalb der betriebswirtschaftlichen Prüfungslehre entweder die Aufgaben des Prüfers oder die Person des Prüfers im Vordergrund stehen. Er fordert, dass insbesondere die Wechselbeziehungen zwischen Aufgabe und Person für das Verständnis der Zusammenhänge untersucht werden müssen.[142]

Weiterhin ist anzumerken, dass bei der Erforschung der Persönlichkeitseigenschaften indirekt Aussagen über das Verhalten von Prüfern gemacht werden. Die Eigenschaften des Prüfers werden erst durch sein konkretes Verhalten relevant für den Prüfungsprozess. Diese Wirkungsweise muss genauer beschrieben werden. Es kann aber festgehalten werden, dass sich die Eigenschaften des Prüfers auf alle Phasen des Prüfungsprozesses auswirken müssten. In der Forschung wurden bislang die Phasen der Prüfungsplanung, der Hypothesengenerierung und der Urteilsbildung schwerpunktmäßig betrachtet. Wie sich die Persönlichkeitseigenschaften von Prüfern auf die Informationsbeschaffung, die Berichterstattung und das follow-up auswirken, wurde bislang kaum untersucht. Insgesamt wurde das von außen beobachtbare Verhalten des Prüfers, insbesondere seine Interaktion mit dem Geprüften, weitestgehend vernachlässigt.

4.4.3. Situationale Einflussfaktoren für die Fehlerbehandlung

4.4.3.1. Art des Fehlers

Neben den personalen Faktoren beeinflussen auch die konkreten Bedingungen der Situation das Verhalten des Prüfers. Dieselbe Person, derselbe Prüfer, verhält sich, obwohl er immer über dieselben Persönlichkeitsmerkmale, Fähigkeiten und Fertigkeiten verfügt, in unterschiedlichen Situationen, also auch in den einzelnen Prüfungsaufträgen, unterschiedlich.

Es kann angenommen werden, dass die Fehlerbehandlung des Prüfers durch die Art des Fehlers, die Art der Prüfung, die dem Prüfer zugeschriebene Rolle sowie durch

---

142 Vgl. Bougen (1994), S. 333.

Charakteristika des Prüfungsorgans beeinflusst wird. Im Folgenden wird diskutiert, unter welchen situationalen Bedingungen die Anwendung einer bestimmten Strategie der Fehlerbehandlung vorteilhaft sein könnte. Die Argumentation stützt sich zum Teil auf empirisch ermitteltes Wissen, zum Teil auf deduktive Schlussfolgerungen. Bislang sind lediglich Tendenzaussagen möglich, die weiter wissenschaftlich belegt werden sollten.

Zunächst soll untersucht werden, welchen Einfluss die Art des Fehlers auf die Fehlerbehandlung des Prüfers haben könnte. Unterschiedliche Fehlerarten werden eine bestimmte Strategie der Fehlerbehandlung erfordern. Hinweise darauf finden sich beispielsweise in der Innovationsforschung, wo zwischen so genannten „kreativen" Fehlern und anderen Fehlern unterschieden wird.[143] Ein kreativer Fehler zeichnet sich durch eigeninitiiertes innovatives Engagement aus: „Mitarbeiter verlassen bekannte Routinepfade, betreten mit kontrollierten Experimenten proaktiv Neuland und gehen beherrschbare Risiken ein"[144]. Während andere Fehler, wie „Flops", „Patzer", „Unterlassen" oder „Folgefehler" mit Sanktionen geahndet werden müssten, sollten kreative Fehler toleriert und sogar belohnt werden.[145] In dieser Argumentation kommt die Erkenntnis zum Ausdruck, dass unterschiedliche Fehlerarten differenziert behandelt werden müssen. Einerseits erfordern die so genannten kreativen Fehler eine positive Reaktion, die einer Strategie des Fehlermanagements entspricht. Andererseits sollten die anderen Fehler weiterhin sanktioniert werden, was eine Strategie der Fehlervermeidung beinhaltet.

In Abschnitt 2.2.1 wurden Klassifikationen von Fehlern, die in der betriebswirtschaftlichen Prüfungslehre üblich sind, vorgestellt. Hier wurden Fehler anhand ihrer Regelmäßigkeit unterschieden, anhand der Absicht des Fehlerverursachers, anhand ihrer Wesentlichkeit und ihrer Korrigierbarkeit sowie anhand der Posten in der Bilanz beziehungsweise der Gewinn- und Verlustrechnung, in denen sie auftreten. Welche Aussagen lassen sich nun für die Angemessenheit einer bestimmten Fehlerbehandlungs-Strategie für die einzelnen Fehlerarten ableiten? Es kann davon ausgegangen werden, dass insbesondere dann, wenn die Fehler systematisch auftreten und korrigierbar sind, die

143 Vgl. Kriegesmann/Kley/Schwering (2005a).
144 Kriegesmann/Kley/Schwering (2005b), S. 31.
145 Vgl. Kriegesmann/Bihl/Kley/Schwering (2005), S. 97.

Strategie des Fehlermanagements die meisten Vorteile bringt. Systematische Fehler sollten auf jeden Fall analysiert werden, damit die Ursachen identifiziert und behoben werden können. Dazu ist eine aktive Beteiligung der Mitarbeiter der geprüften Organisation von besonderer Bedeutung. Sie kennen die Abläufe und Strukturen besser als der Prüfer und sind eher in der Lage, potentielle Schwachstellen zu identifizieren. Gemeinsam mit dem Prüfer können die systematischen Fehlerursachen schneller gefunden und effektiver beseitigt werden. Die korrigierbaren Fehler werden ebenso eher behoben werden, wenn der Prüfer im Sinne des Fehlermanagements die Geprüften in die Beurteilung der Fehler und die Entwicklung der Lösungsvorschläge einbezieht. Während bei nicht korrigierbaren Fehlern gegebenenfalls eine einfache Rückmeldung oder Dokumentation des Fehlers (Strategie der Fehlervermeidung) genügt, sollten korrigierbare Fehler eher mit einer Strategie des Fehlermanagements behandelt werden.

Für die Differenzierung anhand der Wesentlichkeit von Fehlern und anhand des Auftretens in einem bestimmten Posten von Bilanz und Gewinn- und Verlustrechnung kann keine begründete Annahme darüber getroffen werden, dass eine bestimmte Strategie der Fehlerbehandlung angemessen ist. Unabhängig von ihrer Wesentlichkeit und vom Posten, in dem der Fehler auftritt, scheinen die Vorteile der Fehlermanagement-Strategie grundsätzlich die der Fehlervermeidungs-Strategie zu überwiegen.

Insgesamt ist diese, in der betriebswirtschaftlichen Literatur übliche, Unterteilung der Fehler anhand ihrer Regelmäßigkeit, Wesentlichkeit, Korrigierbarkeit und anhand des betroffenen Postens für eine Untersuchung der Fehlerbehandlung nicht ausreichend. Schon vor einer Beurteilung des Fehlers muss sich der Prüfer für eine Strategie der Fehlerbehandlung entscheiden. Entdeckt er eine Abweichung in den zu prüfenden Sachverhalten, so muss er sich entscheiden, ob er allein versucht, die Fehlerursache zu ermitteln, oder ob er die Mitarbeiter der geprüften Organisation zeitnah über den Fehler informiert und mit ihnen gemeinsam die Uraschen analysiert. Wenn also untersucht werden soll, für welche Fehlerarten eine bestimmte Strategie der Fehlerbehandlung angemessen ist, so muss eine weitere Klassifikation der Fehler hinzugefügt werden.

Die in der Psychologie verwendete Unterscheidung der Fehlerarten erscheint hilfreich zu sein, um konkrete Aussagen zur Fehlerbehandlung ableiten zu können. Dort werden Fehler anhand der kognitiven Regulationsebene, auf der sie begangen wurden, unterschieden.[146] So können die Fehler, die dem Geprüften unterlaufen sind, auf der sensumotorischen Ebene aufgetreten sein, (wie beispielsweise Wahrnehmungs- oder Bewegungsfehler), auf der Ebene der flexiblen Handlungsmuster (Gewohnheitsfehler), auf der intellektuellen Ebene (Denkfehler) und auf der Ebene des abstrakten Denkens (unangemessene Heuristiken und kognitive Stile).

Es kann davon ausgegangen werden, dass die Strategie des Fehlermanagements insbesondere bei Fehlern auf höheren Regulationsebenen vorteilhaft wirkt, während bei Fehlern auf niedrigen Regulationsebenen die Strategie der Fehlervermeidung angemessen sein kann. Bei einfachen Tippfehlern (sensumotorische Ebene) beispielsweise wird eine Rückmeldung des Fehlers ausreichend sein. Wenn es aber darum geht, Denkfehler oder Fehler aufgrund unangemessener Heuristiken (intellektuelle Ebene) zu behandeln, so ist eine aktive Einbeziehung der Geprüften bei der Beurteilung und Beseitigung der Fehler vorteilhaft, damit die Geprüften die Rückmeldung des Fehlers und die Lösungsvorschläge akzeptieren können. Diese Vermutung wird durch folgende empirische Ergebnisse gestützt.[147]

In einer Befragung von Prüfern und Geprüften wurde gezeigt, dass die Geprüften eine formale Rückmeldung über ihre Fehler immer dann positiv beurteilten und gern entgegennahmen, wenn die geprüfte Tätigkeit wenig komplex war. In diesem Fall lagen die Fehler eher auf einer niedrigen Ebene der kognitiven Handlungsregulation. Wenn allerdings komplexe Tätigkeiten geprüft wurden, so haben die Geprüften die einfache Fehlerrückmeldung eher als unwichtig oder gar als Behinderung ihrer Arbeit empfunden. In diesem Fall lagen die Fehler auf höheren kognitiven Regulationsebenen und die einfache Fehlerrückmeldung im Sinne der Fehlervermeidung wurden nicht von den Geprüften akzeptiert. Bei diesen komplexeren Tätigkeiten dürfte eine Strategie des Fehlermanagements die Akzeptanz der Geprüften wesentlich erhöhen.

---

[146] Vgl. Abschnitt 3.2.
[147] Vgl. Morgan/Pattinson (1975), S. 31.

4.4.3.2. Art der Prüfung

Neben der Art des Fehlers sollte auch die Art der Prüfung die angemessene Form der Fehlerbehandlung beeinflussen. Die Art der Prüfung wird im Wesentlichen durch das anzuwendende Normensystem und den Prüfungsauftrag beeinflusst sowie durch die organisatorische Verbindung zwischen Prüfungsorgan und geprüfter Organisation, durch gesetzliche Vorgaben und durch die Regelmäßigkeit beziehungsweise Häufigkeit, in der die Prüfung durchgeführt wird.

Prüfungen können anhand der anzuwendenden Normensysteme in reine Rechtmäßigkeits- und Ordnungsmäßigkeitsprüfungen, Wirtschaftlichkeitsprüfungen, Geschäftsführungsprüfungen sowie Aufdeckungs- und Unterschlagungsprüfungen systematisiert werden.[148] Es ist anzunehmen, dass sich die unterschiedlichen Zielstellungen der Prüfung, die sich aus den einzelnen Normensystemen ergeben, wesentlich auf das Verhalten des Prüfers, insbesondere bei der Fehlerbehandlung, auswirken. Bei der reinen Rechtmäßigkeits- und Ordnungsmäßigkeitsprüfung (*financial audit*) wird im Wesentlichen die Richtigkeit der geprüften Sachverhalte sowie die Einhaltung der vorgegebenen Regulierungen überprüft.[149] Eine Abweichung von den Normen stellt dabei in jedem Falle einen Fehler dar, der korrigiert beziehungsweise dokumentiert werden muss. Der Handlungsspielraum des Prüfers, im Sinne des Fehlermanagements zu agieren, wird bei dieser Prüfungsart geringer sein als beispielsweise bei einer Wirtschaftlichkeitsprüfung. Hier können Abweichungen, die festgestellt werden, durchaus sinnvoll sein und einen guten Indikator für Veränderungsbedarf im System darstellen. Die Strategie des Fehlermanagements dürfte bei dieser Prüfungsart vorteilhafter sein als die Strategie der Fehlervermeidung. Bei der Geschäftsführungsprüfung sind Abweichungen von den Normen noch weniger eindeutig bestimmbar als in den zwei bereits diskutierten Prüfungsarten. Außerdem liegt hier der Schwerpunkt der Prüfung auf der Beurteilung des gesamten Systems einschließlich einer Identifikation von

---

148 Vgl. Wysocki (1988), S. 27. Ähnliche Typologien unterscheiden beispielsweise in *financial audit, operational audit, internal audit* und *compliance audit* (vgl. Carmichael/Willingham/Schaller (1996), S. 5) oder in *financial auditing*, *operational auditing* und *management auditing* (vgl. Hofmann (1992), Sp. 859-862).

149 Vgl. Carmichael/Willingham/Schaller (1996), S. 22.

Schwachstellen und der Erarbeitung von Verbesserungsvorschlägen.[150] In diesem Fall wird eine aktive Beteiligung des Geprüften noch wichtiger sein. Diese aktive Beteiligung der Geprüften wiederum wird eher durch eine Strategie des Fehlermanagements erreicht als durch eine Strategie der Fehlervermeidung. Bei der Aufdeckungs- und Unterschlagungsprüfung hingegen wird auf eine aktive Beteiligung des Geprüften in der Regel verzichtet. Die Strategie der Fehlervermeidung dürfte in diesem Falle angemessener sein.

Neben den anzuwendenden Normensystemen werden die Prüfungen auch durch besondere Regelungen im Prüfungsauftrag beeinflusst. So werden im Prüfungsauftrag in der Regel die Prüfungsschwerpunkte konkretisiert sowie gegebenenfalls ergänzende Prüfungshandlungen und Art und Umfang der Berichterstattung vereinbart.[151] Um die Prüfung kundenorientiert durchführen zu können, sollte der Prüfer im Vorfeld die Erwartungen und Wünsche des Managements des geprüften Bereichs erfragen.[152] Dieses Wissen sollte wiederum in die Planung einfließen. Diese zusätzlichen Spezifizierungen im Prüfungsauftrag können ebenfalls einen Einfluss darauf haben, wie der Prüfer mit den Fehlern des Geprüften umgeht.

Weiterhin können Prüfungen nach der organisatorischen Verbindung von Prüfungsorgan und zu prüfender Organisation in externe und interne Prüfungen unterteilt werden. Bei internen Prüfungen gehören die prüfende und die zu prüfende Stelle zu einer Organisation. Bei der externen Prüfung gehört die prüfende Stelle nicht zu der selben Organisation wie die zu prüfende Stelle. Als weitere Art wird häufig die öffentliche Prüfung genannt.[153] Es kann angenommen werden, dass sich interne, externe und öffentliche Prüfer in ihrer Art der Fehlerbehandlung voneinander unterscheiden. Ein Grund dafür liegt in der unterschiedlichen Zielsetzung der drei Prüfungsarten. Bei der Internen Revision besteht das primäre Ziel darin, die Effektivität und Effizienz von Geschäftsprozessen und Maßnahmen zu beurteilen sowie Schwachstellen zu identifizieren und Verbesserungsvorschläge zu erarbeiten.[154] Daher kann angenommen

---

150 Vgl. Carmichael/Willingham/Schaller (1996), S. 629.
151 Vgl. Marten/Quick/Ruhnke (2003), S. 224-226.
152 Vgl. Moser/Lindegger (2000), S. 1186.
153 So werden allgemein als Prüfertypen unterschieden: *independent auditor*, *internal auditor* und *governmental auditor*. Vgl. Carmichael/Willingham/Schaller (1996), S. 21.
154 Vgl. Carmichael/Willingham/Schaller (1996), S. 25; Arens/Elder/Beasley (2003), S. 136.

werden, dass interne Prüfer ihre Zielstellung am besten erreichen, wenn sie das Lernpotential von Fehlern nutzen und die Mitarbeiter der geprüften Organisation in den Prozess der Fehlerbeurteilung und -beseitigung aktiv einbeziehen. Dieses Verhalten entspricht im Wesentlichen einer Strategie des Fehlermanagements.

Der externe Prüfer hat im Gegensatz dazu hauptsächlich die Richtigkeit, das heißt, die Gesetzmäßigkeit des Rechnungswesens zu beurteilen.[155] Er muss also die Abwesenheit von wesentlichen Fehlern testieren. Externe Prüfer werden ihre Zielstellung deshalb am besten erreichen, wenn sie eine Strategie der Fehlervermeidung befolgen. Die öffentliche Prüfung ist sowohl darauf ausgerichtet, die Richtigkeit des Rechnungswesens zu bestätigen als auch die Effektivität und Effizienz von Programmen oder Maßnahmen zu beurteilen.[156] Da auch hier die Verbesserung von Strukturen und Abläufen angestrebt wird, sollte auch für öffentliche Prüfer die Strategie des Fehlermanagements angemessener sein als die Strategie der Fehlervermeidung. Eine empirische Untersuchung dieses Zusammenhangs wird in Kapitel 6 dargestellt.

Schließlich werden Prüfungen anhand ihrer Regelmäßigkeit beziehungsweise Häufigkeit in periodische und aperiodische Prüfungen unterschieden.[157] Dieses Unterscheidungskriterium ist nicht unabhängig von den oben genannten Klassifikationen. So sind Jahresabschlussprüfungen gesetzlich vorgeschriebene Prüfungen, die periodisch stattfinden und bei denen der Prüfer einer anderen Organisation angehört als der zu prüfende Bereich. In der Internen Revision allerdings ist es sinnvoll, zwischen periodischen und aperiodischen Prüfungen zu unterscheiden. Es kann angenommen werden, dass es in der Internen Revision einen Zusammenhang zwischen der Häufigkeit der Prüfung und der Fehlerbehandlung des Prüfers gibt. Wenn eine bestimmte Abteilung oder Zweigstelle nur in größeren Abständen, z. B. alle fünf Jahre, geprüft wird, kann der Prüfer keine persönliche Beziehung zu den Mitarbeitern des geprüften Bereichs aufbauen. Er wird auch weniger an der Umsetzung seiner Verbesserungsvorschläge beteiligt sein, als wenn er den selben Bereich jährlich oder sogar noch häufiger prüft. Daher wird angenommen, dass sich ein Prüfer, wenn er den selben Bereich häufiger prüft, eher im Sinne des Fehler-

155 Vgl. Carmichael/Willingham/Schaller (1996), S. 22.
156 Vgl. Carmichael/Willingham/Schaller (1996), S. 23.
157 Vgl. Wysocki (1988), S. 27.

managements verhalten wird, als wenn er den selben Bereich nur selten prüft. Eine empirische Untersuchung dieser Annahme wird ebenfalls in Kapitel 6 dargestellt.

4.4.3.3. Rolle des Prüfers

Neben den Persönlichkeitsmerkmalen und den Einstellungen des Prüfers wird sein Verhalten auch durch die Rolle, die ihm zugeschrieben wird, bestimmt. Das Rollenkonzept bezieht sich auf die Tatsache, dass dieselben Reize der Umgebung auf das selbe Individuum unterschiedlich wirken können in Abhängigkeit von seiner von ihm wahrgenommenen Rolle.[158]

In den Verhaltenswissenschaften wird die soziale Rolle definiert als „sozial definiertes Verhaltensmuster, das von einer Person, die eine bestimmte Funktion in einer Gruppe hat, erwartet wird. Verschiedene soziale Situationen ermöglichen auch die Übernahme verschiedener Rollen."[159] Diese Definition hat auch Eingang gefunden in die Betrachtung der Rollen von Prüfern in der betriebswirtschaftlichen Prüfungslehre.[160]

Als zwei wesentliche Rollen für den Prüfer werden die Rolle als Kontrolleur und die Rolle als Berater beschrieben. Einerseits soll der Prüfer die Richtigkeit des Rechnungswesens überprüfen und Abweichungen an die Prüfungsadressaten berichten. Er soll Betrug und Fehler aufdecken und so die Funktionsweise des Systems sichern. Andererseits soll er Lösungen für spezifische operationale Probleme liefern. Hier soll er die Rolle des Beraters übernehmen.[161]

Neben der Rolle des Prüfers als Kontrolleur und der Rolle des Prüfers als Berater werden in der Literatur weitere Rollen genannt, die interne Prüfer in verschiedenen Unternehmen innehaben.[162] Ein Prüfer sollte ein Management-Berater sein, weil er dank seiner Kenntnis der gesamten organisationalen Struktur und Funktionen einen Überblick über

---

158 Vgl. Morgan/Pattinson (1975), S. 5, oder Pervin (1993), S. 327.

159 Zimbardo/Gerrig (1999), S. 410.

160 Vgl. beispielsweise Wilson/Wood (1985), S. 5, wo eine Rolle definiert wird als: „set of behavioral expectations that are attached to a social status or position".

161 Eine sehr anschauliche Beschreibung der beiden Rollen findet sich bei Wilson/Wood (1985), S. 5-8.

162 Vgl. Wilson/Wood (1985), S. 11-13.

das gesamte Unternehmen hat. Weiterhin hat die Interne Revision die Funktion, als Personalentwickler tätig zu sein, da sie häufig als Sprungbrett ins höhere Management dient. Der Prüfer sollte als Kommunikator agieren. Eine wichtige Aufgabe, die er zu erfüllen habe, liegt in der Vermittlung der Prüfungsergebnisse. Er sollte als Coach und als *Public-affairs liaison*[163] sowie als Ansprechpartner bei Problemen in der Organisation agieren.

Es kann davon ausgegangen werden, dass die Rolle des Prüfers, die ihm von anderen Personen zugeschrieben wird und die er selbst übernimmt, einen wesentlichen Einfluss auf seine Fehlerbehandlung haben wird. Ein Prüfer, der seine Rolle eher als Kontrolleur wahrnimmt, wird eher zu einer Strategie der Fehlervermeidung tendieren, während ein Prüfer, der sich als Berater und Unterstützer in Veränderungsprozessen versteht, eher zu einer Strategie des Fehlermanagements tendieren wird.

4.4.3.4. Charakteristika der Prüfungsorganisation

Neben der Art des Fehlers und den Merkmalen der Prüfung beeinflussen auch die Eigenschaften der Prüfungsorganisation das Verhalten des Prüfers. Zu diesen Eigenschaften zählen einerseits personale und organisationale Ressourcen sowie der Prüfungsansatz und das organisationale Klima in der Prüfungsorganisation.

Die personalen und organisationalen Ressourcen des Prüfers bestimmen den Zeitdruck, unter dem ein Prüfer arbeiten muss. So ist anzunehmen, dass ein Prüfer, der unter starkem Zeitdruck steht, eher dazu tendiert, nur die unbedingt notwendigen Prüfungshandlungen auszuführen. Er wird keinen Spielraum dafür sehen, den Geprüften in die Beurteilung und Behandlung der Prüfungsfeststellungen einzubeziehen. Daher wird er eher einer Strategie der Fehlervermeidung folgen.

Ein weiteres Merkmal der Prüfungsorganisation stellt der in der Organisation vertretene Prüfungsansatz dar. Wegen seiner intensiven wissenschaftlichen Untersuchung soll zunächst ein Aspekt des Prüfungsansatzes hervorgehoben werden: die Strukturiertheit des Prüfungsansatzes. In verschiedenen empirischen Untersuchungen konnte gezeigt werden,

---

163 Unter *Public-affairs liaison* verstehen die Autoren eine Person, die für die Interaktionen mit der Umwelt verantwortlich ist. Vgl. Wilson/Wood (1985), S. 13.

dass die Strukturiertheit des Prüfungsansatzes sich auf das Verhalten und die Leistung des Prüfers auswirkt. So wurde beispielsweise die Leistungsfähigkeit von Prüfern in Zusammenhang mit ihrer Kontrollorientierung untersucht. Danach leisten intern kontrollierte Prüfer bessere Arbeit in unstrukturierten Unternehmen, während extern kontrollierte Prüfer besser in strukturierten Unternehmen arbeiten.[164] Inwieweit allerdings die Strukturiertheit des Prüfungsansatzes und die bevorzugte Strategie der Fehlerbehandlung zusammenhängen, wurde bislang nicht untersucht.

Aus dem Ergebnis einer empirischen Untersuchung lassen sich jedoch Hinweise für die Fehlerbehandlung ableiten. So empfinden externe Prüfer in Prüfungsorganisationen mit unstrukturiertem Prüfungsansatz ein geringeres Ausmaß an Rollenkonflikten als Prüfer, die nach einem strukturierten Prüfungsansatz arbeiten.[165] Dagegen unterscheidet sich das Ausmaß der empfundenen Rollenambiguität nicht zwischen diesen Prüfern. Dieses Ergebnis kann so interpretiert werden, dass Prüfer, die nach einem strukturierten Prüfungsansatz arbeiten müssen, unterschiedliche und auch gegensätzliche Rollenanforderungen erleben. Die Strukturiertheit des Prüfungsansatzes gibt ihnen eine bestimmte Rolle vor. Da durch die Strukturiertheit des Ansatzes im Wesentlichen eine vollständige Abarbeitung aller relevanten Prüfungsobjekte gewährleistet werden soll, dient dieser Prüfungsansatz vor allem dazu, die wesentlichen Fehler möglichst vollständig zu entdecken. Er gibt somit die Rolle des Kontrolleurs und ein Verhalten im Sinne der Fehlervermeidung vor.

Andererseits haben die Prüfer wahrscheinlich selbst den Anspruch, auch beratend und unterstützend tätig zu sein. Diese Rollenauffassung ist naturgemäß konfliktär zur vorgegebenen Rolle des Kontrolleurs. In Prüfungsunternehmen mit unstrukturiertem Prüfungsansatz hingegen können die Prüfer entsprechend ihrer von außen an sie heran getragenen Rolle agieren und kommen nicht in Konflikt mit den Vorgaben durch den Prüfungsansatz.

---

164 Vgl. Hyatt/Prawitt (2001).

165 Vgl. Bamber/Snowball/Tubbs (1989), S. 293.

Es ist auch verständlich, dass die Prüfer in strukturierten und unstrukturierten Prüfungsunternehmen sich nicht hinsichtlich ihrer Rollenambiguität unterscheiden, da die Unsicherheit über die Ausgestaltung der Rolle für beide Prüfer bestehen bleibt. Um die Argumentation wieder zur Fehlerbehandlung des Prüfers zurückzuführen, kann geschlussfolgert werden, dass Prüfer mit strukturiertem Prüfungsansatz eher im Sinne der Fehlervermeidung agieren werden als Prüfer mit unstrukturiertem Prüfungsansatz. Die Begründung für diese Annahme liegt darin, dass Prüfern mit strukturiertem Prüfungsansatz durch die Verwendung und Abarbeitung der Prüfprogramme im Wesentlichen Handlungen im Sinne der Fehlervermeidung vorgegeben werden. Dieser Zusammenhang muss noch empirisch bestätigt werden.

Der Prüfungsansatz eines Prüfungsorgans ist neben der Strukturiertheit auch durch andere Aspekte gekennzeichnet. Mehr oder weniger indirekt finden sich in den Prüfungsansätzen auch Aussagen über den Umgang des Prüfers mit Fehlern des Geprüften. In Prüfungsorganisationen beispielsweise, in denen die Aufstiegschancen des Prüfers davon abhängen, wie viele Fehler er in den zu prüfenden Unterlagen findet, wird eher eine Strategie der Fehlervermeidung unterstützt. Dann wird der Prüfer bestrebt sein, möglichst viele Fehler zu berichten. Eine Kooperation mit den Mitarbeitern der geprüften Organisation in dem Sinne, dass Fehler zum Lernen genutzt werden, wird dann nicht gefördert. In der betriebswirtschaftlichen Literatur finden sich Vorstellungen von modernen Prüfungsansätzen[166], die sich insbesondere durch eine bestimmte Prüfungstechnik auszeichnen[167]. Hier kann gegenwärtig kein Zusammenhang zu einer bestimmten Strategie der Fehlerbehandlung argumentiert werden.

Neben dieser Ausrichtung auf eine bestimmte Prüfungstechnik werden auch vereinzelt Prüfungsansätze vorgestellt, die das konkrete Verhalten des Prüfers beschreiben. So finden sich Aufforderungen dazu, den Umgang des Prüfers mit den Fehlern des Geprüften zu verbessern. Dazu wird ein proaktiver, verantwortlicher und innovativer Prüfungsansatz gefordert, bei dem nicht die Fehlersuche im Zentrum steht, sondern die

---

166 Vgl. beispielsweise Züger (1998); Orth (1999); Moser/Lindegger (2000); Dyckerhoff (2001); Dörner (2002) und Heese (2003).

167 So fordert beispielsweise Heese, dass ein risikoorientierter, systemorientierter und prozessorientierter Prüfungsansatz verwendet wird, vgl. Heese (2003).

Verbesserung des Systems.[168] In der Literatur zur Entscheidungsfindung werden die Vorteile einer fehlerfreundlichen Einstellung formuliert: „A specific error mentality aimed at seeing incorrect analyses as a factual problem, which should be prevented in the future, rather than considering incorrect analyses as a personal fault, is also essential.“[169]

Im partizipativen Prüfungsansatz wird insbesondere hervorgehoben, dass der Prüfer sich als Spezialist versteht, der der geprüften Organisation helfen soll, die Unternehmensziele zu erreichen.[170] Die Kennzeichen des partizipativen Prüfungsansatzes sollen im Folgenden kurz dargestellt werden.[171] Ein Prüfer mit partizipativem Prüfungsansatz sucht aktiv die Mitarbeit der Geprüften bei der Entwicklung von Verbesserungsvorschlägen. Die Prüfungsergebnisse werden mit den Geprüften diskutiert und der Bericht enthält die gemeinsamen Ansichten von Prüfer und Geprüften mit einer umfassenden Einschätzung des Systems. Der Prüfer berichtet regelmäßig über den Fortgang der Prüfung und über seine Prüfungsfeststellungen. Insgesamt wird ein Ansatz der Gruppenarbeit angestrebt. Zentral an diesem Ansatz ist, dass Fehler nicht einzelnen Personen zugeschrieben sondern als Schwäche des Systems beurteilt werden. Fehler bieten eine Möglichkeit, die Schwachstellen zu entdecken und zu verbessern.[172] Es ist nahe liegend anzunehmen, dass Prüfer in einer Prüfungsorganisation mit partizipativem Ansatz eher eine Strategie des Fehlermanagements anwenden als Prüfer in einer Organisation mit traditionellem Prüfungsansatz. Die Strategie des Fehlermanagements scheint sogar ein zentraler Bestandteil des partizipativen Prüfungsansatzes zu sein.

Neben den Prüfungsansätzen kann sich auch das organisationale Klima in der Prüfungsorganisation auf die Fehlerbehandlung des Prüfers auswirken. Das organisationale Klima eines Unternehmens ist ein Teil seiner Organisationskultur, zu dem die geteilte Wahrnehmung darüber gehört, wie üblicherweise in der Organisation vorgegangen wird.[173] Es gibt empirische Hinweise dafür, dass dieses organisationale Klima wesentlich

---

168 Vgl. Hodge (2001).
169 Bronner (2003), S. 100.
170 Vgl. Institute of Internal Auditors (1972), S. 26.
171 Vgl. Pickett (2005), S. 283-284.
172 Vgl. Pickett (2005), S. 288-289.
173 Vgl. Dyck (1997), S. 113.

durch den direkten Vorgesetzten einer Abteilung bestimmt wird.[174] In der Literatur wird bereits vereinzelt formuliert, dass es für die Interne Revision anstrebenswert ist, eine Unternehmenskultur zu entwickeln, die durch einen offenen Umgang miteinander charakterisiert ist, durch eine gemeinsame Suche aller Organisationsmitglieder nach der besten Lösung sowie durch einen partizipativen Umgangsstil miteinander.[175] Es wird gefordert, dass das „Eingestehen und Kommunizieren von Fehlern ... möglich sein“[176] sollte. Diese Forderung wird in einer Kultur des Fehlermanagements in der Prüfungsorganisation umgesetzt. Das bedeutet, dass die Prüfer sich in der Prüfungsorganisation üblicherweise mit ihren eigenen Fehlern aktiv auseinandersetzen und offen über ihre Fehler kommunizieren. Diese Organisationskultur muss in Übereinstimmung mit dem Führungsstil des Leiters sein, da es wichtig ist, dass die Prüfer sich der Unterstützung durch ihre Vorgesetzten sicher sind.[177]

Inwieweit allerdings eine Organisationskultur innerhalb des Prüfungsorgans, die eher zur Fehlervermeidung beziehungsweise zum Fehlermanagement tendiert, das konkrete Verhalten des Prüfers beim Umgang mit den Fehlern des Geprüften beeinflusst, ist noch zu klären. Es kann angenommen werden, dass das organisationale Fehlerklima eine bestimmte Einstellung zu (eigenen) Fehlern fördert und damit auch den Umgang mit den Fehlern anderer zumindest indirekt beeinflusst. Andererseits muss dieser Zusammenhang auch nicht sehr ausgeprägt sein, wenn andere situationale Bedingungen, wie die primäre Zielstellung der Prüfung, diesen Einfluss überlagern. Eine empirische Untersuchung des Zusammenhangs zwischen dem organisationalen Fehlerklima einer Prüfungsorganisation und der Fehlerbehandlung durch den Prüfer wird in Kapitel 6 beschrieben.

4.4.4. Interaktion zwischen Prüfer und Geprüften

4.4.4.1. Einstellungen des Prüfers

Neben den personalen und situationalen Bedingungen beeinflusst auch die konkrete Interaktion mit dem Geprüften das (Fehlerbehandlungs-)Verhalten des Prüfers.

---

174 Vgl. Edmondson (1996), S. 24.
175 Vgl. Brand-Noé (2002b), S. 54.
176 Blümel/Haeußler/Pröpsting (2002), S. 56.
177 Vgl. Wilson/Wood (1985), S. 68.

Prüfungen haben einen Interaktionscharakter[178], das heißt, das Verhalten aller Beteiligten beeinflusst sich gegenseitig. Diese Interaktion sollen in diesem Abschnitt näher untersucht werden. Dazu werden zunächst die Einstellungen[179] und Erwartungen der Prozessbeteiligten sowie deren Wirkungen auf das Verhalten beschrieben, bevor Aussagen über die Person und die Situation des Geprüften und ihren Einfluss auf den Prüfungsprozess zusammengetragen werden. Dabei wird der Zusammenhang dieser Einflussgrößen mit der Strategie der Fehlerbehandlung des Prüfers diskutiert.

Zunächst sollen die Einstellungen des Prüfers bezogen auf die Person des Geprüften und die Ziele der Prüfung vorgestellt werden. Die Einstellung wird dabei definiert als eine „gelernte, relativ stabile Tendenz, auf Menschen, Konzepte und Ereignisse wertend zu reagieren“[180]. Häufig sind diese Einstellungen von Personen mit Erwartungen verbunden.[181] Erwartungen sind „die Vorwegnahme und zugleich Vergegenwärtigung eines kommenden Ereignisses“[182]. Es wird davon ausgegangen, dass sich die Einstellungen des Prüfers auf sein Verhalten im Prüfungsprozess auswirken. „One auditor with the wrong attitude can ruin an otherwise effective audit operation.“[183]

Seine Einstellungen werden sich inbesondere auf seinen Umgang mit den Fehlern des Geprüften, auf seine Fehlerbehandlung, auswirken. In Abhängigkeit davon, welche Ziele er mit der Durchführung der Prüfung verfolgt, wird er sein Verhalten anpassen. Wenn der Prüfer die Entdeckung von Fehlern als oberstes Ziel der Prüfung betrachtet, wird sein Verhältnis zum Geprüften weniger wichtig sein, als wenn er konstruktive Vorschläge zur Verbesserung der Abläufe und Strukturen unterbreitet, die auch umgesetzt werden sollen. Für die Umsetzung der Verbesserungsvorschläge ist es notwendig, dass die Geprüften die Ergebnisse und Empfehlungen des Prüfers akzeptieren. Mints hat das folgendermaßen formuliert: „If he is concerned only with the detection of fraud or misconduct, good

---

178 Vgl. Richter (1999b), S. 274-280.

179 Es besteht Einigkeit darüber, dass Einstellungen das Verhalten beeinflussen, aber nicht allein bestimmen. Das Verhalten orientiert sich dann am stärksten an den Einstellungen, wenn diese möglichst spezifisch und leicht verfügbar sind. Vgl. Zimbardo/Gerrig (2004), S. 775-776.

180 Zimbardo/Gerrig (2004), S. 774.

181 Vgl. Häcker/Stampf (2004), S. 234.

182 Häcker/Stampf (2004), S. 271.

183 Berry (1976), S. 45.

rapport with the auditees may be of little importance."[184] und „If, however, the auditor's primary concern is to make constructive suggestions toward organizational improvements, auditee rapport will be a highly important factor"[185]. Zur Einstellung des Prüfers zur Prüfung beziehungsweise zu seiner Wahrnehmung der primären Zielstellung der Prüfung existiert bislang nur wenig empirische Forschung. Implizit wird davon ausgegangen, dass die Prüfer die Normen und berufständischen Regulierungen so verinnerlichen, dass es keine interindividuellen Unterschiede zwischen einzelnen Prüfern hinsichtlich der wahrgenommenen Zielstellung der Prüfung gibt.

In Befragungen gaben externe und interne Prüfer an, dass sie glauben, die Geprüften würden nicht den Zweck einer Prüfung einsehen und verstehen.[186] Die Prüfer glauben weiterhin, dass die Geprüften ein verzerrtes Bild von ihnen haben.[187] Unterstützt wird diese Einstellung dadurch, dass sie feindliches Verhalten bei Geprüften wahrnehmen, wie beispielsweise negative nonverbale Signale, negatives verbales Verhalten (z. B. Witze über den Prüfer), mangelnde Zusammenarbeit und Versuche, den Prüfer einzuschüchtern.[188] Weiterhin wird berichtet, dass Prüfer den Eindruck haben, dass die Beziehung zwischen ihnen und den Geprüften nicht so einseitig ist, wie das von den Geprüften meistens dargestellt wird. Vielmehr verwenden die Mitarbeiter der geprüften Organisation die Aussagen der Prüfer für politische Zwecke oder als Unterstützung bei der Durchsetzung von Veränderungen.[189] Die Prüfer fühlen sich ausgenutzt. Insgesamt scheint es Hinweise dafür zu geben, dass sich die Prüfer einem unverständigen, feindselig eingestellten Geprüften gegenüber sehen. Aber welche empirischen Beweise gibt es für diese feindselige Einstellung der Geprüften?

4.4.4.2. Einstellungen der Geprüften

In der betriebswirtschaftlichen Prüfungslehre wurde die Person des Geprüften bislang kaum berücksichtigt. In der aktuelleren Forschung konzentrieren sich die

[184] Mints (1973), S. 32.
[185] Mints (1973), S. 33.
[186] Vgl. Clancy/Collins/Rael (1980), S. 45, und Wilson/Wood (1985), S. 53.
[187] Vgl. Wilson/Wood (1985), S. 55.
[188] Vgl. Wilson/Wood (1985), S. 58.
[189] Vgl. Wilson/Wood (1985), S. 59.

Untersuchungen auf die Erwartungen der Geprüften, die Prüfungsergebnisse durch Verhandlungen mit dem Prüfer beeinflussen zu können.[190] Über die Einstellung der Geprüften zur Zielstellung der Prüfung und zur Person des Prüfers wurden lediglich Aufsätze aus den 1970er und 80er Jahren gefunden. In diesen Aufsätzen wird in der Regel pauschal davon ausgegangen, dass die Geprüften sich „naturgemäß" in einem gestressten Zustand befinden, wenn sie kontrolliert werden.[191] Die Geprüften empfinden demnach bei jeder Prüfung Angst und Ärger und bauen eine Verteidigungshaltung gegenüber dem Prüfer auf.[192] Empirisch konnte diese Behauptung bislang nicht bestätigt werden. Vielmehr finden sich Hinweise dafür, dass die Geprüften eine Prüfungen nicht als wesentliche Störung wahrnehmen.[193] Sie erleben den Prüfer als technisch kompetent.[194] Insgesamt sind sie der Meinung, dass Kommunikation und Kooperation wichtig für die Durchführung effektiver Prüfungen sind. Sie glauben, dass Prüfer ein faires Ausmaß an Kooperation zeigen.[195] Insgesamt scheinen die Geprüften ein positiveres Bild von Prüfern zu haben als die Prüfer das erwarten.[196]

Tatsächlich scheint es so zu sein, dass die Einstellungen von Prüfern und Geprüften gar nicht so unterschiedlich sind, wie Prüfer das annehmen. So wurden in einer empirischen Studie die Einstellungen von Prüfern und Geprüften miteinander verglichen. Sie wurden einerseits darüber befragt, welche allgemeinen Einstellungen sie zur Glaubwürdigkeit von Menschen[197] haben, andererseits über ihre Einstellungen zur Bürokratie. Hier wurde gefragt, für wie wichtig Kontrolle in der Organisation gehalten wird, wie wichtig die Einhaltung der Regeln ist und inwieweit Nichteinhaltung von Regeln geahndet werden sollte.[198] Es zeigte sich, dass sich Prüfer und Geprüfte hinsichtlich dieser Einstellungen

---

190 Vgl. beispielsweise Iyer/Rama (2004).
191 Vgl. Ingrisch (1972), S. 97.
192 Vgl. Wilson/Wood (1985), S. 58.
193 Vgl. Clancy/Collins/Rael (1980), S. 46.
194 Vgl. Clancy/Collins/Rael (1980), S. 46-47.
195 Vgl. Clancy/Collins/Rael (1980), S. 46.
196 Vgl. Institute of Internal Auditors (1972), S. 76; Schroeder (1980), S. 42.
197 Unter allgemeiner Einstellung zur Glaubwürdigkeit verstehen die Autoren der Studie: „views held about the honesty and trustworthiness of other people in general, and the degree of interest which people take in their work", Morgan/Pattinson (1975), S. 12.
198 Vgl. Morgan/Pattinson (1975), S. 12.

nicht voneinander unterscheiden.[199] Die Geprüften geben sogar an, dass sie es für sinnvoll halten, dass ihre Arbeitsergebnisse durch eine unabhängige Stelle überprüft werden.[200] Sowohl Prüfer als auch Geprüfte sehen die wesentliche Aufgabe der Prüfung in der Kontrolle der Arbeitsergebnisse.[201]

Insgesamt scheinen die Prüfer und die Geprüften eine ähnliche Einstellung zur Zielstellung der Prüfung zu haben. Allerdings unterscheidet sich das Bild, das Prüfer von den Einstellungen der Geprüften haben, wesentlich von den tatsächlichen Einstellungen der Geprüften. Welche Auswirkungen kann diese Divergenz zwischen erwarteter und tatsächlicher Einstellung der Geprüften für den Prüfungsprozess haben?

In der Psychologie ist der Effekt des erwartungsbeständigen Verhaltens bekannt. Eine Person verhält sich gegenüber einer anderen Person aufgrund ihrer Erwartung über diese andere Person so, dass bei dieser anderen Person genau das erwartete Verhalten ausgelöst wird.[202] Auf die Prüfungssituation übertragen kann man davon ausgehen, dass der Prüfer sich entsprechend seinen Erwartungen verhält. Wenn er beispielsweise annimmt, dass der Geprüfte ihm gegenüber feindselig eingestellt ist, verhält er sich von vornherein distanzierter. Gerade dieses Verhalten des Prüfers aber bewirkt oder verstärkt das feindselige Verhalten des Geprüften. Andererseits wird ein Prüfer, der keine Feindseligkeit seitens des Geprüften erwartet, sich offener und freundlicher gegenüber diesem verhalten. In der Folge wird auch der Geprüfte sich wahrscheinlich weniger feindselig verhalten.

Wenn, wie die Hinweise aus den vorgestellten empirischen Studien nahe legen, Prüfer mit negativen Erwartungen an die Prüfung herangehen, so ist anzunehmen, dass sie sich entsprechend ihrer Erwartungen distanziert verhalten werden. Sie gehen davon aus, dass sich die Geprüften gestört fühlen und dass sie die Prüfung als lästiges Übel oder gar als Bedrohung ihrer Person empfinden. Ein Prüfer mit diesen negativ geprägten Erwartungen bezüglich der Einstellung der Geprüften wird eher zu einer Strategie der Fehlerver-

---

199 Vgl. Morgan/Pattinson (1975), S. 19.
200 Vgl. Clancy/Collins/Rael (1980), S. 48.
201 Vgl. Morgan/Pattinson (1975), S. 28.
202 Vgl. Zimbardo/Gerrig (2004), S. 772.

meidung tendieren als ein Prüfer, der eine positive Reaktion des Geprüften erwartet. Anders formuliert kann davon ausgegangen werden, dass eine positive Einstellung des Prüfers gegenüber den Geprüften eine notwendige Voraussetzung für die Anwendung der Strategie des Fehlermanagements ist. Es ist nicht möglich, einen eindeutigen kausalen Zusammenhang zwischen der Einstellung des Prüfers und seiner bevorzugten Strategie der Fehlerbehandlung zu formulieren. Einerseits wird die Einstellung die Wahl der Fehlerbehandlungs-Strategie beeinflussen. Andererseits wird auch die bevorzugte Fehlerbehandlungs-Strategie die Erfahrung des Prüfers und damit zukünftig seine Erwartungen bezogen auf das Verhalten des Geprüften beeinflussen. Ein wechselseitiger Zusammenhang kann angenommen werden.

4.4.4.3. Verhalten des Prüfers und des Geprüften

Eine weitere Differenz zwischen Selbstbild des Prüfers und seiner Wahrnehmung durch den Geprüften konnte in einer empirischen Untersuchung gefunden werden. Während Prüfer ihr eigenes Verhalten als beratend ansehen, beschreiben die Geprüften das Verhalten des Prüfers als kontrollierend. Diese Differenz kann eine Ursache für Konflikte zwischen Prüfer und Geprüften sein.[203] In der Interpretation der Ergebnisse wird festgehalten, dass es eine wesentliche Eigenschaft von Beratungsleistungen ist, dass sie eingefordert oder nachgefragt werden müssen und nicht vom Prüfer vorgegeben werden. Die vorgegebene Beratungsleistung wird eher als Belehrung und nicht als Beratung verstanden. Sie wird daher eher vom Geprüften abgelehnt. Außerdem ist es für echte Beratungsleistungen notwendig, dass der Geprüfte die Informationen als für sich relevant betrachtet.[204]

Welche Schlussfolgerungen lassen sich aus diesen Ergebnissen auf die Fehlerbehandlung des Prüfers ziehen? Da das Verhalten des Prüfers auch durch seine Einstellungen und Erwartungen beeinflusst wird, sollten Prüfer darauf achten, dass ihre Einstellung den Geprüften gegenüber und ihre Strategie der Fehlerbehandlung zueinander passen. Ein Prüfer mit einer Strategie des Fehlermanagements sollte demnach grundsätzlich eine positive Einstellung zu den Geprüften haben und den Geprüften nicht von vornhinein

---

203 Vgl. Morgan/Pattinson (1975), S. 28.
204 Vgl. Morgan/Pattinson (1975), S. 30.

Feindseligkeit unterstellen. Prüfer mit einer Strategie der Fehlervermeidung erwarten wahrscheinlich eher abwehrendes Verhalten des Geprüften und bestärken die Geprüften durch ihr autoritäres und wenig partnerschaftliches Auftreten in ihrer Einstellung. Da es sich bei diesem Zusammenhang um eine zentrale Annahme zum Verständnis des prüferischen Verhaltens handelt, sollte weitere empirische Forschung folgen.

Das konkrete Verhalten des Geprüften wurde bislang in der Literatur zur betriebswirtschaftlichen Prüfungslehre nicht berücksichtig. Dennoch kann davon ausgegangen werden, dass dieses Verhalten einen Einfluss darauf haben wird, wie der Prüfer in einer konkreten Prüfungssituation die Fehler des Geprüften behandelt.

4.4.4.4. Eigenschaften und Situation des Geprüften

Die Interaktion zwischen Prüfer und Geprüften wird ebenfalls durch die Persönlichkeit des Geprüften und durch seine Situation beeinflusst. Diese Aspekte wurden in der Forschung zur betriebswirtschaftlichen Prüfungslehre bislang wenig berücksichtigt. Die Eigenschaften von Geprüften wurden fast ausschließlich im Zusammenhang mit der Urteilsbildung des Prüfers betrachtet. Dabei wurde beispielsweise untersucht, welche Eigenschaften des Geprüften eher Vertrauen beim Prüfer bewirken, so dass dieser seine Prüfungshandlungen abkürzt.[205]

Es kann darüber hinaus gehend davon ausgegangen werden, dass sich die Eigenschaften und die situativen Bedingungen des Geprüften auch auf das konkrete Verhalten des Prüfers auswirken werden. Die Situation des Geprüften in der Prüfungssituation dürfte wesentlich beeinflusst werden durch die Eigenschaften der eigenen Organisation einschließlich des organisationalen (Fehlerbehandlungs-)Klimas. Auch die spezifischen Bedingungen seiner Arbeitsaufgabe beeinflussen die Einstellung des Geprüften zur Prüfung und sein Verhalten gegenüber dem Prüfer.

Es wird in der betriebswirtschaftlichen Literatur bereits gefordert, dass der Prüfer in seiner Vorgehensweise die Organisationskultur der geprüften Organisation

---

[205] Vgl. Shaub (1996).

berücksichtigen sollte.[206] „Studying the culture of an audited organization or unit can offer guidance to auditors on how best to perform their duties."[207] Anhand der Kultur in der geprüften Organisation könne der Prüfer seine Prüfungsschwerpunkte spezifizieren sowie die Art der Berichterstattung anpassen.[208] Wenn das organisationale Klima in der geprüften Organisation auf Fehlervermeidung ausgerichtet ist, so wird der Geprüfte erwarten, dass die Prüfung in erster Linie dem Ziel dient, möglichst viele Fehler aufzudecken und die Verantwortlichen für die Fehler zu benennen. Er wird die Prüfung eher als Bedrohung erleben und sich abwehrend verhalten beziehungsweise versuchen, die Prüfung zu behindern. Wenn der Geprüfte aber weiß, dass in seinem Unternehmen eine Kultur des Fehlermanagements herrscht, so wird er in der Prüfung eher die Zielstellung sehen, Schwachstellen im System zu identifizieren und Prozesse und Abläufe gemeinsam mit dem Prüfer zu verbessern. In diesem Fall wird er weniger ein Gefühl der Bedrohung erleben, da er weiß, dass Fehler nicht grundsätzlich negativ beurteilt werden. Er kann sich eher auf eine aktive Zusammenarbeit mit dem Prüfer einlassen und diesen bei der Prüfung unterstützen.

Auch für den Prüfer sind die Erfahrungen aus früheren Prüfungen relevant. Er weiß dann, wie in der geprüften Organisation üblicherweise mit Fehlern umgegangen wird. Aus diesem Grunde beeinflusst das organisationale Fehlermanagement-Klima der geprüften Organisation ebenfalls das Verhalten des Prüfers. Für den Prüfer ist es wichtig zu wissen, in welchem Ausmaß Fehler im geprüften Unternehmen als notwendiger Teil des Lern- und Verbesserungsprozesses akzeptiert werden. Das kann als Indikator dafür angesehen werden, dass fehlerfreundliche Strukturen unterstützt werden.[209]

Weiterhin wird das Verhalten des Geprüften in der Prüfung durch Eigenschaften seiner Arbeitsaufgabe beeinflusst. So gibt es empirische Hinweise darüber, dass der Geprüfte in Abhängigkeit von der Komplexität seiner Arbeitsaufgabe die Verbesserungsvorschläge des Prüfers unterschiedlich beurteilt. Die Verbesserungsvorschläge des Prüfers bezogen sich in dieser Studie darauf, wie der Geprüfte die formale Kontrolle in seiner

---

206 Vgl. Burnett (1983), S. 18.
207 Wilson/Wood (1985), S. 67.
208 Vgl. Burnett (1983), S. 18.
209 Vgl. Maier/Rosenstiel (1997), S. 105.

Arbeitssituation verbessern kann. Wenn der Geprüfte hauptsächlich einfache Aufgaben in einer stabilen Umgebung ausführt, dann können die Informationen des Prüfers vom Geprüften als willkommen und hilfreich angesehen werden. Wenn der Geprüfte allerdings in einer sich verändernden Umgebung relativ komplexe Aufgaben bearbeiten muss, dann werden die Informationen des Prüfers als unwichtig oder sogar als potentielles Hindernis bei der Aufgabenbearbeitung betrachtet.[210]

Der Prüfer muss demnach die Inhalte und die Form seiner Rückmeldung auch an die Arbeitsaufgabe des Geprüften anpassen. Während er bei gut strukturierten Arbeitsaufgaben direkte Hinweise und Ratschlägen geben darf, sollte er bei eher komplexen Arbeitsaufgaben die Lösungen immer gemeinsam mit dem Geprüften erarbeiten, damit sie akzeptiert werden. Hier findet sich wieder ein Hinweis darauf, dass die Strategie der Fehlerbehandlung auch an die Arbeitsaufgabe des Geprüften angepasst werden muss. Wenn relativ einfache Arbeiten geprüft werden, kann eine Strategie der Fehlervermeidung angemessen sein. Bei komplexen Tätigkeiten hingegen scheint eine aktive Beteiligung des Geprüften im Sinne des Fehlermanagements sinnvoll zu sein.

4.4.5. Zusammenfassung der Einflussfaktoren

Bevor damit begonnen wird, die Wirkungen der Fehlerbehandlung zu beschreiben, sollen in einer kurzen Darstellung noch einmal die Faktoren zusammengefasst werden, die bestimmen, welche Strategie der Fehlerbehandlung vorteilhaft sein könnte. Wie bereits erläutert, lassen sich die Einflussfaktoren in personale Faktoren, situationale Faktoren sowie den Einfluss aus der Interaktion zwischen Prüfer und Geprüfte unterteilen.

Bei den personalen Faktoren wurde herausgearbeitet, dass ein Prüfer, der nach der Strategie des Fehlermanagements handelt, eher extravertiert sein sollte, verträglich und offen für neue Erfahrungen. Die Eigenschaften Gewissenhaftigkeit und Neurotizismus haben wahrscheinlich keinen Einfluss auf die Fehlerbehandlung des Prüfers. Es wurde argumentiert, dass ein Zusammenhang zwischen der individuellen Fehlerorientierung des Prüfers und seiner bevorzugten Strategie der Fehlerbehandlung bestehen könnte. Weiterhin stellen die interpersonalen Fähigkeiten eine wesentliche Voraussetzung dafür

---

[210] Vgl. Morgan/Pattinson (1975), S. 31.

dar, dass der Prüfer eine Strategie des Fehlermanagements anwenden kann. Wenn also gewünscht wird, dass Prüfer die Fehler des Geprüften im Sinne des Fehlermanagements behandeln, so müssen die interpersonalen Fähigkeiten gezielt geschult werden.

Bei den situationalen Einflussfaktoren können ebenfalls verschiedene Zusammenhänge angenommen werden. Die Strategie der Fehlerbehandlung muss auf die Art des Fehlers abgestimmt sein. Bei Fehlern auf niedrigen kognitiven Regulationsebenen kann eine Strategie der Fehlervermeidung sinnvoll sein, während bei Fehlern auf höheren kognitiven Regulationsebenen die Strategie des Fehlermanagements angemessen sein wird. Weiterhin wurde argumentiert, dass die Art der Prüfung das Verhalten des Prüfers beeinflusst. Bei Rechtmäßigkeits- und Ordnungsmäßigkeitsprüfungen sowie bei Aufdeckungs- und Unterschlagungsprüfungen sind Fehler relativ eindeutig zu bestimmen, da die zugrunde liegenden Normen wenig Interpretationsspielraum zulassen. In diesem Fall wird eine Strategie der Fehlervermeidung angemessen sein. Bei Wirtschaftlichkeits- und Geschäftsführungsprüfungen ist dagegen der Unschärfebereich ausgeprägter und eine Strategie des Fehlermanagements wird zu bevorzugen sein. Es wurde weiterhin argumentiert, dass interne und öffentliche Prüfer wahrscheinlich eher zu einer Strategie des Fehlermanagements tendieren, während externe Prüfer eher einer Strategie der Fehlervermeidung folgen. Prüfungen, die häufiger durchgeführt werden, sollten eher mit einer Strategie des Fehlermanagements behandelt werden als Prüfungen, die einmalig oder zumindest selten sind. Neben diesen Eigenschaften der Prüfung werden auch Einflussgrößen aus der Prüfungsorganisation das Verhalten des Prüfers beeinflussen. So werden sowohl Zeitdruck als auch ein strukturierter Prüfungsansatz eher die Strategie der Fehlervermeidung begünstigen. Wenn die Prüfungsorganisation allerdings einen partizipativen Prüfungsansatz verfolgt, so wird eher eine Strategie des Fehlermanagements angewandt werden. Auch das organisationale Fehlerklima in der Prüfungsorganisation kann die Fehlerbehandlung durch den Prüfer beeinflussen.

Die Interaktion zwischen Prüfer und Geprüften bestimmt ebenfalls in einem iterativen Prozess das Verhalten des Prüfers. Diese Interaktion wird wesentlich bestimmt durch die Einstellungen der Prozessbeteiligten sowie durch personale und situationale Bedingungen des Geprüften. Es wurde argumentiert, dass insbesondere die Einstellung des Prüfers zu seiner Strategie der Fehlerbehandlung passen sollte. So sollte ein Prüfer mit einer Strategie des Fehlermanagements eine positive Einstellung zu den Geprüften haben und nicht von vornherein Abwehr und feindseliges Verhalten erwarten. Auch sollte er sein

Verhalten an die Persönlichkeit des Geprüften und dessen Arbeitsaufgabe anpassen und das organisationale Fehlerklima in der geprüften Organisation berücksichtigen.

Die oben erläuterten Zusammenhänge sind in Abbildung 6 schematisch dargestellt. Dabei muss einschränkend festgestellt werden, dass diese Darstellung eine Vereinfachung in dem Sinne darstellt, dass die Einflussfaktoren teilweise nicht unabhängig voneinander sind. Es würde allerdings weit über die hier zu leistende Arbeit hinausgehen, wenn bereits jetzt versucht werden würde, die Zusammenhänge der einzelnen Einflussfaktoren untereinander darzustellen. Diese Untersuchung steht noch aus und verspricht ebenfalls wichtige Einsichten für das Verständnis der Fehlerbehandlung eines Prüfers.

Abbildung 6: Übersicht der potentiellen Einflussfaktoren für die Fehlerbehandlung

4.5. Wirkung der Fehlerbehandlung des Prüfers

4.5.1. Systematisierung der Wirkungen

Die Fehlerbehandlung des Prüfers, als Teil des Prüfungsprozessverlaufs, beeinflusst die Ergebnisse und Wirkungen von Prüfungen. Dabei werden Prüfungsergebnisse als unmittelbare Folgen der Prüfung beschrieben, während unter Prüfungswirkungen die vom Prüfungsprozess isolierbaren Entscheidungsprozesse, die teilweise unabhängig vom Prüfer sind, verstanden werden.[211] Die Prüfungswirkungen werden von den Prüfungsergebnissen ausgelöst. Im Rahmen dieser Arbeit werden ausschließlich die Wirkungen berücksichtigt, die sich für die unmittelbar beteiligten Personen und Organisationen ergeben. Weitere Wirkungen, wie beispielsweise für die prozessunabhängigen Prüfungsadressaten, werden im Analyserahmen nicht berücksichtigt. Ein wesentliches Prüfungsergebnis ist der abschließende Prüfungsbericht. Die Wirkungen der Prüfung sind vielfältiger. Wie in Abbildung 7 zu erkennen, lassen sich die Wirkungen der Prüfung einerseits in Wirkungen für die Geprüften und die geprüfte Organisation, andererseits in Wirkungen für die Prüfer und die Prüfungsorganisation unterteilen. Außerdem hat die Prüfung Auswirkungen auf die Beziehung zwischen dem Prüfer und den Geprüften und zwischen den beiden Organisationen.

[211] Vgl. Richter (1999b), S. 296.

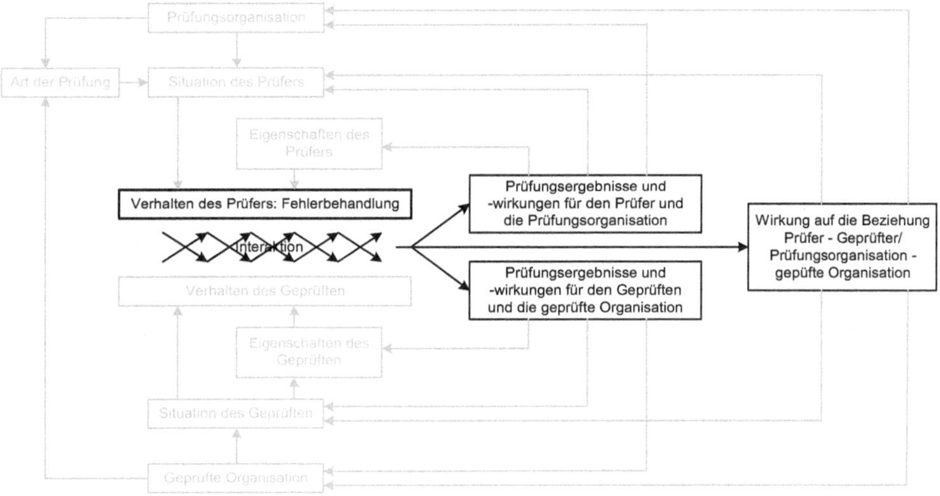

Abbildung 7: Wirkungen der Fehlerbehandlung im Analyserahmen

Die Prüfungswirkungen sind in der Regel schlecht zu prognostizieren und zu quantifizieren. Außerdem muss festgehalten werden, dass die Wirkungen der Prüfung von einzelnen Personengruppen unterschiedlich wahrgenommen werden können. Da die schlechte Quantifizierbarkeit insbesondere für die positiven Prüfungswirkungen gilt, wird die Vorteilhaftigkeit von Prüfungen häufig unterschätzt.[212] Im Folgenden soll versucht werden, die Wirkungen von Prüfungen für die Prozessbeteiligten systematisch darzustellen und zu diskutieren, inwieweit die einzelnen Wirkungen mit der Strategie der Fehlerbehandlung durch den Prüfer zusammenhängen. Dabei werden zunächst die Wirkungen für die Geprüften, den Prüfer und die Beziehung zwischen Prüfer und Geprüften dargestellt, bevor die Wirkungen für die Qualität der Prüfung sowie für die geprüfte Organisation und die Prüfungsorganisation diskutiert werden.

---

212 Vgl. Richter (2000), S. 665.

4.5.2. Wirkungen für den Geprüften

4.5.2.1. Positive Prüfungswirkungen

Zu den Prüfungswirkungen für die Mitarbeiter der geprüften Organisation gehören einerseits die Wirkungen, die sich direkt für die Person des Geprüften ergeben, andererseits auch die Wirkungen auf seine Arbeitsergebnisse und seine Arbeitstätigkeit. Diese Prüfungswirkungen lassen sich in positive und negative Wirkungen unterteilen. Zunächst soll mit der Diskussion der positiven Prüfungswirkungen und ihrer Zusammenhänge zur Strategie der Fehlerbehandlung begonnen werden.

Zu den positiven Prüfungswirkungen zählen die Vertrauensfunktion, die Korrektivfunktion, die Schulungsfunktion sowie die prophylaktische Funktion.[213] Die Vertrauensfunktion von Prüfungen beschreibt die Tatsache, dass in Folge einer Prüfung die Glaubwürdigkeit der geprüften Arbeitsergebnisse und der geprüften Personen steigen.[214] Für diese Wirkung von Prüfungen kann kein Zusammenhang zur Strategie der Fehlerbehandlung durch den Prüfer argumentiert werden. Es ist nicht zu begründen, dass durch eine bestimmte Strategie der Fehlerbehandlung die Glaubwürdigkeit der geprüften Ergebnisse mehr oder weniger erhöht wird. Allein das Wissen darum, dass eine Prüfung der Arbeitsergebnisse stattgefunden hat, erhöht deren Glaubwürdigkeit, wenn die Prüfungsadressaten davon ausgehen, dass die Prüfung mit guter Qualität durchgeführt wurde.

Die Korrektivfunktion von Prüfungen beinhaltet die Korrektur von Abweichungen und Fehlern in den geprüften Sachverhalten.[215] In dieser Wirkung kann ein wesentlicher Nutzen von Prüfungen gesehen werden: „The number of recommendations implemented is a highly relevant measure of audit effectiveness."[216] Dabei ist nicht nur die Korrektur der gefundenen Fehler gemeint, sondern insbesondere auch die Verbesserung des Systems und die Veränderungen im Verhalten der Mitarbeiter in der geprüften

---

213 Vgl. Richter (2000), S. 659-660.
214 Vgl. Limperg (1985), S. 16-19.
215 Vgl. Richter (2000), S. 659.
216 Gansberghe (2005), S. 71-72. Vgl. auch ausführlicher die Darstellungen zum Prüfer als *change agent* in Richter (1999a) sowie Peemöller/Richter (2000), S. 34-40.

Organisation.[217] Empirisch konnte nachgewiesen werden, dass die empfohlenen Verbesserungsvorschläge dann besser von den Geprüften umgesetzt wurden, wenn der Prüfer einen partizipativen Prüfungsstil angewendet hat als bei traditionellem Prüfungsstil.[218] Ein wesentliches Kennzeichen des partizipativen Prüfungsstils ist, dass der Prüfer offen und akzeptierend mit den Fehlern der Geprüften umgeht.[219] Es kann daher angenommen werden, dass die Korrektivfunktion von Prüfungen besser erreicht wird, wenn der Prüfer im Sinne des Fehlermanagements handelt, als wenn er der Strategie der Fehlervermeidung folgt. Insbesondere hängt es auch von der Beziehung zwischen Prüfer und Geprüften ab, inwieweit die Verbesserungsvorschläge des Prüfers angenommen werden.[220] Ein Prüfer mit einer Strategie des Fehlermanagements sollte weiterhin eine bessere Beziehung zum Geprüften aufbauen als ein Prüfer mit einer Strategie der Fehlervermeidung.[221] Auch aus diesem Grunde sollten die Geprüften eher bereit sein, die Verbesserungsvorschläge bei einer Prüfung mit Fehlermanagement-Strategie umzusetzen, als wenn die Prüfung mit einer Strategie der Fehlervermeidung durchgeführt wird.

Die Schulungsfunktion, als dritte positive Prüfungswirkung, beschreibt den Aspekt der Prüfung, dass Prüfer Wissen an die Mitarbeiter der geprüften Organisation vermitteln.[222] Auch für die Schulungsfunktion von Prüfungen kann argumentiert werden, dass sie von der Strategie der Fehlerbehandlung des Prüfers abhängt. Durch eine Fehlerbehandlung im Sinne des Fehlermanagements wird individuelles und organisationales Lernen gezielt gefördert.[223] Es wurde empirisch belegt, dass eine Person, die eher Lernziele verfolgt, also eher im Sinne des Fehlermanagements agiert, bei Fehlern anderer Personen mit gezielter Wissensvermittlung und Unterstützung reagiert. Im Gegensatz dazu bevorzugen Personen, die Leistungsziele verfolgen, also eher im Sinne der Fehlervermeidung handeln, bei Fehlern anderer Personen bestrafende Handlungen.[224] Wenn ein Prüfer im Sinne des Fehlermanagements agiert, betont er insbesondere die Funktion von Fehlern

---

217 Vgl. Richter (1999a), S. 356.
218 Vgl. Institute of Internal Auditors (1972), S. 78-79.
219 Vgl. Abschnitt 2.4.2.2.
220 Vgl. Baker (1978).
221 Dieser Zusammenhang wird in Abschnitt 4.5.4 dieser Arbeit erläutert.
222 Vgl. Richter (2000), S. 659-660.
223 Vgl. Abschnitt 3.5.2.
224 Vgl. Dweck (1996), S. 83.

für das Lernen. Eine Vermittlung von Wissen und von Kompetenzen im Umgang mit Fehlern ist ein Hauptanliegen eines fehlermanagementorientierten Prüfers. Der Prüfer, der einer Strategie der Fehlervermeidung folgt, wird nach der Fehlerfeststellung den Schuldigen klar benennen, Korrekturvorschläge vorgeben und nicht direkt darauf hinwirken, dass die Wissenslücken der Geprüften geschlossen werden.

Die prophylaktische Funktion von Prüfungen besteht darin, dass die Geprüften weniger Fehler begehen, wenn sie wissen, dass ihre Arbeit effektiv geprüft wird. Diese Reduktion betrifft sowohl bewusste Fehler als auch unbewusste Fehler, die auf Nachlässigkeit zurückzuführen sind.[225] Bei der Strategie der Fehlervermeidung soll die prophylaktische Wirkung in erster Linie durch Abschreckung erreicht werden. Die Mitarbeiter der geprüften Organisation sollen gründlicher arbeiten, weil sie Angst vor einer Entdeckung von Fehlern und deren Bestrafung haben. Ein Prüfer mit einer Strategie des Fehlermanagements versucht hingegen, die Konsequenzen zukünftiger Fehler durch eine bessere Fehlerkompetenz der Geprüften zu verringern. Dieser Zusammenhang konnte, wie in Abschnitt 3.4.1 dargestellt, in einer empirischen Untersuchung bereits bestätigt werden. In einer Organisation mit einer Kultur der Fehlervermeidung war die Anzahl der berichteten Fehler geringer als in einer ansonsten vergleichbaren Organisation mit einer Kultur des Fehlermanagements. Allerdings war das Ausmaß der Fehler in Organisationen mit Fehlervermeidungs-Klima wesentlich schwerwiegender. Bei einer Unternehmenskultur des Fehlermanagements wurden demnach mehr Fehler berichtet, die allerdings weniger schwerwiegende Konzequenzen hatten.

Die positiven Prüfungswirkungen für die Mitarbeiter der geprüften Organisation werden zusammenfassend in Tabelle 3 dargestellt.

---

225 Ausführlicher dazu Richter (1978), S. 719-720.

	Fehlervermeidung	Fehlermanagement
Vertrauens-funktion	wird mit beiden Strategien erreicht	
Korrektiv-funktion	Korrekturvorschläge werden vorgegeben, Umsetzung wird dem Geprüften überlassen	Korrekturvorschläge werden mit dem Geprüften gemeinsam erarbeitet, Prüfer begleitet die Umsetzung dieser Vorschläge
Schulungs-funktion	Wissen wird nicht direkt vermittelt	Prüfer vermittelt aktiv Fachwissen sowie Kompetenzen im Umgang mit Fehlern
prophylaktische Funktion	soll durch Abschreckung erreicht werden	soll durch Lernen erreicht werden

Tabelle 3: Positive Prüfungswirkungen für die Geprüften in Abhängigkeit von der Strategie der Fehlerbehandlung

4.5.2.2. Negative Prüfungswirkungen

Neben positiven Wirkungen gehören zu jeder Prüfung auch negative Wirkungen. Zu ihnen zählen der Ressourcenverbrauch, die Abwehrreaktion der Geprüften, die fehlerhaften Prüfungsfeststellungen sowie die Bürokratisierungstendenzen innerhalb der geprüften Organisation.[226]

Durch eine Prüfung werden bei den Mitarbeitern der geprüften Organisation Ressourcen verbraucht. Dieser Ressourcenverbrauch entsteht dadurch, dass Arbeitszeit der Mitarbeiter der geprüften Organisation in Anspruch genommen wird. Die Mitarbeiter der geprüften Organisation müssen die zu prüfenden Unterlagen aufbereiten, zur Verfügung stellen und gegebenenfalls Rückfragen des Prüfers beantworten.

Wenn ein Prüfer nach einer Strategie des Fehlermanagements handelt, so wird er die Prüfungsfeststellungen gemeinsam mit den Mitarbeitern der geprüften Organisation beurteilen und Lösungsvorschläge für die entdeckten Schwachstellen entwickeln. Diese Diskussion mit den Geprüften beansprucht in jedem Falle Arbeitszeit der Geprüften. Daher kann angenommen werden, dass eine Prüfung, die im Sinne des Fehler-

226 Vgl. Richter (2000), S. 660-661.

managements durchgeführt wird, mehr Ressourcen des Geprüften verbraucht als eine Prüfung mit der Strategie der Fehlervermeidung. Wenn der Prüfer dagegen nach einer Strategie der Fehlervermeidung handelt, werden weniger Interaktionen mit den Mitarbeitern der geprüften Organisation notwendig sein und weniger Arbeitszeit der Geprüften wird für die Prüfung verwendet. Dieser Aspekt kann in der Prüfungspraxis auch ein Grund dafür sein, dass die Strategie des Fehlermanagements durch die geprüfte Organisation nicht gewünscht wird. Während einerseits die erhöhten Kosten in Form der verbrauchten Arbeitszeit sehr deutlich und schnell erkennbar sind, ist der Nutzen, der aus der Strategie des Fehlermanagements folgt, oft erst nach längeren Zeiträumen zu erkennen und schlecht messbar. Wenn in einer Abwägung der Kosten und Nutzen eine kurzfristige Perspektive eingenommen wird, so überwiegen die Kosten. Erst bei längerfristiger Sichtweise überwiegt der Nutzen. Ein Verständnis dafür, dass Prüfungen auch als Investitionen gesehen werden können und der langfristige Nutzen einer Strategie des Fehlermanagements für die Entwicklung der Organisation sehr hoch ist, dürfte deshalb vermutlich nicht immer vorhanden sein.

Eine zweite negative Prüfungswirkung besteht in der Abwehrreaktion des Geprüften. Diese Abwehrhaltung kann entstehen, weil die Mitarbeiter der geprüften Organisation die Prüfung als Ausdruck von Misstrauen verstehen, als Bedrohung oder als eine Belastung beziehungsweise Belästigung.[227] Aufgrund dieser Empfindungen kann sich sowohl die Leistungsmotivation der Geprüften verringern als auch das Arbeitsklima verschlechtern, „weil die Geprüften reizbarer, intoleranter und misstrauischer geworden sind"[228]. Mögliche Folgen dieser Abwehr können eine Verschlechterung der Leistung in der geprüften Organisation sein sowie eine erhebliche Erschwerung der Prüfungsdurchführung. Es wird für den Prüfer schwieriger sein, die wesentlichen Informationen zu erhalten. Teilweise kann damit gerechnet werden, dass dem Prüfer bewusst falsche Informationen gegeben werden. Auch auf die Umsetzung der Verbesserungsvorschläge dürfte sich diese Abwehrhaltung der Geprüften auswirken. Bei ausgeprägter Abwehrhaltung wird die Bereitschaft sinken, die Verbesserungsvorschläge umzusetzen.[229] Es kann davon ausgegangen werden, dass die Abwehrreaktion des

227 Vgl. Richter (1978), S. 720-721.
228 Richter (1978), S. 721.
229 Vgl. Richter (1978), S. 721.

Geprüften eine zentrale Stellung im Prüfungsprozess einnimmt. „Letztendlich leidet darunter [Abwehrreaktion der Geprüften – M.D.] die Prüfungsqualität, d. h. die Zielerreichung (Effektivität) und Wirtschaftlichkeit (Effizienz) von Prüfungen sowie der Erfolg der geprüften Organisation."[230] Die Abwehrhaltung der Geprüften ist ein Zeichen dafür, dass die Beziehung zwischen Prüfer und Geprüften schlecht ist. Die Auswirkungen der Strategie der Fehlerbehandlung auf die Beziehung zwischen Prüfer und Geprüfte wird in Abschnitt 4.5.4 ausführlicher diskutiert. Hier soll vorweggenommen werden, dass es begründete Hinweise dafür gibt, dass bei einer Strategie des Fehlermanagements eine bessere Beziehung zwischen Prüfer und Geprüften erreicht werden kann. Dann sollte auch die Abwehrreaktion der Geprüften weniger ausgeprägt sein beziehungsweise ganz und gar verschwinden. Bei einer Strategie der Fehlervermeidung nehme ich dagegen an, dass die Abwehrhaltung der Geprüften stärker ausgeprägt sein wird.

Eine weitere negative Prüfungswirkung für die Mitarbeiter der geprüften Organisation besteht darin, dass ihre Arbeitsergebnisse eventuell falsch beurteilt werden.[231] Dabei kann eine fehlerhafte Prüfungsfeststellung darin bestehen, dass Fehler berichtet werden, obwohl das Ereignis normgerecht ist (Fehler 1. Art). Dieser Fehler ist häufig auf falsche oder unzureichende Information des Prüfers zurückzuführen. Verringert werden kann dieser Fehler des Prüfers auch durch „Diskussion der Prüfungsfeststellungen mit den Geprüften schon während der Prüfung..."[232] Gerade dieser Aspekt stellt einen wesentlichen Bestandteil der Strategie des Fehlermanagements dar.[233] Der Fehler 1. Art wird somit bei einer Strategie des Fehlermanagements geringer ausfallen als bei einer Strategie der Fehlervermeidung. Andererseits kann die fehlerhafte Prüfungsfeststellung darin bestehen, dass der Prüfer keinen Fehler berichtet, obwohl das Ereignis nicht normgerecht ist (Fehler 2. Art). Ursachen für diesen Fehler können eine fehlende fachliche Qualifikation des Prüfers sein, inadäquate Prüfungsmethoden, eine zu geringe Prüfungsintensität sowie eine Abhängigkeit des Prüfers. Der Fehler 2. Art kann auch als Folge unzureichender Information des Prüfers auftreten. In diesem Fall kann eine Strategie des Fehlermanagements zur Verringerung des Fehlers beitragen, da der Prüfer

230 Richter (2000), S. 660-661.
231 Vgl. Richter (1978), S. 723-724.
232 Richter (1978), S. 723.
233 Vgl. Abschnitt 4.3.

bei Anwendung der Fehlermanagement-Strategie in engem Kontakt zu den Geprüften steht und besser mit Informationen versorgt wird als bei einer Strategie der Fehlervermeidung. Für die anderen Einflussfaktoren kann kein Zusammenhang zur Strategie der Fehlerbehandlung durch den Prüfer begründet werden.

Als vierte negative Prüfungswirkung wird die Tendenz geprüfter Organisationen beschrieben, ihre Prozesse und Abläufe zu bürokratisieren.[234] So wird angenommen, dass Prüfer grundsätzlich darauf hinwirken, dass die zu prüfenden Sachverhalte schriftlich fixiert werden und standardisierte Verfahren eingeführt werden, da diese besser zu prüfen sind. Diese schriftliche und standardisierte Form der zu prüfenden Sachverhalte ist insbesondere für Prüfer notwendig, die einer Strategie der Fehlervermeidung folgen. Da sie die Prüfung möglichst unbeeinflusst von den Argumentationen der Geprüften durchführen möchten, müssen die Prozeduren und Abläufe über das für die tägliche Arbeit der Geprüften notwendige Maß hinaus schriftlich fixiert sein. So kann angenommen werden, dass die Bürokratisierungstendenzen dann stärker ausgeprägt sind, wenn der Prüfer eine Strategie der Fehlervermeidung anwendet als bei einer Strategie des Fehlermanagements.

Zusammenfassend sind die negativen Prüfungswirkungen für die Mitarbeiter der geprüften Organisation in Tabelle 4 dargestellt.

234 Vgl. Richter (1978), S. 724.

	Fehlervermeidung	Fehlermanagement
Ressourcenverbrauch	Arbeitszeit der Geprüften wird im Wesentlichen nur für Bereitstellung der Unterlagen in Anspruch genommen	Arbeitszeit der Geprüften wird für Bereitstellung der Unterlagen, für Diskussion der Prüfungsfeststellungen sowie die gemeinsame Erarbeitung von Verbesserungsvorschlägen in Anspruch genommen
Abwehrhaltung des Geprüften	Geprüfte fühlen sich eher bedroht und reagieren abwehrend auf die Prüfung	Geprüfte fühlen sich nicht bedroht und zeigen keine Abwehr gegen die Prüfung
Fehlerhafte Prüfungsfeststellungen		
Fehler 1. Art	tritt aufgrund schlechter Information häufiger auf	tritt wegen aktiver Beteiligung der Geprüften seltener auf
Fehler 2. Art	tritt ggf. aufgrund schlechter Information häufiger auf	tritt wegen enger Kontakte und besseren Informationsaustauschs zwischen Prüfer und Geprüften ggf. seltener auf
Bürokratisierungstendenzen	ausgeprägt, da schriftliche Form aller zu prüfenden Unterlagen gewünscht ist	weniger ausgeprägt, da Verbesserungen, Veränderungen des Systems ausdrücklich angestrebt sind und die mündliche Form der Information teilweise ausreichend ist

Tabelle 4: Negative Prüfungswirkungen für die Geprüften in Abhängigkeit von der Strategie der Fehlerbehandlung

4.5.3. Wirkungen für den Prüfer

4.5.3.1. Rollenkonflikt und Rollenambiguität

Aus jeder Prüfung resultieren, neben den Wirkungen für die Geprüften, auch Wirkungen für den Prüfer. Eine systematische Analyse der Wirkungen, die sich aus der Prüfung für den Prüfer ergeben, steht bislang noch aus. Allerdings wurden einzelne Aspekte der Prüfungswirkungen für Prüfer untersucht. Diese einzelnen Prüfungswirkungen sollen zunächst dargestellt werden, bevor diskutiert wird, inwieweit sie mit der Fehlerbehandlung des Prüfers zusammenhängen. Um die Darstellung übersichtlich zu gestalten, werden die einzelnen Wirkungen getrennt voneinander dargestellt. Es ist anzunehmen, und wurde zum Teil in empirischen Untersuchungen nachgewiesen, dass die einzelnen Faktoren nicht unabhängig voneinander sind. Die Beziehungen zwischen den Prüfungswirkungen untereinander können in der vorliegenden Arbeit nicht erschöpfend diskutiert werden.

Wie in Abschnitt 4.4.3.3 beschrieben, werden dem Prüfer eine Vielzahl unterschiedlicher Rollen zugeschrieben. Diese führen naturgemäß zu Rollenkonflikten.[235] Ein Rollenkonflikt wird beschrieben als das Vorhandensein von nicht kompatiblen Rollenzwängen[236] oder die Inkongruenz zwischen den Erwartungen an eine Rolle[237]. Es werden verschiedene Erwartungen an eine Person gerichtet, die er unmöglich alle erfüllen kann, weil sie zum Teil widersprüchlich sind und weil seine Ressourcen begrenzt sind. Das Ausmaß der Rollenkonflikte für den Prüfer wird beispielsweise durch den Prüfungsansatz im Prüfungsunternehmen beeinflusst. So nehmen Senior-Prüfer in Prüfungsunternehmen mit strukturiertem Prüfungsansatz einen geringeren Rollenkonflikt wahr als Prüfer in einem Unternehmen mit unstrukturiertem Prüfungsansatz.[238] Die Rollenkonflikte können weiterhin dadurch verstärkt werden, dass andere Personen die Rolle des Prüfers anders verstehen als der Prüfer selbst. Dies kann zu Missverständnissen führen, da das gleiche Verhalten von den beteiligten Personen unterschiedlich interpretiert wird.[239]

In der Literatur zur betriebswirtschaftlichen Prüfungslehre werden Möglichkeiten diskutiert, wie der Prüfer selbst mit diesen konfliktären Rollenerwartungen umgehen könne.[240] Er könne seine Prioritäten klar setzen und sich für eine Rolle entscheiden. Er könne versuchen, einen Kompromiss zu arrangieren. Er könne die Auseinandersetzung mit der Rollendiskussion einfach vermeiden oder er könne eine Rolle verlassen. Außerdem würde eine Verbesserung der interpersonalen Fähigkeiten des Prüfers zu einer Reduzierung des Rollenkonfliktes führen. Kritisch muss jedoch angemerkt werden, dass

---

235 Vgl. Wilson/Wood (1985), S. 14.
236 Vgl. Bamber/Snowball/Tubbs (1989), S. 287.
237 Vgl. Gregson/Wendell/Aono (1994), S. 144.
238 Vgl. Bamber/Snowball/Tubbs (1989), S. 293.
239 Vgl. Wilson/Wood (1985), S. 14.
240 Vgl. Wilson/Wood (1985), S. 16-17.

keine dieser Möglichkeiten den Rollenkonflikt grundsätzlich löst. Dazu muss vielmehr auf organisationaler Ebene eine Veränderung stattfinden. Beispielsweise können durch eine Einführung des partizipativen Prüfungsansatzes die Rollenkonflikte reduziert werden.[241] Wenn der Prüfer nach diesem Ansatz handelt, so verlässt er die Rolle des Kontrolleurs und konzentriert sich auf seine Rolle als Spezialist, der sein Fachwissen der geprüften Organisation zur Verfügung stellt. Wenn diese Rolle dann ebenfalls von der Organisation unterstützt wird, so reduzieren sich die abweichenden Rollenerwartungen der anderen Prozessbeteiligten und das Ausmaß der Rollenkonflikte für den Prüfer reduziert sich.

In diesem Sinne nehme ich an, dass bei günstigen situationalen Bedingungen für eine Anwendung der Strategie des Fehlermanagements die Rollenkonflikte für den Prüfer geringer werden sollten.

Neben den Rollenkonflikten des Prüfers wurde auch seine Rollenambiguität untersucht. Die Rollenambiguität beinhaltet die Unsicherheit darüber, welche Erwartungen mit einer Rolle verbunden sind, wie die Rolle ausgeführt werden soll und welche Folgen die Ausübung der Rolle haben soll.[242] Im Gegensatz zum Rollenkonflikt, bei dem die Erwartungen an den Rolleninhaber klar, aber in sich widersprüchlich sind, wird bei diesem Konstrukt die Unsicherheit bezüglich der Erwartungen hervorgehoben. Es konnte festgestellt werden, dass Senior-Prüfer in Prüfungsunternehmen mit strukturiertem und mit unstrukturiertem Prüfungsansatz sich nicht wesentlich in ihrer wahrgenommenen Rollenambiguität unterschieden.[243] Weibliche Prüfer zeigen insgesamt mehr Rollenambiguität als Männer.[244] Ich nehme nicht an, dass eine bestimmte Strategie der Fehlerbehandlung die Rollenambiguität verringert. Die Erwartungen, die an die Rolle des Prüfers gestellt werden, sind nicht völlig klar zu definieren. Diese verbleibende Unsicherheit über die Ausgestaltung der Rolle dürfte nicht mit der Strategie der Fehlerbehandlung zusammenhängen.

---

241 Vgl. Morgan/Pattinson (1975), S. 31.
242 Vgl. Gregson/Wendell/Aono (1994), S. 144.
243 Vgl. Bamber/Snowball/Tubbs (1989), S. 293.
244 Vgl. Fisher (2001), S. 156.

4.5.3.2. Arbeitszufriedenheit

Die Arbeitszufriedenheit, als weitere Wirkung des Prüfungsprozesses auf den Prüfer, kann beschrieben werden als das Ausmaß, in dem die Mitarbeiter eines Unternehmens eine positive Einstellung zu ihrer Tätigkeit in der Organisation haben.[245] Es wurden demografische und personale Einflussgrößen sowie Bedingungen der Arbeitsumgebung untersucht, die die Arbeitszufriedenheit von Prüfern beeinflussen.[246] Lediglich für eine demografische Einflussvariable konnte ein signifikanter Zusammenhang zur Arbeitszufriedenheit nachgewiesen werden: die Verweildauer im Unternehmen. Prüfer, die länger in einer Organisation tätig sind, sind auch zufriedener mit ihrer Arbeit.[247] Bei den personalen Einflussgrößen wurde kein Zusammenhang zwischen Persönlichkeitstypen nach MBTI[248] und Arbeitszufriedenheit gefunden.[249] Der Zusammenhang zwischen dem Verhaltensmuster bei Stress und Arbeitszufriedenheit jedoch wurde bestätigt. Prüfer mit Typ-A Persönlichkeit sind demnach zufriedener mit ihrer Arbeit als Prüfer mit Typ-B Persönlichkeit.[250]

Insbesondere wird die Arbeitszufriedenheit jedoch durch Eigenschaften der Arbeitsaufgabe beeinflusst. Für die Prüfer wurden folgende Zusammenhänge gefunden. Die Arbeitszufriedenheit des Prüfers korreliert in mehreren empirischen Studien signifikant mit dem wahrgenommenen Rollenkonflikt. Dabei gilt, dass bei höherem wahrgenommenen Rollenkonflikt die Arbeitszufriedenheit des Prüfers geringer ist.[251] Aus diesen empirischen Ergebnissen schlussfolgern die Autoren der Studien, dass jede Veränderungen, die zu einer Reduktion des Rollenkonfliktes führt, die Arbeitszufriedenheit des Prüfers verbessern kann.[252] Für die Rollenambiguität ist das Ergebnis weniger eindeutig. Einerseits wird ein negativer Zusammenhang zwischen Rollen-

245 Vgl. Brierley (1999), S. 63.
246 Vgl. Brierley (1999), S. 66.
247 Vgl. Brierley (1999), S. 71.
248 Der Myers-Briggs Typen Indikator (MBTI) wird in Abschnitt 4.4.2.1 dieser Arbeit ausführlicher erläutert.
249 Vgl. Satava (1994), S. 111.
250 Vgl. Brierley (1999), S. 71.
251 Vgl. Gregson/Wendell/Aono (1994), S. 153; Brierley (1999), S.73, und Fisher (2001), S. 156.
252 Vgl. Brierley (1999), S. 77.

ambiguität und Arbeitszufriedenheit beschrieben[253], andererseits konnte dieser Zusammenhang in einer Meta-Analyse nicht bestätigt werden[254].

Auch die Beteiligung an der Umsetzung der Empfehlungen zeigte in empirischen Untersuchungen einen wesentlichen Einfluss auf die Arbeitszufriedenheit von Prüfern. Prüfer, die bei der Umsetzung ihrer Empfehlungen mitgewirkt haben, waren signifikant zufriedener mit ihrer Arbeit als Prüfer, die nicht an der Umsetzung ihrer Empfehlungen beteiligt waren.[255] Diese Ergebnisse liefern einen Hinweis dafür, dass eine erhöhte Arbeitszufriedenheit entstehen kann, wenn der Prüfer eine höhere Verantwortlichkeit in seiner Arbeitsaufgabe erlebt, wenn das Selbstbild der eigenen Leistung verbessert wird und wenn die Vorgesetzten, Geprüften und Kollegen die Leistung des Prüfers anerkennen.[256]

In der Psychologie besteht Einigkeit darüber, dass eine wichtige Voraussetzung für die Entstehung von Arbeitszufriedenheit in der Persönlichkeitsförderlichkeit der Arbeitsaufgabe besteht. Wenn die Arbeitsaufgabe und das Arbeitsumfeld Anforderungen an die Persönlichkeit der handelnden Person stellen, wird die Arbeit in der Regel positiv wahrgenommen und Zufriedenheit entsteht.[257] Dass dieser Zusammenhang auch für Prüfer gilt, belegen die Aussagen von Prüfern. Sie geben an, dass für ihre Arbeitszufriedenheit die Autonomie bei der Arbeit und das Wissen, dass man einen Beitrag für die Organisation leistet, die wichtigsten Voraussetzungen seien.[258] Außerdem gibt es empirische Hinweise dafür, dass eine partizipative Zielsetzung bei internen und externen Prüfern die Arbeitszufriedenheit erhöht.[259]

Wie sieht nun der Zusammenhang zwischen der Fehlerbehandlung des Prüfers und seiner Arbeitszufriedenheit aus? Es kann nicht angenommen werden, dass ein bestimmtes Verhalten des Prüfers direkt auf seine Arbeitszufriedenheit wirkt. Allerdings wird davon

---

253 Vgl. Fisher (2001), S. 156, und Gregson/Wendell/Aono (1994), S. 153.
254 Vgl. Brierley (1999), S. 73.
255 Vgl. Allen (1978), S. 62.
256 Vgl. Allen (1978), S. 64.
257 Vgl. Ulich (2001), S. 145.
258 Vgl. Granleese/Barrett (1993), S. 195.
259 Vgl. Beeler/Hunton/Wier (1997).

ausgegangen, dass die beiden Variablen zusammenhängen. So kann argumentiert werden, dass ein Prüfer, dessen Arbeitsbedingungen es fördern, dass er sich nach der Strategie des Fehlermanagements verhält, zufriedener mit seiner Arbeit ist als ein Prüfer, dessen Arbeitsbedingungen eine Strategie der Fehlervermeidung begünstigen. Bei einer Strategie des Fehlermanagements wird Wert auf die Verbesserung von Strukturen und Abläufen gelegt. Der Prüfer erhält eine klare Rückmeldung darüber, dass er mit seiner Arbeit zur Verbesserung der Organisation beigetragen hat. Er beteiligt sich aktiv an der Umsetzung der Verbesserungsvorschläge. Außerdem dürfte er die Zusammenarbeit mit den Mitarbeitern der geprüften Organisation aufgrund der besseren Beziehung zu ihnen als wesentlich angenehmer empfinden. Er sollte weiterhin positivere persönliche Rückmeldungen erleben als ein Prüfer mit einer Strategie der Fehlervermeidung. Bei einer Strategie der Fehlervermeidung hingegen endet die Tätigkeit häufig mit der Darstellung der Schwachstellen im Prüfungsbericht. An der Umsetzung der Empfehlungen ist er nicht beteiligt. So kann er seinen Anteil an der Verbesserung der Organisation nicht direkt erleben. Da er außerdem weniger positive Rückmeldungen von den Geprüften erhalten dürfte, kann angenommen werden, dass seine Arbeitszufriedenheit geringer ausfällt. Im Kapitel 6 dieser Arbeit wird dieser Zusammenhang ebenfalls empirisch untersucht.

4.5.3.3. Organisationales Commitment

Als weitere Wirkung des Prüfungsprozesses auf die Person des Prüfers wird in der betriebswirtschaftlichen Prüfungslehre das organisationale Commitment diskutiert. Unter organisationalem Commitment wird die Einstellung des Prüfers zum Prüfungsunternehmen verstanden. Dabei wurden zwei Dimensionen des organisationalen Commitments unterschieden.[260] Einerseits wird die emotionale Bindung („*affective commitment*") beschrieben, die dadurch entsteht, dass sich eine Person mit den Zielen der Organisation identifiziert und bereit ist, die Organisation bei der Erreichung ihrer Ziele zu unterstützen. Die Voraussetzung für *affective commitment* liegt darin, dass die Arbeitsbedingungen so gestaltet sind, dass der Mitarbeiter sich in seiner Beziehung zur

---

260 Die folgenden Ausführungen beziehen sich auf die Meta-Analyse zum organisationalen Commitment von Ketchand/Strawser (2001).

Organisation wohl fühlt und sich in seiner Arbeitsrolle kompetent fühlt.[261] Die zweite Dimension des organisationalen Commitment wird als Verweilen (*continuance commitment*) bezeichnet. Diese Form des Commitments beschreibt den Sachverhalt, dass eine Person sich der Organisation verpflichtet fühlt beziehungsweise in ihr verbleiben möchte, weil die Kosten beim Verlassen der Organisation zu hoch sind. In der Forschung konnte bestätigt werden, dass beide Dimensionen unabhängig voneinander sind und durch unterschiedliche Einflussfaktoren hervorgerufen werden. Neben diesen beiden Dimensionen des organisationalen Commitment wurde ein dritter Aspekt beschrieben: das normative Commitment. Das normative Commitment bezieht sich auf das Empfinden eines Mitarbeiters, zum Verbleiben im Unternehmen verpflichtet zu sein. Diese Gefühle resultieren aus der Internalisierung normativer Zwänge, die auf das Individuum vor oder nach dem Eintritt in die Organisation eingewirkt haben.[262] In der Forschung zur betriebswirtschaftlichen Prüfungslehre wurde das normative Commitment bislang wenig berücksichtigt. Die Fragebögen zur Erfassung des normativen Commitments haben bisher nur eine unzureichende interne Konsistenz, so dass noch keine inhaltlichen Aussagen möglich sind.[263]

Die Voraussetzungen für organisationales Commitment liegen in den persönlichen Eigenschaften und Erfahrungen der Person vor der Anstellung im Unternehmen, wie Alter, sozialer Hintergrund, Familienstand und Ausbildung und in den organisationalen Faktoren einschließlich der Arbeitsbedingungen. Organisationales Commitment scheint dabei stark von den organisationalen Bedingungen, wie Führungsverhalten, Rollenambiguität, Rollenkonflikt, Grad der organisationalen Zentralisation und Ausmaß der Kommunikation durch den Leiter beeinflusst zu sein.[264] Bei Prüfern konnte nicht, wie bei anderen Berufsgruppen, ein positiver Zusammenhang zwischen Verweildauer im Unternehmen und emotionalem Commitment gefunden werden.[265] Insgesamt legen die Ergebnisse empirischer Untersuchungen die Vermutung nahe, dass die emotionale Bindung im Wesentlichen durch die organisationalen Bedingungen im Unternehmen

---

261 Definition nach Allen/Meyer (1990), S. 4.
262 Vgl. Hackett/Bycio/Hausdorf (1994), S. 15.
263 Vgl. Stallworth (2003), S. 415.
264 Vgl. Ketchand/Strawser (2001), S. 231.
265 Vgl. Ketchand/Strawser (2001), S. 235.

beeinflusst wird: „affective commitment ...was heavily influenced by the organization's ability to meet employee expectations during the first year of employment"[266]. Als Einflussfaktor für das organisationale Commitment wurde häufig die Strukturiertheit des Prüfungsansatzes untersucht. So gibt es Hinweise dafür, dass das organisationale Commitment von Partnern und Managern in Wirtschaftsprüfungsunternehmen mit unstrukturiertem Prüfungsansatz höher ist als bei Partnern und Managern von mittleren und stark strukturierten Unternehmen. Dieser Zusammenhang galt allerdings nicht für Prüfer niedrigerer Hierarchieebenen.[267]

Ein direkter Zusammenhang zwischen der Strategie der Fehlerbehandlung und dem organisationalem Commitment des Prüfers wird nicht angenommen. Allerdings bestehen Wechselwirkungen zu anderen Prüfungswirkungen, die einen indirekten Zusammenhang zur Strategie der Fehlerbehandlung bewirken können. Obwohl in einigen Untersuchungen signifikante Zusammenhänge zwischen dem organisationalen Commitment und der Arbeitszufriedenheit eines Prüfers gefunden werden konnten[268], besteht über die Kausalität des Zusammenhangs kein Konsens. Ist die Arbeitszufriedenheit Folge des organisationalen Commitments oder deren Ursache? In der Literatur finden sich Hinweise dafür, dass die Verbindung reziprok ist.[269] Weiterhin wurde ein Zusammenhang zwischen organisationalem Commitment und *dysfunctional audit behavior* gefunden. Unter *dysfunctional audit behavior* wird ein Verhalten des Prüfers verstanden, das die Qualität der Prüfung beeinträchtigt. Dazu gehören beispielsweise das vorzeitige Unterschreiben des Prüfungsberichts oder eine unangemessene Veränderung der Prüfungsmethoden.[270] In einer empirischen Untersuchung zeigten Prüfer mit einem hohen Maß an organisationalem Commitment weniger *dysfunctional audit behavior* als Prüfer mit geringer organisationaler Bindung.[271] Zwischen dem organisationalen Commitment und dem Geschlecht scheinen keine Zusammenhänge zu bestehen. Bei weiblichen und männlichen Prüfern waren die Werte für organisationales Commitment

---

266 Ketchand/Strawser (2001), S. 236.
267 Vgl. Schroeder/Reinstein/Schwartz (1992), S. 185-186.
268 Vgl. Ketchand/Strawser (2001), S. 236-241.
269 Vgl. Ketchand/Strawser (2001), S. 237.
270 Vgl. Donnelly/Quirin/O'Bryan (2003), S. 96.
271 Vgl. Donnelly/Quirin/O'Bryan (2003), S. 103.

gleich hoch.[272] Weiterhin wurde ein positiver, aber relativ schwacher Zusammenhang zwischen organisationalem Commitment und Leistung gefunden[273] und ein negativer Zusammenhang zur Fluktuationsabsicht[274]. Zur tatsächlichen Fluktuation wurde allerdings kein statistisch signifikanter Zusammenhang gefunden.[275] Das organisationale Commitment korreliert weiterhin mit dem Bedürfnis nach Leistung.[276] Dieser Zusammenhang galt wiederum sowohl für männliche als auch für weibliche Prüfer.[277]

Bei dieser Darstellung wird deutlich, dass das organisationale Commitment von Prüfern einerseits das Verhalten des Prüfers beeinflussen kann, wie beispielsweise am *dysfunctional audit behavior* gezeigt. Andererseits wird es auch durch den Prüfungsprozess selbst beeinflusst, wie der Zusammenhang zur Arbeitszufriedenheit nahe legt. Mit der Einordnung des organisationalen Commitments unter die Prüfungswirkungen des Analyserahmens wird demnach eine Vereinfachung vorgenommen.

Auch die Auswirkungen der Fehlerbehandlung des Prüfers auf das organisationale Commitment können nur vermutet werden. Da Arbeitszufriedenheit und organisationales Commitment allerdings zusammenhängen, und bei einer Strategie des Fehlermanagements eine höhere Arbeitszufriedenheit angenommen wird[278], kann argumentiert werden, dass Prüfer, die eine Strategie des Fehlermanagements anwenden ein höheres organisationales Commitment empfinden dürften als Prüfer mit einer Strategie der Fehlervermeidung.

Als Erweiterung des Ansatzes zum organisationale Commitment wurde die organisationale Identifikation von Prüfern untersucht. Sie unterscheidet sich vom organisationalen Commitment dahingehend, dass sie die Bindung an eine bestimmte Organisation beschreibt, was beim organisationalen Commitment nicht der Fall sein

---

272 Vgl. Reed/Kratchman (1990), S. 133.
273 Vgl. Ketchand/Strawser (2001), S. 241-242.
274 Vgl. Ketchand/Strawser (2001), S. 241-242, und Stallworth (2003), S. 415.
275 Vgl. Ketchand/Strawser (2001), S. 242.
276 „Need for achievement“ wird definiert als „the persistent tendency to strive for success with a standard of excellence“, Gaffney/McEwen/Welsh (1993), S. 50.
277 Vgl. Gaffney/McEwen/Welsh (1993), S. 68.
278 Vgl. Abschnitt 4.5.3.1.

muss.[279] Als Einflussfaktoren für die organisationale Identifikation werden die Verweildauer im Unternehmen, die Prüfungseffektivität (Zielerreichung) und die Arbeitsautonomie beschrieben.[280] Dabei konnten in einer empirischen Studie signifikante Zusammenhänge zwischen organisationaler Identifikation einerseits und Prüfungseffektivität und Arbeitsautonomie andererseits gefunden werden, nicht aber zwischen organisationaler Identifikation und Verweildauer im Unternehmen. Die organisationale Identifikation korrelierte außerdem signifikant mit der Fluktuationsabsicht.[281] Wenn davon ausgegangen wird, dass die Prüfungseffektivität bei einer Prüfung, die mit einer Strategie des Fehlermanagements durchgeführt wurde, höher ist[282], so dürfte auch die Identifikation mit der Prüfungsorganisation höher sein, wenn der Prüfer die Strategie des Fehlermanagements anwendet.

4.5.4. Wirkungen auf die Beziehung zwischen Prüfer und Geprüften

Neben den Wirkungen, die die Strategie der Fehlerbehandlung auf die Person des Geprüften und des Prüfers hat, übt sie ebenfalls einen wesentlichen Einfluss auf die Beziehung zwischen diesen Personen aus. Bei den Prüfungspraktikern besteht grundsätzlich Einigkeit darüber, dass eine gute Beziehung zwischen dem Prüfer und den Mitarbeitern der geprüften Organisation eine grundlegende Voraussetzung für eine erfolgreiche Prüfung ist. „Nothing is more important to a successful audit than good interpersonal relations between auditor and auditees."[283]

Damit die Beziehung zwischen zwei Parteien als zufrieden stellend empfunden wird, müssen grundsätzlich vier Voraussetzungen erfüllt sein:[284]

1. Überschneidung der Interessen und Ziele,
2. gegenseitiges Vertrauen,
3. gegenseitiger Respekt und
4. gute Durchführung der Beziehung.

---

279 Vgl. Bamber/Iyer (2002), S. 23.
280 Vgl. Bamber/Iyer (2002), S. 26.
281 Vgl. Bamber/Iyer (2002), S. 34.
282 Vgl. Abschnitt 4.5.5.
283 Wilson/Wood (1985), S. 53.
284 Vgl. Ratliff/Brackner (1998), S. 38-39.

Diese Voraussetzungen sollen im Folgenden auf die Prüfungssituation übertragen werden. Ich werde diskutieren, mit welcher Strategie der Fehlerbehandlung der Prüfer diese Voraussetzungen besser erfüllen kann.

Zunächst sollen sich die Interessen und Ziele der Parteien überschneiden. Das bedeutet nicht unbedingt, dass beide Parteien dieselben Ziele verfolgen müssen. Vielmehr müssen beide Parteien durch ihre Beziehung ihre eigenen Ziele erreichen beziehungsweise ihre eigenen Interessen vertreten können.[285] Für die Prüfungssituation gilt demzufolge, dass eine gute Beziehung zwischen Prüfer und Geprüften nur dann aufgebaut werden kann, wenn beide Parteien die Prüfung als sinnvoll erleben und sich Vorteile daraus versprechen. Für den Prüfer ist diese Bedingung in der Regel erfüllt, da sein Interesse in der Erfüllung seiner Arbeitsverpflichtung besteht. Er hat eine Prüfung durchzuführen und ist naturgemäß daran interessiert, dass die Prüfung möglichst reibungslos verläuft. Der Geprüfte kann die Beziehung zum Prüfer nur dann als gut erleben, wenn er ebenfalls seine Interessen oder Ziele durch die Prüfung unterstützt sieht. Dieser Aspekt wird zunehmend aufgegriffen, wenn argumentiert wird, dass die Prüfung kundenorientiert ablaufen solle, also auch die Wünsche und Interessen der Geprüften in die Prüfung einfließen sollten.[286] Insgesamt kann davon ausgegangen werden, dass der Geprüfte seine Interessen eher dann gefördert sieht, wenn der Prüfer einer Strategie des Fehlermanagements folgt als wenn er im Sinne der Fehlervermeidung agiert. Bei einer Strategie des Fehlermanagements stellt die Verbesserung des Systems die zentrale Zielstellung der Prüfung dar. Diese sollte auch im Interesse des Geprüften liegen. Die Strategie der Fehlervermeidung zielt dagegen in erster Linie darauf ab, möglichst alle wesentlichen Fehler aufzudecken, zu dokumentieren und einer verantwortlichen Person zuzuschreiben. Diese Zielstellung deckt sich nicht mit den Interessen der geprüften Person.

Die zweite Voraussetzung für eine gute Beziehung besteht darin, dass beide Parteien Vertrauen zueinander haben. Vertrauen entsteht dann, wenn die Parteien sich gegenseitig Hilfe zukommen lassen und keine Bedrohung aus der Beziehung erwartet wird.[287] Die Prüfer können den Mitarbeitern der geprüften Organisation ihre Hilfe anbieten, wenn sie

---

285 Vgl. Ratliff/Brackner (1998), S. 38.
286 Vgl. beispielsweise Abschnitt 2.4.2 dieser Arbeit.
287 Vgl. Ratliff/Brackner (1998), S. 38.

beispielsweise auch zwischen den Prüfungen in Kontakt zu ihnen bleiben. Damit kann erreicht werden, dass der Prüfer zeitnah über Veränderungen in der geprüften Organisation informiert wird[288] und zeitnah Beratungsleistungen anbieten kann, wenn der Geprüfte Probleme zu lösen hat. Allgemein gilt, dass durch das Anbieten von Beratungsleistungen die Beziehung zum Geprüften verbessert werden kann.[289] Inwiefern können Geprüfte den Prüfern Hilfe anbieten? Wenn sie an einer guten Beziehung interessiert sind, so können sie diese durch eine aktive Beteiligung an der Prüfung und der Bereitstellung von wichtigen Unterlagen und Informationen sicherstellen. Neben der Hilfe wird das Vertrauen dadurch gesichert, dass keine der Parteien eine Bedrohung aus der Beziehung erwartet. Dieser Punkt ist gerade bei Prüfungen von zentraler Bedeutung. So konnte in empirischen Untersuchungen gezeigt werden, dass die Beziehung zwischen Prüfer und Geprüften immer dann schlecht war, wenn die Geprüften eine Bedrohung empfanden. Eine Ursache hierfür kann in der Einstellung des Vorgesetzen der geprüften Organisation liegen. Wenn dieser den Prüfungsbericht als Grundlage für bestrafende Handlungen verwendet, so fühlen sich die Geprüften durch die Prüfung unmittelbar bedroht.[290] Außerdem wird das Gefühl der Bedrohung verstärkt, wenn der Prüfungsbericht ausschließlich negative Prüfungsfeststellungen enthält.[291]

Auch für diese Voraussetzung kann angenommen werden, dass sie mit der Strategie des Fehlermanagements besser erreicht werden kann als mit einer Strategie der Fehlervermeidung. Der Geprüfte wird eher das Gefühl haben, dass der Prüfer ihn in seiner Tätigkeit unterstützt und ihm Hilfe anbieten kann, wenn dieser sich im Sinne des Fehlermanagements verhält. Dieser Prüfer setzt sich für eine Verbesserung des Systems ein und bringt sein spezifisches Fachwissen für die Lösung der Probleme des Geprüften ein. Auch das Gefühl der Bedrohung beim Geprüften dürfte dann geringer sind, wenn Fehler nicht als persönliches Versagen beurteilt werden, sondern als Symptome, die auf Schwachstellen im System deuten. Wenn die Geprüften merken, dass ihnen kein

---

288 Vgl. Williams (2003), S. 53.
289 Vgl. Williams (2003), S. 53.
290 Vgl. Institute of Internal Auditors (1972), S. 80.
291 Vgl. Institute of Internal Auditors (1972), S. 80-81.

Vertrauen entgegengebracht wird, reagieren sie teilweise damit, dass sie nützliche Informationen zurückhalten oder den Prüfer sogar bewusst irreführen.[292]

Die dritte Bedingung für eine gute Beziehung stellt der beidseitige Respekt dar. Dieser Respekt entsteht, wenn die andere Partei als kompetent erlebt wird und ihre Pflichten erfüllt sowie ihre Zusagen einhält.[293] In der Regel nehmen die Geprüften die Prüfer als kompetent wahr.[294] Die Beziehung ist allerdings gefährdet, wenn die Geprüften das Gefühl haben, dass Prüfer ihre Schlussfolgerungen ziehen, ohne sorgfältig recherchiert zu haben.[295] Ein weiterer wesentlicher Aspekt ist die Einhaltung von Versprechen. Ein Prüfer darf beispielsweise die zugesicherte Vertraulichkeit einem Geprüften gegenüber nicht enttäuschen. So wurde in einer empirischen Untersuchung gezeigt, dass insbesondere dann, wenn Prüfungsberichte mit allen operativen Defiziten an das höchste Management gegeben werden, die Beziehung zwischen Prüfer und Geprüften besonders schlecht war.[296] In dieser Arbeit kann keine begründete Annahme darüber formuliert werden, wie sich die Strategie der Fehlerbehandlung auf den gegenseitigen Respekt von Prüfer und Geprüften auswirkt. Bei beiden Strategien dürfte der Prüfer als kompetent wahrgenommen werden. Auch die Einhaltung seiner Versprechen dürfte nicht von der Strategie der Fehlerbehandlung abhängen. Allerdings kann ein Prüfer mit einer Strategie der Fehlervermeidung in der Regel nicht versprechen, dass entdeckte Fehler nicht berichtet werden. Ein Prüfer mit einer Strategie des Fehlermanagements hingegen kann auf eine Berichterstattung über unwesentliche Fehler verzichten, wenn diese beseitigt wurden.

Die vierte Voraussetzung für eine gute Beziehung liegt in der Form ihrer Durchführung. Wesentlich hierbei ist, dass eine gute Kommunikation zwischen den Parteien vorhanden ist. Die Kommunikation wird dann als gut erlebt, wenn beide Parteien gut zuhören können und wenn jede Partei die andere regelmäßig informiert.[297] Dieser Aspekt der Information findet sich ebenfalls in der Literatur. Es wird gefordert, dass der Geprüfte

---

292 Vgl. Institute of Internal Auditors (1972), S. 79.
293 Vgl. Ratliff/Brackner (1998), S. 38-39.
294 Vgl. Clancy/Collins/Rael (1980), S. 47.
295 Vgl. Institute of Internal Auditors (1972), S. 82.
296 Vgl. Institute of Internal Auditors (1972), S. 81.
297 Vgl. Ratliff/Brackner (1998), S. 39.

über die Prüfungsplanung und -durchführung sowie über erste Ergebnisse der Prüfung informiert werden soll.[298]

Die Forderung nach einer besseren Kommunikation des Prüfers wurde in der Literatur häufig formuliert. Für eine bessere Beziehung zwischen Prüfer und Geprüften sei es demnach unerlässlich, dass eine gute Kommunikation zwischen beiden Parteien besteht.[299] Es besteht Einigkeit darüber, dass Prüfer ihre kommunikativen Fähigkeiten verbessern sollten. Wie in Abschnitt 2.4.2 beschrieben, zählen zu den kommunikativen Fähigkeiten verschiedene Aspekte, wie die Fähigkeit, zuhören zu können, eine bessere Formulierung von Fragen und Vorschlägen und insbesondere besser geschriebene Prüfungsberichte. Tatsächlich bezieht sich die Mehrzahl der Veröffentlichungen, in denen eine bessere Beziehung zwischen Prüfer und Geprüften gefordert wird, auf diesen Aspekt. Beispielsweise finden sich in der Literatur Ratschläge für den Prüfer, wie er die Sichtweise der Geprüften besser verstehen kann und wie er eine arbeitsfähige Beziehung zum Geprüften aufbauen kann.[300] So wird in einem Aufsatz ein psychologisches Modell der sozialen Stile auf die Interne Revision übertragen. Es werden Stile beschrieben, nach denen sich die Geprüften verhalten können. Anschließend werden Ratschläge gegeben, wie der Prüfer mit Geprüften der verschiedenen Stile umgehen sollte.[301] Die zugrunde liegende Annahme in diesen Arbeiten ist, dass allein durch eine bessere Kommunikation die Beziehung zwischen Prüfer und Geprüften verbessert werden könne.

Wenn jedoch die anderen Bedingungen für eine gute Beziehung vernachlässigt werden, so haben die vorgeschlagenen Maßnahmen einer besseren Kommunikation lediglich kosmetischen Charakter. Sie verändern nicht die zugrunde liegenden Ursachen für die schlechte Beziehung zwischen Prüfer und Geprüften. Solange die Geprüften erleben, dass aus den Prüfungsergebnissen negative Sanktionen für sie resultieren, werden sie sich durch die Prüfung bedroht fühlen. Wenn der Prüfer im Sinne der Fehlervermeidung agiert, möglichst alle Fehler finden und dokumentieren möchte sowie eindeutig Verantwortlichkeiten für die Fehler benennt, werden die Geprüften sich bedroht fühlen und ein

298 Vgl. Abschnitt 2.4.2.2.
299 Vgl. Abschnitt 2.4.2.
300 Vgl. beispielsweise Delhees (1988), S. 71-80,
301 Vgl. Jeffords/Thibadoux/Scheidt (2001).

abwehrendes Verhalten zeigen. Eine gute Beziehung zwischen Prüfer und Geprüften kann in diesem Fall auch nicht dadurch erreicht werden, dass der Prüfer sich auf den Typ des Geprüften einstellt und über gute kommunikative Fähigkeiten verfügt.

Die oben beschriebenen Voraussetzungen für eine gute Beziehung können sich nur dann auswirken, wenn beide Parteien Erfahrungen miteinander haben. Der Geprüfte muss bereits erfahren haben, dass die Prüfung ihm Vorteile bringen kann, dass er dem Prüfer vertrauen kann, dass der Prüfer kompetent ist und keine Bedrohung aus seinen Prüfungsergebnissen für den Geprüften resultieren. Weiterhin muss er einschätzen können, in welcher Art der Prüfer mit ihm kommuniziert und ob er ihn laufend informiert. Wenn der Geprüfte also positive Erfahrungen mit Prüfungen gemacht hat, sind Folgeprüfungen weniger konflikthaltig.[302]

Zusammenfassend kann gesagt werden, dass die Beziehung zwischen Prüfer und Geprüften wesentlich von der Strategie der Fehlerbehandlung durch den Prüfer abhängt. Wenn der Prüfer eine Strategie des Fehlermanagements verfolgt, wird die Beziehung zwischen beiden Parteien besser sein als wenn er nach einer Strategie der Fehlervermeidung handelt.

4.5.5. Wirkung für die Qualität der Prüfung

Unter Qualität der Prüfung werden in der betriebswirtschaftlichen Literatur unterschiedliche Sachverhalte verstanden. So bezieht sich die klassische Definition der Prüfungsqualität nach DEANGELO darauf, dass Fehler oder Verstöße in der Rechnungslegung gefunden und berichtet werden.[303] Eine andere Qualitätsdefinition rückt die Einhaltung von Normen in den Vordergrund. Danach ist eine Prüfung dann qualitativ hochwertig, wenn alle Berufspflichten und Prüfungsgrundsätze eingehalten wurden.[304] In anderen Veröffentlichungen wird Qualität gleichgesetzt mit der Vertrauenswürdigkeit des Urteils[305] oder der Erfüllung der Erwartung der Stakeholder[306]. Insgesamt scheint keine

---

302 Vgl. Wilson/Wood (1985), S. 61.
303 Vgl. DeAngelo (1981), S. 183.
304 Vgl. Niehus (2002), Sp. 1862.
305 Vgl. Köhler/Marten (2004), S. 15.
306 Vgl. Köhler/Marten (2004), S. 16.

hinreichende Klarheit darüber zu bestehen, was unter dem Begriff „Prüfungsqualität" zu verstehen ist und wie sie operationalisiert wird.[307] In der vorliegenden Arbeit soll unter Qualität die Effektivität und Effizienz von Prüfungen verstanden werden.[308] Die Effektivität beschreibt den Grad der Zielerreichung, wobei die Zielstellung der Prüfung nicht nur die Entdeckung von Fehlern beinhaltet, sondern ebenso die Verbesserung des Systems. Die Effizienz beschreibt die Wirtschaftlichkeit der Prüfung.

Da sich Qualität der Prüfung nicht direkt messen lässt, werden Indikatoren, wie die Größe der Prüfungsgesellschaft[309], Branchenspezialisierung[310], Anzahl von Haftungsfällen und Ratings bei Peer Reviews[311] verwendet, um Aussagen über die Prüfungsqualität ableiten zu können. Die Effektivität der Prüfung wird häufig als Entdeckungsrate von Fehlern und Betrug operationalisiert.[312] Auch die Umsetzung der Empfehlungen könnte als Indikator für die Effektivität einer Prüfung herangezogen werden.[313] Die Effizienz von Prüfungen wurde in empirischen Untersuchungen als Erfüllung der Aufgabe in geringerer Zeit oder mit geringeren Kosten[314] beziehungsweise unter Einhaltung des Prüfungsbudgets[315] operationalisiert.

Welche Aussagen lassen sich für die Auswirkungen der Fehlerbehandlung durch den Prüfer auf die Effektivität und Effizienz von Prüfungen ableiten? Wenn die Zielstellung der Prüfung ausschließlich in der Entdeckung von Fehlern besteht, so kann die Strategie der Fehlervermeidung angemessen sein. Sobald aber der Zweck der Prüfung auch darin gesehen wird, dass die Schwachstellen beseitigt werden und Verbesserungen des Systems durchgesetzt werden, dürfte die Strategie des Fehlermanagements vorteilhafter sein. Mit der Strategie des Fehlermanagements werden die Korrektiv- und Schulungsfunktion von

---

307 Vgl. Donle/Richter (2003), S. 198.
308 Vgl. Richter (2000), S. 660-661.
309 Vgl. beispielsweise Lennox (1999); Francis (2004), S. 352-354.
310 Zu einem Überblick über diese Forschung vgl. Francis (2004), S. 354-355.
311 Vgl. Marti/Eberle (2004), S. 419.
312 Vgl. Pincus/Bernardi/Ludwig (1999), S. 121.
313 Vgl. Donle/Richter (2003), S. 199.
314 Vgl. Pincus/Bernardi/Ludwig (1999), S. 122.
315 Vgl. Apostolou/Pasewark/Strawser (1993), S. 114.

Prüfungen besser erfüllt.[316] Auch ist die Abwehrreaktion der Geprüften geringer.[317] Korrekturvorschläge werden besser umgesetzt und organisationales Lernen wird gefördert.

Auch für die Effizienz kann angenommen werden, dass sie wesentlich durch die Fehlerbehandlung des Prüfers beeinflusst wird. Einerseits nehmen die Gespräche mit den Mitarbeitern der geprüften Organisation Zeit in Anspruch.[318] Andererseits dürfte aber gerade durch die Bereitschaft der Geprüften, sich aktiv an der Prüfung zu beteiligen, Zeit gespart werden. Wenn die Abwehrhaltung der Geprüften geringer ist, die Informationen zügiger bereitgestellt und erläutert werden, die Verbesserungsvorschläge von Prüfern und Geprüften gemeinsam erarbeitet werden und somit auch besser von den Geprüften akzeptiert werden, dann dürften die Prüfungsziele insgesamt auch schneller erreicht werden. Es kann angenommen werden, dass eine Prüfung, in der der Prüfer die Strategie des Fehlermanagements anwendet, effizienter verläuft als eine Prüfung mit der Strategie der Fehlervermeidung. Diese Vermutung wird auch gestützt durch folgende empirische Ergebnisse. Das Führungsverhalten von Leitern Interner Revisionsabteilungen wurde im Zusammenhang mit der Effizienz von Prüfungen untersucht. Dabei wurden 23 Aspekte des Führungsverhaltens erfasst. Derjenige Aspekt, der am stärksten mit der Effizienz (operationalisiert als Einhaltung des Budgets) korrelierte[319], war die Förderung von Kooperation und Teamarbeit durch den Leiter[320]. Dieser Aspekt der Führung korreliert ebenfalls am stärksten mit der Arbeitszufriedenheit der Prüfer.[321] Der freundliche, nette Umgang mit den Prüfern korreliert zwar ebenfalls stark mit der Zufriedenheit der Prüfer, aber am wenigsten mit der Einhaltung des Budgets.[322]

---

316 Vgl. Abschnitt 4.5.2.1.
317 Vgl. Abschnitt 4.5.2.2.
318 Vgl. Abschnitt 4.5.2.2.
319 Vgl. Apostolou/Pasewark/Strawser (1993), S. 116.
320 Darunter wurde verstanden, wie stark der Leiter der Prüfungsabteilung Gruppenarbeit betont sowie Kooperation, Zusammenhalt und Identifikation mit den Mitarbeitern der Prüfungsabteilung fördert. Vgl. Apostolou/Pasewark/Strawser (1993), S. 122.
321 Vgl. Apostolou/Pasewark/Strawser (1993), S. 116.
322 Vgl. Apostolou/Pasewark/Strawser (1993), S. 116.

4.5.6. *Wirkung für die geprüfte Organisation*

Nachdem bislang die Wirkungen der Fehlerbehandlung auf die Geprüften, die Prüfer und die Beziehung zwischen ihnen analysiert wurden, sollen nun die potentiellen Wirkungen auf die beteiligten Organisationen beschrieben werden. Zunächst beginne ich mit der der geprüften Organisation. In der betriebswirtschaftlichen Literatur werden die Wirkungen, die sich für eine geprüfte Organisation aus der Prüfung ergeben, bislang wenig berücksichtigt. In der Regel werden die Prüfungskosten und der Prüfungsbericht als die wesentlichen Prüfungsergebnisse betrachtet. Darüber hinausgehend kann angenommen werden, dass die Prüfung weitere Wirkungen für die geprüfte Organisation hat. Diese sollen aus den Aussagen, die zu den Wirkungen der Prüfung für die Geprüften gemacht wurden, abgeleitet werden. Weiterhin werden die allgemeinen Folgen der Fehlerbehandlung, die in Abschnitt 3.5 vorgestellt wurden, auf die spezifische Situation von geprüften Organisationen übertragen.

Wenn die geprüfte Organisation neben der Bestätigung der Korrektheit ihres Rechnungswesens weiteren Nutzen aus der Prüfung ziehen will, so ist die Art der Fehlerbehandlung ebenfalls relevant. Als positive Prüfungswirkungen für die Organisation können organisationales Lernen, eine verbesserte Anpassungsfähigkeit sowie die bessere Nutzung von Innovationspotentialen genannt werden. Da diese Wirkungen eng miteinander verflochten sind, werden sie im Folgenden gemeinsam behandelt. So kann davon ausgegangen werden, dass ein Unternehmen, in dem organisationales Lernen gefördert wird, innovativer und anpassungsfähiger sein wird als andere Unternehmen.

Eine Prüfung, die mit der Strategie des Fehlermanagements durchgeführt wird, wirkt sich vermutlich positiver auf organisationales Lernen, Anpassungsfähigkeit und Innovation aus als eine Prüfung mit einer Strategie der Fehlervermeidung. „When senior managers ... punish those responsible for errors, then they encourage a climate in which little organizational learning takes place.“[323] Wie in Abschnitt 4.5.2.1 dargestellt, werden die Korrektiv- und Schulungsfunktion besser erfüllt, wenn der Prüfer eine Strategie des Fehlermanagements anwendet als bei einer Strategie der Fehlervermeidung. Außerdem werden die Abwehrhaltung der Geprüften geringer und die Bürokratisierungstendenzen

---

323 Gillingham/Blaco/Lewko (1997), S. 190.

weniger stark ausgeprägt sein.[324] Insgesamt ergibt sich damit eine Situation, in der die Geprüften sich eher aktiv an der Verbesserung des Systems beteiligen. Da der Prüfer nach der Feststellung eines Fehler gemeinsam mit den Geprüften eine Beuteilung des Sachverhaltes vornimmt und die Korrekturvorschläge gemeinsam mit ihm erarbeitet, dürften die Vorschläge insgesamt besser umgesetzt werden. Die Mitarbeiter der geprüften Organisation werden sich bei Fragen, die außerhalb einer Prüfung auftreten, eher an den Prüfer wenden, da sie keine Bestrafung von Fehlern befürchten. Das geringere Ausmaß an Bürokratisierung wird sich ebenfalls positiv auf Innovation auswirken. In der betriebswirtschaftlichen Literatur wird verstärkt gefordert, dass das Innovationspotential von Organisationen besser genutzt werden müsse. Dazu sei es unbedingt notwendig, die aufgetretenen Abweichungen als Chancen zu beurteilen, nicht als Risiken. Die Unternehmen sollten Verhalten ermuntern, das chancenorientiert ausgerichtet ist und dabei intelligente Fehler belohnen, statt sie zu betrafen.[325]

Auch auf das zukünftige Auftreten und Beseitigen von Fehlern wird sich die Strategie der Fehlerbehandlung auswirken. So kann davon ausgegangen werden, dass bei einer Strategie des Fehlermanagements zwar mehr Fehler berichtet werden, diese aber insgesamt weniger schwerwiegende Konsequenzen haben.[326] Dieser Zusammenhang wurde für das Fehlerklima innerhalb einer Organisation nachgewiesen. Inwieweit das Verhalten des Prüfers entsprechend einer bestimmten Strategie der Fehlerbehandlung ebenfalls diesen Effekt haben kann, ist noch nicht geklärt. Es kann aber davon ausgegangen werden, dass bei einer Übereinstimmung zwischen dem Fehlerklima in der geprüften Organisation und der Strategie der Fehlerbehandlung durch den Prüfer die oben beschriebenen Effekte auftreten. Das bedeutet: Wenn ein Prüfer mit einer Strategie des Fehlermanagements in einer Organisation prüft, in der ein Fehlerklima im Sinne des Fehlermanagements herrscht, so dürfte organisationales Lernen unterstützt werden und Innovation und Anpassungsfähigkeit steigen. Zukünftige Fehler haben weniger schwerwiegende Konsequenzen, weil die Kompetenz im Umgang mit Fehlern steigt und keine Vertuschung von Fehlern stattfindet.

---

[324] Vgl. Abschnitt 4.5.2.2.
[325] Vgl. Halek (2001).
[326] Vgl. Abschnitt 3.5.1.

Wie es allerdings aussieht, wenn die Strategie der Fehlerbehandlung durch den Prüfer nicht mit dem Fehlerklima in der geprüften Organisation übereinstimmt, darüber können bislang keine Aussagen getroffen werden. Ich vermute allerdings, dass die positiven Wirkungen von Prüfungen geringer ausfallen, wenn in der geprüften Organisation ein Fehlerklima im Sinne der Fehlervermeidung herrscht, unabhängig davon, welche Strategie der Fehlerbehandlung der Prüfer anwendet.

4.5.7. Wirkungen für die Prüfungsorganisation

Auch die Wirkungen von Prüfungen, die sich für die Prüfungsorganisation ergeben, wurden in der betriebswirtschftlichen Literatur bislang nicht systematisch beschrieben. Daher werde ich im Folgenden versuchen, aus den Prüfungswirkungen für Prüfer auf die Prüfungswirkungen für die Prüfungsorganisation zu schlussfolgern. Wie in Abschnitt 4.5.3 dargelegt, wird angenommen, dass Prüfer, die sich nach einer Strategie des Fehlermanagements verhalten, zufriedener mit ihrer Arbeit sind, ein höheres organisationales Commitment und eine stärkere organisationale Identifikation mit ihrer Organisation empfinden und dass sie weniger Rollenkonflikte wahrnehmen als Prüfer, die nach einer Strategie der Fehlervermeidung handeln.

Da der Erfolg eines Unternehmens „wesentlich von der Bereitschaft seiner Mitarbeiter und Mitarbeiterinnen ab[hängt], sich für die Organisationsziele einzusetzen“[327], dürften die Arbeitszufriedenheit und die organisationale Identifikation der Prüfer zentral für die Leistung der Prüfungsorganisation sein. Außerdem gibt es Hinweise dafür, dass Arbeitszufriedenheit und Leistung signifikant miteinander korrelieren.[328] Daher nehme ich an, dass sich die von den Prüfern angewandte Strategie der Fehlerbehandlung direkt auf die Leistung der Prüfungsorganisation auswirken dürfte.

Ein weiterer Aspekt, der die Prüfungsorganisation betrifft, ist die Fluktuation ihrer Mitarbeiter. Diese scheint nicht mit den Persönlichkeitsmerkmalen von Prüfern zusammenzuhängen. Zwischen den MBTI Typen und der Fluktuationsabsicht von Prüfern

---

327 Vgl. Brandstätter (1999), S. 355.
328 Vgl. Fisher (2001), S. 157.

wurde kein Zusammenhang gefunden.[329] Die wichtigste Voraussetzung für eine Fluktuationsabsicht scheint in den Bedingungen der Arbeitstätigkeit zu liegen. Dazu zählen die Beziehungen zu Kollegen, die Art der Arbeit und die Herausforderung in der Arbeit.[330] Empirisch ermittelte Aussagen deuten darauf hin, dass Arbeitszufriedenheit und Fluktuationsabsichten von Prüfern eng zusammenhängen.[331] Außerdem korrelierte die Fluktuationsabsicht in einer empirischen Studie mit Rollenkonflikt und Rollenambiguität.[332] Daher nehme ich an, dass in Prüfungsunternehmen, in denen eine Strategie des Fehlermanagements gefördert wird, die Fluktuationsabsichten der Prüfer geringer sind. Da die Prüfer bei einer Strategie des Fehlermanagements zufriedener sind und geringere Rollenkonflikte wahrnehmen als bei einer Strategie der Fehlervermeidung[333], sollten sie auch eher beabsichtigen, in ihrer Organisation zu bleiben.

Eine weitere Wirkung für die Prüfungsorganisation besteht im Ressourcenverbrauch durch die Prüfung. So fallen für die Prüfungsorganisation Personalkosten für den Einsatz der Prüfer an.[334] Während in Abschnitt 4.5.2.2 argumentiert wurde, dass eine Strategie des Fehlermanagements für die Geprüften eher zu einem höheren Zeitaufwand führt als eine Strategie der Fehlervermeidung, so kann diese Argumentation nicht auf die Person des Prüfers übertragen werden. Zwar verwendet auch der Prüfer mehr Zeit für die Diskussion mit den Mitarbeitern der geprüften Organisation. Allerdings dürfte es ihm wesentlich leichter fallen, die wesentlichen Zusammenhänge zu identifizieren, die notwendigen Informationen und Interpretationshilfen von den Geprüften zu erhalten und angemessene Verbesserungsvorschläge gemeinsam mit den Geprüften zu entwickeln. Daher nehme ich an, dass die Prüfung insgesamt weniger Zeit des Prüfers in Anspruch nimmt, wenn er einer Strategie des Fehlermanagements folgt.

Wenn Prüfungen, wie in Abschnitt 4.5.5 argumentiert, effektiver und effizienter ablaufen, wenn eine Strategie des Fehlermanagements angewandt wird, so hat dies auch Auswirkungen auf das Image und die Reputation des Prüfungsunternehmens. So dürfte eine

---

329 Vgl. Satava (1994), S. 122.
330 Vgl. Benke/Rhode (1984), S. 165.
331 Vgl. Brierley (1999), S. 67.
332 Vgl. Gregson/Wendell/Aono (1994), S. 152.
333 Vgl. Abschnitt 4.5.3.
334 Vgl. Richter (1978) S. 729.

Wirtschaftsprüfungspraxis, deren Prüfungen reibungslos ablaufen und in denen die wesentlichen Abweichungen entdeckt und tatsächlich korrigiert werden, einen zunehmend guten Ruf genießen. Auch für Abteilungen der Internen Revision dürfte es leichter sein, ihren eigenen Nutzen darzustellen, wenn tatsächliche Verbesserungen des Systems nach der Durchführung von Prüfungen zu verzeichnen sind. Insgesamt kann davon ausgegangen werden, dass Prüfungsorganisationen, in denen die Prüfer einer Strategie des Fehlermanagements im Umgang mit den Fehlern der Geprüften zeigen, einen Wettbewerbsvorteil gegenüber Prüfungsorganisationen haben sollten, in denen die Prüfer nach der Strategie der Fehlervermeidung handeln.

4.5.8. Zusammenfassung der Wirkungen

Zusammenfassend muss festgestellt werden, dass die Fehlerbehandlung wesentliche Auswirkungen auf den gesamten Prüfungsprozess und die Prüfungsergebnisse haben wird. Dabei sind die Wirkungen für die Beziehung zwischen Prüfer und Geprüften sowie für die Person des Geprüften bereits fundierter beschrieben als die Wirkungen für den Prüfer und die Prüfungsorganisation. Hier ist weitere Forschung notwendig, um die formulierten Annahmen belegen und spezifizieren zu können.

In dieser Arbeit wurde argumentiert, dass die Beziehungen zwischen Prüfer und Geprüften bei einer Strategie des Fehlermanagements wesentlich besser sein dürften als bei einer Strategie der Fehlervermeidung. Daher dürften auch die Korrektur von Fehlern und die Schulung der Geprüften bei einer Strategie des Fehlermanagements besser erreicht werden. Die Abwehrreaktion der Geprüften sollte weniger ausgeprägt sein. Auch die fehlerhaften Prüfungsfeststellungen sollten bei einer Strategie des Fehlermanagements seltener auftreten als bei einer Strategie der Fehlervermeidung. Für die geprüfte Organisation wurde herausgearbeitet, dass die bessere Korrektur und Schulung sowie die geringere Abwehrhaltung der Geprüften und die geringer ausgeprägten Bürokratisierungstendenzen bei einer Strategie des Fehlermanagements dazu führen sollte, dass organisationales Lernen besser unterstützt wird sowie Innovation und Anpassungsfähigkeit gefördert werden.

Für die Prüfer kann angenommen werden, dass sie bei einer Strategie des Fehlermanagements zufriedener mit ihrer Arbeit sein dürften, ein höheres organisationales Commitment empfinden sowie einen geringeren Rollenkonflikt wahrnehmen sollten als bei einer Strategie der Fehlervermeidung. Dies, sowie eine effektivere und effizientere

Prüfungsdurchführung, dürften Wettbewerbsvorteile für die Prüfungsorganisation sowie bessere Leistung und geringere Fluktuation der Prüfer zur Folge haben. Die potentiellen Wirkungen der Fehlerbehandlung sind noch einmal in Abbildung 8 zusammengefasst.

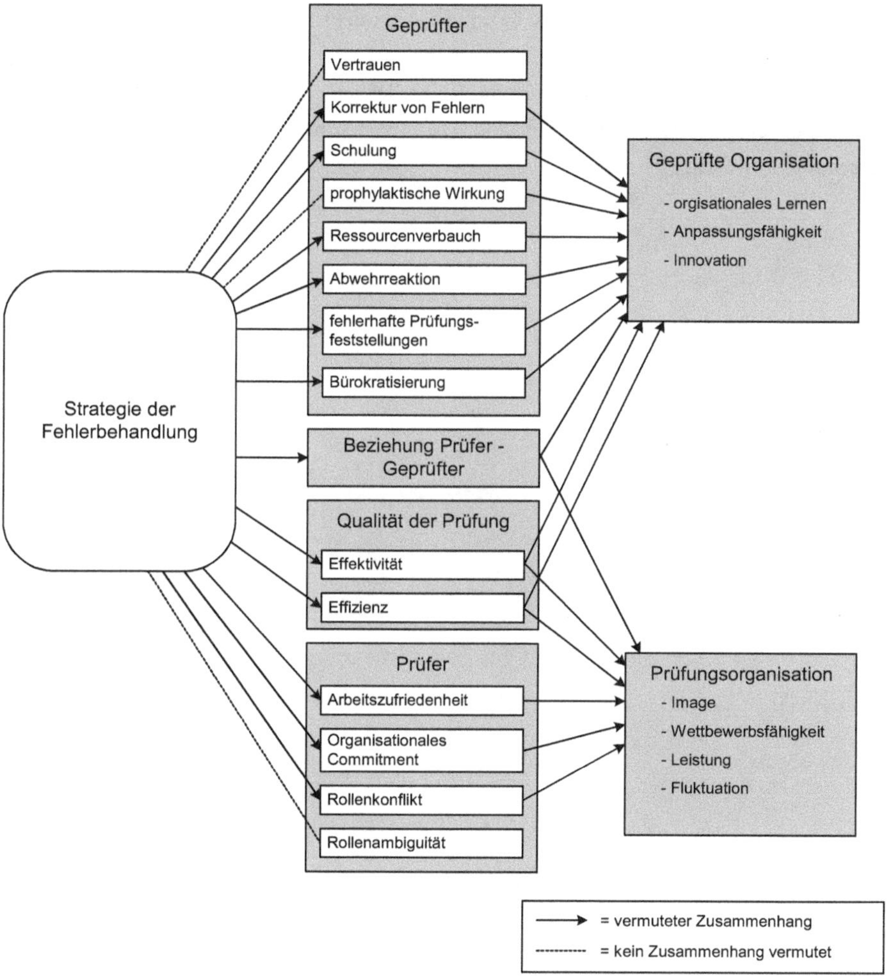

Abbildung 8: Übersicht der potentiellen Wirkungen der Fehlerbehandlung

Sowohl in der Diskussion der potentiellen Wirkungen als auch in der schematischen Darstellung in Abbildung 8 wurde eine Vereinfachung vorgenommen. Die einzelnen Prüfungswirkungen wurden weitgehend unabhängig voneinander beschrieben. Es muss allerdings davon ausgegangen werden, dass die einzelnen Wirkungen sich gegenseitig beeinflussen und in ihren Wechselwirkungen untersucht werden sollten. So scheint die Beziehung zwischen Prüfer und Geprüften eine zentrale Stellung innerhalb der Wirkungen zu haben. Sie beeinflusst eine Reihe der anderen Wirkungen wahrscheinlich direkt. Für eine klare Abgrenzung und Differenzierung der Wirkungen ist weitere Forschung notwendig.

5. Entwicklung eines Messinstrumentes zur Erfassung der Fehlerbehandlung im Prüfungsprozess

5.1. Anwendungsbereich

In Kapitel 4 wurde die Fehlerbehandlung durch den Prüfer logisch-analytisch untersucht und unter Berücksichtigung empirischer Befunde in den Prüfungsprozess eingeordnet. Es wurden Annahmen über die Einflussgrößen und Wirkungen der unterschiedlichen Strategien der Fehlerbehandlung diskutiert. Um den Wahrheitsgehalt dieser Annahmen feststellen zu können, ist es unerlässlich, sie in der Realität zu überprüfen. Dazu muss zunächst die methodische Voraussetzung für eine zuverlässige Erfassung der Fehlerbehandlung geschaffen werden, das heißt, das Konstrukt der Fehlerbehandlung durch den Prüfer muss operationalisiert werden. Die Qualität dieser Operationalisierung ist ausschlaggebend für die Güte der Ergebnisse der empirischen Untersuchungen. In diesem Kapitel wird die Entwicklung eines Fragebogens zur Erfassung der Fehlerbehandlung durch den Prüfer beschrieben.

Bevor mit der Konstruktion der einzelnen Fragen, auch „Fragebogen-Items", begonnen werden kann, muss das zu messende Merkmal einschließlich seiner wesentlichen Einflussfaktoren untersucht werden. Erst nach dieser strukturierten Analyse des Merkmals ist es möglich, die zu messende Eigenschaft so zu operationalisieren, dass eine logische Ableitung der Fragebogen-Items möglich ist. Es „muss das zu messende Merkmal ... genau analysiert, strukturiert und gegebenenfalls operationalisiert werden. Auf Grund dieser Analyse können Aufgaben entwickelt werden, die repräsentativ für den gesamten Merkmalsbereich ... sind."[1] Diese Analyse wurde in Kapitel 4 vorgestellt. Im Folgenden werde ich mich auf die Aussagen des Analyserahmens beziehen.

Vor der Entwicklung der Fragebogen-Items müssen zwei grundsätzliche Fragen beantwortet werden. Es muss zum einen festgelegt werden, welche Inhalte mit Hilfe des Messverfahrens erfasst werden sollen (Validitätsbereich). Zum anderen muss definiert werden,

---

[1] Lienert/Raatz (1998), S. 50.

für welche Personengruppen das Messinstrument Aussagen treffen soll (Geltungsbereich).[2]

Der Validitätsbereich des Fragebogens umfasst die Fehlerbehandlung von Prüfern. Wie in Abschnitt 4.2. beschrieben, beinhaltet die Fehlerbehandlung das beobachtbare Verhalten des Prüfers während einer Prüfung, nachdem er einen Fehler des Geprüften gefunden hat. Insbesondere beinhaltet es die mündliche und schriftliche Rückmeldung des Fehlers einschließlich der Entwicklung und Mitteilung von Verbesserungsvorschlägen. Mit Hilfe des Fragebogens soll erfasst werden, inwieweit ein Prüfer bei der Fehlerbehandlung zur Strategie der Fehlervermeidung beziehungsweise zur Strategie des Fehlermanagements tendiert. Wie in Abschnitt 4.3 erläutert, wird davon ausgegangen, dass die beschriebenen Strategien der Fehlerbehandlung lediglich die extremen Ausprägungen eines Kontinuums darstellen. In der Realität werden Prüfer Aspekte beider Strategien umsetzen. Es wird allerdings in Anlehnung an die psychologischen Erkenntnisse davon ausgegangen, dass sich die Prüfer hinsichtlich ihrer Tendenz einer der beiden Strategien zuordnen lassen.

Mit der Festlegung des Geltungsbereiches wird definiert, für welche Personengruppen das Messinstrument Aussagen liefern soll. Bei der Beantwortung dieser Frage waren bei der Entwicklung des Fragebogens zur Erfassung der Fehlerbehandlung von Prüfern zwei Alternativen vorhanden.

Es bestand die Möglichkeit, den Personenkreis auf eine eng begrenzte Prüfergruppe einzuschränken. Dann wäre es möglich, beispielsweise nur für Interne Revisoren oder nur für Jahresabschlussprüfer ein Messinstrument zu entwickeln. Der Vorteil dieser Alternative liegt in der relativ homogenen Tätigkeit der Probanden und damit in einer einfacher zu entwickelnden Fragebogenversion. Es können dann konkrete Situationen vorgegeben werden, die typischerweise bei der Tätigkeit dieser Prüfergruppe auftreten. Ein wesentlicher Nachteil besteht hingegen in der eingeschränkten Aussagekraft und Einsatzfähigkeit dieses Messinstruments. Insbesondere die Untersuchung der Unterschiede zwischen verschiedenen Prüfergruppen ist eine interessante Forschungsfrage.

---

2 Vgl. Lienert/Raatz (1998), S. 40.

Die andere Alternative bei der Festlegung des Geltungsbereiches ist die Einbeziehung aller Prüfer in den Personenkreis, über den Aussagen mit Hilfe des Messinstrumentes getroffen werden sollen. Der wesentliche Nachteil dieser Alternative liegt in den zum Teil sehr unterschiedlichen Tätigkeiten der einzelnen Prüfergruppen. So ist die Jahresabschlussprüfung durch eine starke Regulierung und Ausrichtung an Gesetzen und Richtlinien gekennzeichnet. Es ist anzunehmen, dass die Fehlerbehandlung von Jahresabschlussprüfern stark durch diese externen Einflüsse bestimmt wird und interpersonelle Unterschiede eher gering sind. Um diesem Nachteil entgegenzuwirken, können zwar die drei beschriebenen Personengruppen (Interne Revisoren, externe Prüfer und öffentliche Prüfer) in den Geltungsbereich einbezogen werden; die Breite ihrer Tätigkeiten muss aber so beschränkt werden, dass eine wenigstens ansatzweise ähnliche Tätigkeit betrachtet wird. Hier wäre es möglich, bei den Wirtschaftsprüfern die untersuchte Tätigkeit auf die Vorprüfung, die Prüfung des Internen Kontrollsystems, zu beschränken. In diesem Bereich ist der Wirtschaftsprüfer weniger an Regulierungen gebunden und seine Tätigkeit ähnelt eher der Arbeit des Internen Revisors und des öffentlichen Prüfers, so dass ähnliche Fragebogen-Items für diese beiden Prüfergruppen entwickelt werden können. Der wesentliche Vorteil dieser Alternative liegt in der breiteren Anwendbarkeit des entwickelten Fragebogens und damit einer breiteren Palette an Forschungsfragen, die mit Hilfe des Messinstrumentes untersucht werden können.

Bei der Entwicklung des Fragebogens habe ich mich für die zweite Alternative entschieden, da die Vorteile wesentlich für die Erfüllung der Zielstellung der Arbeit sind und die Nachteile durch die Einschränkung auf eine Vorprüfung bei den Wirtschaftsprüfern reduziert werden können. Der Geltungsbereich des Fragebogens umfasst damit interne, externe und öffentliche Prüfer.

5.2. Aufbau des Messinstrumentes

Nachdem bestimmt wurde, welche Inhalte mit dem Messinstrument erfasst werden sollen und für welche Personengruppe es Aussagen liefern soll, muss der konkrete Aufbau des Messinstrumentes festgelegt werden.

Im ersten Teil des Fragebogens soll die Fehlerbehandlung des Prüfers erfasst werden. Dieser Teil stellt den zentralen Bestandteil des Messverfahrens dar. Hier sollte die Handlungstendenz des Prüfers beim Umgang mit den Fehlern des Geprüften erfasst werden.

Um im Folgenden das zu messende Konstrukt von anderen, ähnlichen Konstrukten abgrenzen zu können, wurden im zweiten und dritten Teil des Fragebogens Konstrukte erfasst, die ebenfalls eng mit der Fehlerbehandlung zusammenhängen. Die Fehlerbehandlung des Prüfers beinhaltet, wie beschrieben, den Umgang des einzelnen Prüfers mit den Fehlern des Geprüften. Im zweiten Teil des Fragebogens wurde das organisationale Fehlerklima in der Prüfungsorganisation erfasst. In diesem Teil des Fragebogens wird gefragt, welcher Umgang mit eigenen Fehlern in der Prüfungsorganisation üblich ist. Im dritten Teil des Fragebogens wurde eine individuelle Eigenschaft der Prüfer erfasst. Hier sollten die Prüfer Angaben über ihre individuelle Fehlerorientierung machen. Die individuelle Fehlerorientierung beschreibt die Einstellung und den Umgang von Personen mit eigenen Fehlern. Diese Einstellung zu eigenen Fehlern und das organisationale Fehlerklima in der Prüfungsorganisation sollen erfasst werden, damit bei der Validierung des Fragebogens Aussagen darüber getroffen werden können, inwieweit die Versuchspersonen tatsächlich zwischen dem Umgang mit eigenen Fehlern und dem Umgang mit den Fehlern des Geprüften sowie zwischen dem eigenen Umgang mit Fehlern und dem in der Prüfungsorganisation üblichen Umgang mit Fehlern unterscheiden.

Im vierten Teil des Fragebogens wurden allgemeine demografische Daten, wie Alter, Geschlecht und Dauer der Berufszugehörigkeit erhoben. Es wurden drei Versionen des Fragebogens für interne, externe und öffentliche Prüfer entwickelt. Die Versionen unterschieden sich darin, dass für externe Prüfer in der Instruktion darauf hingewiesen wird, dass sie sich auf ihr Verhalten bei der Prüfung des Internen Kontrollsystems beziehen sollen. Damit soll eine Vergleichbarkeit der Tätigkeit für die drei Prüfertypen sichergestellt werden. Weiterhin wird in der Version für externe Prüfer der Begriff „Bericht“ durch den Begriff „Management-Letter“ ersetzt. Die erhobenen demografischen Daten unterscheiden sich ebenfalls marginal voneinander.

5.3. *Entwicklung der Fragebogen-Items*

5.3.1. *Fehlerbehandlung durch den Prüfer*

Der Fragebogen zur Erfassung der Fehlerbehandlung durch den Prüfer wurde in mehreren Etappen entwickelt. Zunächst wurden typische Situationen formuliert, in denen ein Prüfer Fehler des Geprüften entdeckt. Dabei wurden die Situationen relativ allgemein gehalten, damit sie für externe, interne und öffentliche Prüfer anwendbar sind. Beispielsweise lautete eine dieser Beschreibungen: „Der Prüfer hat eine wesentliche

Unstimmigkeit entdeckt, deren Ursache er noch nicht erkannt hat.“ Die Beschreibungen enthielten Fehler unterschiedlicher Schwere und Korrigierbarkeit. Außerdem gab es Schilderungen, die das Verhalten des Prüfers außerhalb der Prüfung und bei der Formulierung des Berichtes betrafen. In offenen Diskussionen mit Prüfern und mit Studierenden der Fachrichtung Rechnungswesen/Wirtschaftsprüfung wurden zu jeder dieser Schilderungen vier verschiedene Handlungsmöglichkeiten des Prüfers formuliert. Diese Handlungsmöglichkeiten beschrieben entweder das Verhalten nach einer Strategie des Fehlermanagements oder nach einer Strategie der Fehlervermeidung. Die Situationsbeschreibungen und die möglichen Handlungsalternativen stellten die Grundlage für halbstandardisierte Interviews mit Prüfungspraktikern dar.

In einer Voruntersuchung wurden diese Interviews mit sieben Prüfern (eine Leiterin eines Rechnungsprüfungsamtes, drei externe Prüfer und drei Leiter von Internen Revisionen) durchgeführt. Die Prüfer erhielten dabei zunächst die Situationsbeschreibungen und sollten angeben, wie sie sich in einem solchen Fall typischerweise verhalten. Anschließend wurden ihnen die vorher formulierten Handlungsalternativen gezeigt und sie sollten beurteilen, wie sinnvoll dieses Verhalten sei. Durch die Antworten der Versuchspersonen wurde deutlich, welche Formulierungen verbessert werden müssten und welche Handlungsalternativen die Prüfer selbst sahen.

Es zeigte sich, dass die Antworten sehr unterschiedlich ausfielen. So gab es einerseits Prüfer, die die Fehlermanagement-Alternativen klar befürworteten und die Alternativen der Fehlervermeidung klar ablehnten. Diese Prüfer scheinen die Strategie des Fehlermanagements zu bevorzugen. Andererseits gab es Prüfer, die auf die Fehlermanagement-Alternativen positiv überrascht oder nachdenklich reagierten („Ja, das ist auch eine gute Idee.“), die allerdings auch die Fehlervermeidungs-Alternativen nicht klar befürworteten. Anscheinend waren diese Alternativen zu negativ formuliert worden. Auch ein Prüfer mit einer Strategie der Fehlervermeidung verzichtet nicht ganz und gar auf die Gespräche mit den Mitarbeitern der geprüften Organisation. Sie werden nur weniger häufig vorkommen als wenn der Prüfer nach einer Strategie des Fehlermanagements handelt.

Weiterhin legt diese Beobachtung die Schlussfolgerung nahe, dass die Fragen zur Fehlervermeidung einen besonders sensiblen Bereich der prüferischen Tätigkeit betreffen. Jeder Prüfer weiß theoretisch, dass er eine gute Beziehung zum Geprüften aufbauen sollte, dass er positive Aspekte in den Bericht aufnehmen sollte, dass er den Geprüften mit Respekt behandeln sollte. Dennoch unterscheiden sich die Prüfer in ihrem tatsächlichen Verhalten nach der Entdeckung von Fehlern voneinander. Die Tendenz, im Sinne der sozialen Erwünschtheit zu antworten, dürfte insbesondere das Antwortverhalten bei den Items zur Fehlervermeidung wesentlich beeinflussen.

Als Schlussfolgerung aus diesen Beobachtungen wurde der Fragebogen so aufgebaut, dass nicht mehr danach gefragt wurde, wie angemessen das beschriebene Verhalten beurteilt wird. Vielmehr wurde nun gefragt, wie häufig sich die Prüfer so verhalten, wie es in der Situationsschilderung angegeben war. Die zugrunde liegende Vermutung lautet: Prüfer mit beiden Strategien der Fehlerbehandlung beurteilen das Verhalten, das eine Strategie des Fehlermanagements beschreibt, zum Teil auch als Folge der sozialen Erwünschtheit, als angemessen. Allerdings werden Prüfer mit einer Strategie der Fehlervermeidung dieses Verhalten seltener anwenden als Prüfer mit einer Strategie des Fehlermanagements. Aus den Ergebnissen dieser Interviews wurden geeignete Antworten ausgewählt, die sich eindeutig einer Strategie der Fehlerbehandlung zuordnen ließen. Die Items wurden nun so formuliert, dass sie ein konkretes Verhalten in einer Situation beschrieben. Die Versuchspersonen sollten angeben, wie häufig sie dieses Verhalten selbst in der Prüfung zeigen. So wurde beispielsweise die oben genannte Situationsschilderung folgendermaßen konkretisiert: „Wie häufig kommt es vor, dass Sie bei Unstimmigkeiten, deren Ursache Sie noch nicht kennen, als erstes mit dem Geprüften sprechen?“ In diesem Item wird Verhalten im Sinne des Fehlermanagements beschrieben. Es wird angenommen, dass Prüfer mit einer Strategie des Fehlermanagements angeben werden, dass sie sich häufiger so verhalten als Prüfer mit einer Strategie der Fehlervermeidung.

In der Instruktion wurden die Versuchspersonen gebeten, die folgenden Fragen möglichst wahrheitsgetreu zu beantworten. Sie sollten angeben, wie sie sich in der Prüfung verhalten, wenn sie einen Fehler des Geprüften entdecken. Sie wurden besonders darauf hingewiesen, dass sie ausschließlich die unbeabsichtigten Fehler der Geprüften berücksichtigen sollten. Nach der Instruktion folgten die 22 Items. Die Prüfer sollten auf einer fünfstufigen Ratingskala (von „nie“ bis „regelmäßig“) angeben, wie häufig sie sich so verhielten, wie es im Item beschrieben wurde.

Im Wesentlichen waren die Alternativen, die ein Verhalten im Sinne der Fehlervermeidung beschreiben sollten, dadurch gekennzeichnet, dass bei wesentlichen Fehlern eine sofortige deutliche Handlung folgte. So wurde damit gedroht, die Schwachstellen im Bericht darzustellen beziehungsweise den Bestätigungsvermerk einzuschränken. Es wurde keine Kompromissbereitschaft gezeigt. Wesentliche Fehler müssen ausgeräumt werden. Bei unwesentlichen Fehlern war das Verhalten des Prüfers mit der Strategie der Fehlervermeidung so, dass diese Fehler entweder auszuräumen waren, oder, falls sie nicht korrigierbar waren, ignoriert wurden. Systematische Fehler wurden ähnlich sorgfältig analysiert und dokumentiert wie zufällige Fehler. Für alle Fehler wurden die Korrekturen vorgegeben. Eine Kontaktaufnahme der Geprüften außerhalb der Prüfungen wurde nicht gefördert.

Die Alternativen, die ein Verhalten im Sinne des Fehlermanagements beschreiben sollten, waren dadurch gekennzeichnet, dass bei wesentlichen Fehlern an erster Stelle eine Analyse der Ursachen gemeinsam mit den Geprüften erfolgte. Wenn die Argumentation der Geprüften nachvollziehbar und grundsätzlich mit der Vermittlung eines „den tatsächlichen Verhältnissen entsprechenden Bildes der Vermögens-, Finanz- und Ertragslage“[3] vereinbar war, so wurde ein Kompromiss gesucht, der es ermöglicht, diese Bilanzierung beizubehalten, aber das Gesamtergebnis unverfälscht darzustellen, z. B. durch Ausnutzen von Wahlrechten bei anderen Positionen, so dass Verzerrungen ausgeglichen werden. Bei unwesentlichen Fehlern wurden ebenfalls die Ursachen ermittelt und eine Rückmeldung an die Geprüften gegeben. Es wird nicht auf Korrektur bestanden, aber der Verantwortliche im Unternehmen sollte verstehen, worin der Fehler besteht und erkennen, wie eine richtige Bilanzierung aussieht. Grundsätzlich liegt der Schwerpunkt auf systematischen Fehlern, da eine Verbesserung der Strukturen und Abläufe sowie Wissensvermittlung und Lernen oberste Priorität besitzen. Die Geprüften wurden ermuntert, sich bei Fragen außerhalb der Prüfung direkt an den Prüfer zu wenden. Eine vollständige Darstellung aller Items zur Fehlerbehandlung des Prüfers findet sich in Anlage 1.

5.3.2. Organisationales Fehlerklima in der Prüfungsorganisation

Im zweiten Teil des Fragebogens sollte das Fehlerklima in der Prüfungsorganisation erfasst werden. Dazu wurde als Grundlage ein allgemeiner Fragebogen verwendet, mit dem das Fehlerklima einer Organisation erhoben werden kann.[4] In ihrer Untersuchung

---

3 § 264 Abs. 2, S. 1 HGB.

4 Vgl. Dyck/Frese/Sonnentag (1998).

zum organisationalen Fehlerklima entwickelte VAN DYCK auf der Grundlage des Error Orientation Questionnaire (EOQ)[5] einen auf das organisationale Niveau angepassten Fragebogen. Dieser bestand aus den Skalen Fehlerkompetenz („*mastery orientation*"), Antizipation und Fehlerbelastung. Zur Fehlerkompetenz zählen dabei alle Fähigkeiten im Umgang mit Fehlern. Das betrifft die Mitteilung von Fehlern, die Analyse und Korrektur von Fehlern sowie das Lernen aus Fehlern.[6] Diese Verhaltensweisen führen direkt dazu, die positiven Fehlerkonsequenzen zu maximieren und die negativen Konsequenzen zu minimieren.[7] In Validierungsuntersuchungen konnte sie nachweisen, dass die Fehlerkompetenz einen Kernbereich der Fehlerorientierung darstellt.[8] So wurde ein Zusammenhang zwischen Fehlerkompetenz und organisationaler Leistung gefunden, nicht aber zwischen Antizipation beziehungsweise Fehlerbelastung und organisationaler Leistung.[9] Aus diesem Grunde habe ich für die Entwicklung des Fragebogen-Teils zur Erfassung des Fehlerklimas in der Prüfungsorganisation die Items ausgewählt, die zur Skala „Fehlerkompetenz" gehören. Die Reihenfolge der Items wurde per Los bestimmt.

In der Instruktion wurden die Versuchspersonen gebeten, Angaben über das Fehlerklima in ihrer Prüfungsorganisation zu machen. Sie sollten angeben, inwieweit die Aussagen auf Ihre Organisation im Allgemeinen zutreffen.[10] Es waren 21 Items zu beantworten, von denen beispielsweise eins lautete: „Alle Fehler werden offen diskutiert." Die Versuchspersonen sollten auf einer fünfstufigen Ratingskala (von „trifft voll zu" bis „trifft überhaupt nicht zu") angeben, wie genau diese Aussagen für ihr Unternehmen zutreffen. In Anlage 3 sind alle Items zum organisationalen Fehlerklima dargestellt.

5.3.3. Individuelle Fehlerorientierung des Prüfers

Im dritten Teil des Fragebogens sollte die individuelle Fehlerorientierung des Prüfers erhoben werden. Im Gegensatz zur Fehlerbehandlung, die im ersten Teil des Fragebogens erfasst wurde, betrifft die individuelle Fehlerorientierung einer Person die Einstellung

---

5 Vgl. Abschnitt 5.3.3.
6 Vgl. Dyck (2000), S. 55.
7 Vgl. Dyck/Frese/Sonnentag (1998), S. 8.
8 Vgl. Dyck/Frese/Sonnentag (1998), S 21.
9 Vgl. Dyck/Frese/Sonnentag (1998), S. 15.
10 Vgl. Dyck/Frese/Sonnentag (1998), S. 13.

und den Umgang mit eigenen Fehlern, nicht mit den Fehlern anderer. Als Ausgangspunkt diente hier der Error Orientation Questionnaire (EOQ).[11] Auch in diesem Fragebogenteil wurden die Fragen an die Person des Prüfers und seine Tätigkeit angepasst.

Im EOQ werden sechs Skalen unterschieden.[12] Die „Fehlerkompetenz" beschreibt das Wissen und die Fähigkeiten im Umgang mit Fehlern, insbesondere die Kommunikation über Fehler sowie die Analyse und Korrektur von Fehlern. Die Skala „Lernen aus Fehlern" beinhaltet im Gegensatz zur Fehlerkompetenz eine eher zukunftsorientierte, langfristige Komponente. Damit wird erfasst, inwieweit die Versuchspersonen versuchen, für die Zukunft aus den Fehlern zu lernen. Die Skala „Risikobereitschaft" beinhaltet eine hohe Flexibilität und Offenheit gegenüber Fehlern. Weiterhin werden die Skalen „Belastung durch Fehler", „Fehlerantizipation" und „Verheimlichung von Fehlern" erfasst. In Analogie zur Vorgehensweise bei der Anpassung des Fragebogens zum organisationalen Fehlerklima nach VAN DYCK wurden auch beim EOQ die Items ausgewählt, die den Kernbereich der Fehlerorientierung darstellen. Die Items der Skalen Fehlerantizipation, Belastung durch Fehler, Verheimlichen von Fehlern sowie Risikobereitschaft wurden damit nicht übernommen. Die verbleibenden 17 Items wurden in einer zufälligen Reihenfolge angeordnet.

In der Instruktion wurden die Versuchspersonen gebeten, Angaben über den Umgang mit eigenen Fehlern zu machen. Die Versuchspersonen sollten angeben, inwieweit die 17 Aussagen für „eigene Fehler in der täglichen Arbeit, die Ihnen selbst unterlaufen" zutreffen. Sie konnten wiederum auf einer fünfstufigen Ratingskala (von„trifft voll zu" bis „trifft überhaupt nicht zu") antworten. In Anlage 4 sind alle Items zur individuellen Fehlerorientierung dargestellt.

---

11 Vgl. Rybowiak/Garst/Frese/Batinic (1999).

12 Vgl. Rybowiak/Garst/Frese/Batinic (1999), S. 532-535.

5.4. Analyse der Fragebogen-Items

5.4.1. Versuchspersonen

Nachdem ein Fragebogen in der ersten Fassung entwickelt wurde, sollte er hinsichtlich seiner Aussagekraft und Differenzierungsfähigkeit untersucht werden. Ziel dieser Aufgabenanalyse ist es, ungeeignete Items zu eliminieren oder zu verbessern, damit der Fragebogen eine höhere Reliabilität und Validität erreicht.[13] Dazu wurde der Fragebogen in einer empirischen Untersuchung getestet. Als Versuchspersonen beteiligten sich interne, externe und öffentliche Prüfer an der Studie. Insgesamt nahmen 60 Prüfer an der Untersuchung teil. Davon waren 41 Interne Revisoren, 3 öffentliche Prüfer und 16 externe Prüfer. Auf eine Repräsentativität der Versuchspersonen wurde zunächst weniger Wert gelegt, da keine inhaltlichen Aussagen über die Ausprägung der Fehlerbehandlung getroffen werden sollten, sondern lediglich eine Überprüfung der Fragebogen-Items angestrebt wurde. Dabei ist lediglich zu beachten, dass die Versuchspersonen möglichst keine extreme Verteilung in dem zu messenden Merkmal aufweisen. Es besteht kein Anlass zu der Vermutung, dass die Fehlerbehandlung bei dieser anfallenden Stichprobe von Prüfern eine besondere Verteilung haben sollte.

Nachdem die ersten 37 Fragebögen (33 interne Prüfer, 4 externe Prüfer) eingegangen sind, habe ich festgestellt, dass insbesondere die Teile 2 und 3 wenig differenzieren. Alle Versuchspersonen zeigten ein ähnliches Antwortverhalten bei der Erfassung des organisationalen Fehlerklimas. Auch die Items zur individuellen Fehlerorientierung wurden von allen Versuchspersonen relativ ähnlich beantwortet. In beiden Fällen entschieden sich die Versuchspersonen eindeutig für die Alternativen, die ein Verhalten im Sinne des Fehlermanagements beschrieben.

Grundsätzlich sind für diese Verteilung zwei Erklärungen möglich. Einerseits kann es sein, dass das zu messende Merkmal in der Stichprobe tatsächlich homogen verteilt ist. Das würde bedeuten, dass in allen Prüfungsorganisationen ein ähnliches Fehlerklima herrscht und dass alle Prüfer eine ähnliche individuelle Fehlerorientierung haben. Andererseits ist es auch möglich, dass die Formulierung der Items eine bestimmte

---

[13] Vgl. Lienert/Raatz (1998), S. 57.

Beantwortung nahe legt. Das Messinstrument differenziert dann nicht. Da in dieser Untersuchung kein Anlass zu der Vermutung besteht, dass die beiden Merkmale, die im Allgemeinen unterschiedlich ausgeprägt sind, bei der anfallenden Stichprobe von Prüfern so ähnlich sein sollen, wird angenommen, dass die Formulierung der Items für die Homogenität im Antwortverhalten verantwortlich ist. Im methodischen Sinne wird davon gesprochen, dass die „Schwierigkeit" der Items nicht gut verteilt ist. Entweder sind alle Items zu „schwierig" und keine Versuchsperson kann sie lösen oder es sind alle Items zu „leicht". Dann werden sie von allen Versuchspersonen gelöst. Der Fragebogen differenziert in beiden Fällen nicht. Bei der Entwicklung eines Fragebogens kann dieses Problem behoben werden, indem die Schwierigkeit der Items verändert wird. Übertragen auf das zu messende Konstrukt bedeutet dies, dass die Items so formuliert werden müssen, dass auch die Alternativen, die Verhalten im Sinne der Fehlervermeidung beschreiben, von den Versuchspersonen gewählt werden können.

Da angenommen werden kann, dass die Homogenität bei der Beantwortung durch die Formulierung der Items verursacht wurde, habe ich mich entschlossen, vor einer weiteren Verteilung des Fragebogens einige Items der Fragebogen-Teile 2 und 3 zu überarbeiten. Diese Überarbeitung soll an einem Beispiel illustriert werden. Das Item 1 des 2. Fragebogen-Teils lautete ursprünglich: „In unserer Organisation herrscht die Meinung vor, dass man bei der Bewältigung einer Aufgabe viel aus seinen Fehlern lernen kann." Die Mehrheit der Versuchspersonen stimmte dieser Aussage zu, eine kleine Gruppe enthielt sich. Um eine größere Differenzierung im Antwortverhalten zu erzeugen, habe ich das Item in der zweiten Version etwas schärfer formuliert: „In unserer Organisation ist man sich einig darüber, dass man bei der Bewältigung einer Aufgabe viel aus seinen Fehlern lernen kann." Insgesamt wurden so 9 der 21 Items von Fragebogen-Teil 2 umformuliert. Im Fragebogen-Teil 3 wurden 9 von 17 Items verändert.

Die überarbeitete Version des Fragebogens wurde von weiteren 23 Prüfern beantwortet (8 interne Prüfer, 3 öffentliche Prüfer und 12 externe Prüfer). Für die Auswertung des ersten Fragebogen-Teils zur Fehlerbehandlung des Prüfers konnten die Antworten aller Prüfer berücksichtigt werden, da die überarbeitete Version sich nicht im Teil 1 von der ursprünglichen Version unterschied. Somit wurden die 60 Fragebögen in die Auswertung einbezogen (41 interne Prüfer, 3 öffentliche Prüfer und 16 externe Prüfer). Für die Auswertung des zweiten und dritten Fragebogen-Teils konnten 23 Fragebögen verwendet werden.

5.4.2. *Methoden der Datenanalyse*

Mit Hilfe dieser empirischen Untersuchung sollten Aussagen über jedes einzelne Item gemacht werden. Zur Auswertung des Fragebogens wurden den Antworten auf den fünfstufigen Antwortskalen die Zahlenwerte „1“ bis „5“ zugeordnet. Anschließend mussten die Itemwerte so gepolt werden, dass ein hoher beziehungsweise niedriger Wert des Items immer dieselbe Strategie der Fehlerbehandlung beschrieb. Dabei wurden die Items so gepolt, dass ein hoher Wert immer für eine Strategie der Fehlervermeidung spricht, während ein niedriger Wert für Fehlermanagement steht. Diejenigen Items, die ursprünglich anders gepolt waren, wurden zunächst umgepolt, wobei eine „5“ zu einer „1“ wurde, eine „4“ zu einer „2“ und so weiter. Anschließend wurde für jedes Item der Median und die Spannweite berechnet. Die Spannweite dient als Indikator für die Differenzierungsfähigkeit des Items. Wenn alle Versuchspersonen die gleiche Antwort bei einem Item wählten, so ist die Spannweite gering und das Item besitzt praktisch keine Differenzierungsfähigkeit. Der Median dient dazu, die Schiefe der Verteilung abzuschätzen.

Im nächsten Schritt wurde für jede Versuchsperson ein Rohwert ermittelt. Dazu wurden die Werte der in einheitliche Richtung gepolten Items summiert. Ein hoher Rohwert sprach dann für eine Tendenz zur Fehlervermeidung und ein niedriger Wert für Fehlermanagement. Dieser Rohwert war notwendig, um die Trennschärfe jedes Items zu berechnen. Die Trennschärfe gibt an, inwieweit der Wert des einzelnen Items mit dem Gesamtwert der Versuchsperson korreliert, oder „wie gut das gesamte Testergebnis aufgrund der Beantwortung eines einzelnen Items vorhersagbar ist“[14].

Wenn eine Versuchsperson insgesamt einen hohen Punktwert erreicht, wird sie als eine Person mit starker Tendenz zur Fehlervermeidung beurteilt. Dann sollte das einzelne Item ebenfalls einen hohen Punktwert erzielen. Ist dies der Fall, spricht man von hoher Trennschärfe des Items. Andernfalls hat das Item nur eine geringe Trennschärfe und sollte bei der Itemrevision verändert oder eliminiert werden. Insgesamt wird durch die Selektion der trennschärfsten Items die Homogenität des Messverfahrens erhöht. Statistisch wird die Trennschärfe ermittelt, indem über alle Versuchspersonen die

---

14 Bortz/Döring (2002), S. 219.

Korrelation zwischen dem Itemwert und dem Rohwert berechnet wird. Da es sich bei den vorliegenden Daten um ordinalskalierte Daten handelt, wurde zur Ermittlung der Trennschärfe die Rangkorrelation nach Spearman verwendet.[15]

Im Anschluss an diese Berechnungen wurde für jedes Item des ersten Fragebogen-Teils zusätzlich die Itemcharakteristik bestimmt. Unter Itemcharakteristik wird der Zusammenhang zwischen der Lösungswahrscheinlichkeit eines Items und der Merkmalsausprägung der Person verstanden.[16] Für die Bestimmung der Itemcharakteristik wurde für jedes Item gesondert grafisch dargestellt, wie Versuchspersonen mit gleichen Rohwerten auf dieses Item antworten. Dabei sollten Versuchspersonen, die insgesamt einen niedrigen Rohwert haben, das Item tendenziell mit einem niedrigen Wert beantworten. Versuchspersonen mit hohem Rohwert sollten eher einen hohen Wert in dem einzelnen Item erreichen. Für jedes Item wurde eine Grafik erstellt, in dem dieser Zusammenhang zu erkennen ist: auf der Abszissenachse werden die Rohwerte der Versuchspersonen aufgetragen, auf der Ordinatenachse werden für jeden gemessenen Rohwert die durchschnittlich erreichten Punkte dieses einen Items abgebildet. Bei einem Item mit guter Itemcharakteristik sollte die sich ergebende Kurve stetig ansteigen. Als Beispiel wird im Folgenden die Itemcharakteristik des ersten Items im Fragebogen-Teil 1 erläutert.

In Tabelle 5 wird der durchschnittliche Itemwert pro Rohwert dargestellt. So haben die Versuchspersonen, die einen Rohwert von 62 Punkten erreichten, das erste Item durchschnittlich mit 3 bewertet.

---

15 Vgl. Bortz (1999), S. 223.
16 Vgl. Bortz/Döring (2002), S. 206.

Rohwert	durchschnittlicher Itemwert
62	3
66	1
70	3,5
71	3,5
72	1
73	3
74	2,5
75	2,3
76	3,5
77	3,3
78	3,5
79	3,3
80	3
81	4,5
82	3,5
83	3,8
84	4,3
85	3,3
86	4,5
87	2
88	4
90	3
91	4
94	5

Tabelle 5: Item 1 – Itemwerte pro Rohwert

Dieselben Daten sind in Abbildung 9 grafisch dargestellt.

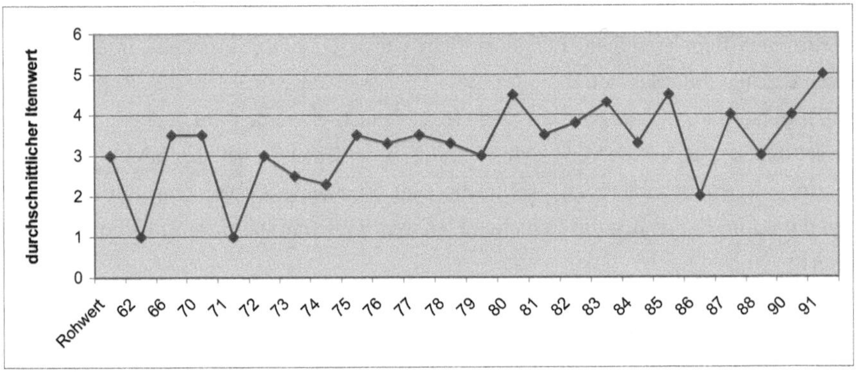

Abbildung 9: Item 1 – durchschnittliche Itemwerte pro Rohwert

Die hohen Schwankungen in der Grafik ergeben sich aus der Tatsache, dass teilweise pro Rohwert nur ein oder zwei Versuchspersonen in die Berechnung eingehen. Deshalb habe ich die Kurven vereinfacht, indem ich Rohwertbereiche gebildet habe und für jeden dieser Bereiche die durchschnittliche Beantwortung des Items ermittelt habe. Für Item 1 ist die angepasste grafische Darstellung in Abbildung 10 zu finden.

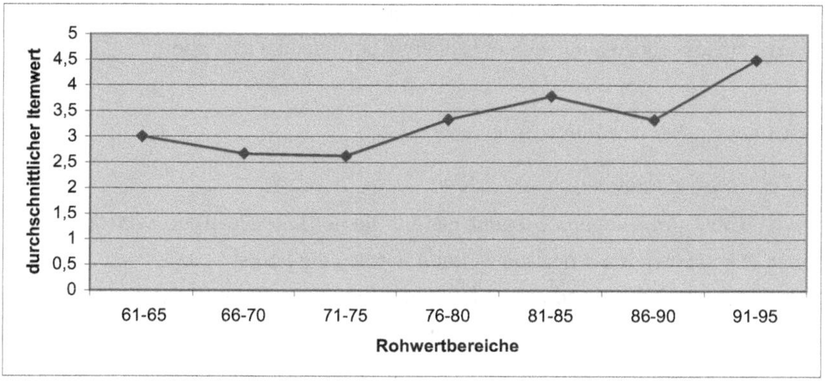

Abbildung 10: Item 1 – durchschnittliche Itemwerte pro Rohwertbereich

Da diese Art der Abbildung wesentlich übersichtlicher und damit aussagekräftiger ist, habe ich mich bei der Itemselektion auf diese Grafiken gestützt. Die Itemcharakteristika aller Items des ersten Fragebogenteils befinden sich im Anlage 2. Bei der Interpretation der Itemcharakteristika wurde darauf geachtet, ob die Kurve ansteigt. Weiterhin wurde geprüft, ob der Anstieg stetig ist. Die Itemcharakteristik von Item 1 zeigt insgesamt eine steigende Tendenz. Das ist grundsätzlich als positiv zu bewerten. Der Anstieg ist allerdings nicht stetig, da es einen Einbruch im Rohwertbereich 86-90 gibt.

Für alle drei Fragebogen-Teile wurde anschließend die Interne Konsistenz des Fragebogens ermittelt. Die Interne Konsistenz gibt an, inwieweit alle Items dasselbe Konstrukt messen. Sie stellt einen Indikator für die Reliabilität des Fragebogens dar. Die Reliabilität eines Fragebogens gibt an, wie genau das zu messende Merkmal erfasst wird.[17] Zur Schätzung des Internen Konsistenz wurde der Cronbach α berechnet.[18] Grundsätzlich kann der Cronbach α die Werte zwischen 0 und 1 annehmen. Wenn der Wert über 0,8

17 Vgl. Bortz/Döring (2002), S. 195.
18 Vgl. Lienert/Raatz (1998), S. 192.

liegt, wird die Interne Konsistenz als gut bewertet.[19] Für explorative Untersuchungen werden in der Praxis jedoch auch weit niedrigere Koeffizienten akzeptiert.[20]

5.5. Selektion und Revision der Fragebogen-Items

5.5.1. Fehlerbehandlung durch den Prüfer

Der erste Teil des Fragebogens bestand aus 22 Items. Diese wurden von 60 Prüfern beantwortet. Zur Vorbereitung der Auswertung wurden die Items: 1, 3, 6, 8, 9, 11, 12, 13, 14, 16, 17, 20, 21 und 22 umgepolt, so dass eine einheitliche Polung aller Items erreicht wurde. Anschließend wurde für jedes Item der Median und die Spannweite und für jede Versuchsperson der Rohwert berechnet. Die Itemcharakteristik wurde für jedes Item ebenfalls grafisch dargestellt. Eine Übersicht über alle Itemcharakteristika des ersten Fragebogen-Teils findet sich in Anlage 2. Weiterhin wurde die Trennschärfe für jedes Item berechnet. Die Ergebnisse der oben beschriebenen Auswertung sind in Tabelle 6 zusammenstellt.

---

19 Vgl. Bortz/Döring (2002), S. 196.
20 Vgl. Schnell/Hill/Esser (2005), S. 153.

Item	Spannweite	Median	Itemcharakteristik	Trennschärfe
Item 1	4	4	steigt an	0,36*
Item 2	4	5	steigt an	0,22
Item 3	3	4	steigt an, mit Einbrüchen	0,36*
Item 4	2	4	steigt leicht an	0,28*
Item 5	3	5	sehr geringe Steigung, mit Einbrüchen	0,18
Item 6	4	4	steigt stetig und stark an	0,42*
Item 7	3	5	eher diffus	0,06
Item 8	4	2	steigt nicht an	0,16
Item 9	3	4	steigt wenig an	0,41*
Item 10	4	3	fällt teilweise stark ab	0,07
Item 11	4	3	fällt erst leicht ab, steigt dann stark an	0,36*
Item 12	4	4	steigt an, ein Ausreißer im Bereich 61-65	0,26*
Item 13	4	4	steigt stark und stetig an	0,4*
Item 14	4	4	steigt stetig an	0,27*
Item 15	4	3	diffus	-0,19
Item 16	4	3	steigt an	0,37*
Item 17	4	3	steigt tendenziell an	0,27*
Item 18	4	4	steigt tendenziell an	0,31*
Item 19	4	4	steigt stetig an	0,30*
Item 20	4	5	steigt an	0,38*
Item 21	3	4	kurzer Anstieg, dann diffus	0,25
Item 22	4	4	steigt an, ein Einbruch im Bereich 76-80	0,36*

* signifikant mit $p < 0{,}1$

Tabelle 6: Auswertung der Items, Fragebogen-Teil: Fehlerbehandlung des Prüfers

Aufgrund dieser Daten wurden die Items eliminiert, die keine signifikante Trennschärfe auf dem 0,1-Niveau erreichten. Nun wurden die Rohwerte für die verkürzte Fassung des Fragebogens berechnet, auf deren Grundlage eine überarbeitete Trennschärfe ermittelt wurde. Wieder wurden diejenigen Items eliminiert, die keine signifikante Trennschärfe aufwiesen. Insgesamt wurden so die Items 2, 4, 5, 7, 8, 10, 12, 15, 19 und 21 eliminiert. In Tabelle 6 und in Anlage 1 sind die eliminierten Items grau hinterlegt. Die interne Konsistenz für den so überarbeiteten Fragebogen-Teil 1 betrug nun Cronbach $\alpha = 0{,}62$.

5.5.2. Fehlerklima in der Prüfungsorganisation

Der zweite Teil des Fragebogens bestand aus 21 Items. Diese wurden von 23 Prüfern beantwortet. Da es sich bei diesem Fragebogen-Teil nicht um eine Neuentwicklung von Items handelte, sondern lediglich um eine Anpassung bereits erprobter Items, erscheint diese geringere Anzahl an Versuchspersonen ausreichend. Da die Items zum organisationalen Fehlerklima alle gleich gepolt waren, mussten keine Umpolungen vorgenommen werden. Für jedes Item wurden der Median und die Spannweite berechnet und für jede Versuchsperson der Rohwert. Anschließend wurde die Trennschärfe für alle Items ermittelt. Die Ergebnisse der oben beschriebenen Auswertung sind in Tabelle 7 zusammenstellt.

Item	Spannweite	Median	Trennschärfe
Item 1	3	2	0,5*
Item 2	3	2	0,67*
Item 3	3	2	0,34
Item 4	3	2	0,64*
Item 5	2	2	0,06
Item 6	4	2	0,81*
Item 7	3	2	0,78*
Item 8	3	2	0,64*
Item 9	4	2	0,43*
Item 10	3	2	0,64*
Item 11	2	2	0,4
Item 12	3	2	0,8*
Item 13	3	2	0,82*
Item 14	3	2	0,4
Item 15	3	2	0,74*
Item 16	4	2	0,58*
Item 17	4	2	0,79*
Item 18	3	3	0,26
Item 19	3	2	0,86*
Item 20	3	2	0,8*
Item 21	2	2	0,35

* signifikant mit $p < 0,1$

Tabelle 7: Auswertung der Items, Fragebogen-Teil: Fehlerklima in der Prüfungsorganisation

Auch hier wurden die Items mit der geringsten Trennschärfe eliminiert. Das waren die Items 3, 5, 11, 14, 18 und 21. Diese Items sind in Tabelle 7 und Anlage 3 grau hinterlegt. Die interne Konsistenz für die revidierte Fassung betrug Cronbach $\alpha = 0,93$.

5.5.3. Individuelle Fehlerorientierung des Prüfers

Der dritte Teil des Fragebogens bestand aus 17 Items. Diese wurden von 23 Prüfern beantwortet. Da es sich bei diesem Fragebogen-Teil, wie auch bei Teil 2, nicht um eine Neuentwicklung von Items handelte, sondern lediglich um eine Anpassung bereits erprobter Items, erscheint auch für diesen Teil die geringere Anzahl an Versuchspersonen ausreichend. Da die Items zur individuellen Fehlerorientierung ebenfalls gleich gepolt waren, mussten auch hier keine Umpolungen vorgenommen werden. Für jedes Item wurden der Median und die Spannweite berechnet und für jede Versuchsperson der Rohwert. Anschließend wurde die Trennschärfe für alle Items ermittelt. Die Ergebnisse dieser Auswertung sind in Tabelle 8 zusammenstellt.

Item	Spannweite	Median	Trennschärfe
Item 1	4	2	0,49*
Item 2	2	2	0,69*
Item 3	3	2	0,37
Item 4	4	2	0,51*
Item 5	4	2	0,59*
Item 6	2	2	0,67*
Item 7	1	1	0,28
Item 8	3	2	0,5*
Item 9	3	2	0,17
Item 10	3	2	0,68*
Item 11	3	2	0,73*
Item 12	2	2	0,61*
Item 13	3	2	0,88*
Item 14	3	2	0,81*
Item 15	4	2	0,78*
Item 16	3	2	0,35
Item 17	4	2	0,75*

* signifikant mit $p < 0,1$

Tabelle 8: Auswertung der Items, Fragebogen-Teil: Individuelle Fehlerorientierung

Wie bei Fragebogen-Teil 1 und 2 wurden auch hier die Items mit der geringsten Trennschärfe eliminiert. Das betraf die Items 3, 7, 9 und 16. Sie sind in Tabelle 8 und Anlage 4 grau hinterlegt. Die Interne Konsistenz für die revidierte Fassung betrug Cronbach $\alpha = 0,9$.

5.6. *Beurteilung des Messinstruments*

Der erste Schritt der empirischen Überprüfung des Fragebogens war mit der Itemselektion abgeschlossen. Als Ergebnis lag eine revidierte Fassung des Fragebogens vor (siehe Anlage 5). Mit einer internen Konsistenz zwischen 0,62 und 0,93 messen die einzelnen Fragebogen-Teile ein relativ homogenes Konstrukt. Die Interne Konsistenz wird als Indikator für die Reliabilität eines Messverfahrens verwendet. „Die Reliabilität eines Tests kennzeichnet den Grad der Genauigkeit, mit dem das geprüfte Merkmal gemessen wird."[21] Wenn ein Fragebogen eine hohe Interne Konsistenz aufweist, so wird davon ausgegangen, dass er zuverlässig ein bestimmtes Merkmal erfasst.

Über die Validität des Messverfahrens können bislang keine Aussagen getroffen werden. „Die Validität eines Tests gibt an, wie gut der Test in der Lage ist, genau das zu messen, was er zu messen vorgibt."[22] Es wird zwar ein Merkmal relativ zuverlässig gemessen, welches Merkmal dies allerdings ist, muss noch überprüft werden. Dazu wird in Kapitel 6 eine weitere empirische Untersuchung vorgestellt, die Aussagen über die Validität des Messinstruments treffen soll.

Wenn die Güte eines Messverfahrens beurteilt werden soll, so müssen neben der Validität und der Reliabilität auch Aussagen über die Objektivität, auch Konkordanz, getroffen werden. „Die Objektivität gibt an, in welchem Ausmaß die Testergebnisse vom Testanwender unabhängig sind."[23] Es wird unterschieden in Durchführungs-, Auswertungs- und Interpretationsobjektivität.[24] In dem von mir entwickelten Fragebogen wird die Durchführungsobjektivität sichergestellt, indem einheitliche schriftliche Instruktionen vorgegeben werden. Alle Versuchspersonen verfügen somit unabhängig vom Testleiter über dieselben Informationen. Die Auswertung ist ebenfalls standardisiert, so dass keine Spielräume für den Testleiter bestehen. Die Interpretationsobjektivität besagt, dass die Rohwerte von allen Testleitern einheitlich interpretiert werden. Diese Übereinstimmung kann am besten durch eine Normierung der Rohwerte erreicht werden. Da die Ent-

---

21 Bortz/Döring (2002), S. 195.
22 Bortz/Döring (2002), S. 199.
23 Bortz/Döring (2002), S. 194.
24 Vgl. Bortz/Döring (2002), S. 195.

wicklung des Fragebogens sich noch in einem frühen Stadium befindet, können die erhobenen Rohwerte noch nicht absolut interpretiert werden, sondern nur vergleichend.

6. Empirische Aussagen zur Fehlerbehandlung im Prüfungsprozess

6.1. Problemlage und Fragestellung

Im Kapitel 4 dieser Arbeit wurde ein Analyserahmen zur Fehlerbehandlung im Prüfungsprozess vorgestellt. In diesem Analyserahmen wurden zunächst die Strategien der Fehlerbehandlung und anschließend die potentiellen Einflussfaktoren und Auswirkungen der Fehlerbehandlung dargestellt. Nachdem in Kapitel 5 beschrieben wurde, wie ein differenzierendes und in sich reliables Messinstrument zur Erfassung der Fehlerbehandlung des Prüfers entwickelt wurde, schließt sich nun der nächste Schritt bei der systematischen Untersuchung dieses Konstruktes an. Das gemessene Konstrukt soll inhaltlich von ähnlichen Konstrukten abgegrenzt werden, um Aussagen über die Konstrukt-Validität treffen zu können. Insbesondere soll ermittelt werden, inwieweit die Versuchspersonen zwischen dem Umgang mit eigenen Fehlern und dem Umgang mit den Fehlern des Geprüften unterscheiden. Handelt es sich bei diesen beiden Merkmalen tatsächlich um unterschiedliche Konstrukte? Auch soll untersucht werden, inwieweit die Versuchspersonen zwischen dem Umgang mit den Fehlern der Geprüften und dem in der Prüfungsorganisation üblichem Umgang mit eigenen Fehlern unterscheiden. Weiterhin sollen zur Konkretisierung des Konstrukts weitere Zusammenhänge mit potentiellen Einflussfaktoren und Prüfungswirkungen untersucht werden. Die in dieser Studie angestrebten Aussagen haben zunächst explorativen Charakter.

6.2. Hypothesen

Um das Konstrukt der Fehlerbehandlung zu validieren, habe ich zuerst seine Beziehungen zu ähnlichen Konstrukten untersucht. Dabei habe ich mich in dieser empirischen Untersuchung auf zwei Variablen beschränkt, die den Prüfer und die Prüfungsorganisation betreffen: das organisationale Fehlerklima sowie die individuelle Fehlerorientierung des Prüfers. Das organisationale Fehlerklima in der Prüfungsorganisation wurde in Abschnitt 4.4.3.4 dieser Arbeit als eine situationale Einflussgröße für die Fehlerbehandlung des Prüfers beschrieben. Ich habe argumentiert, dass durch das Fehlerklima in der Prüfungsorganisation eine bestimmte Einstellung zu eigenen Fehlern gefördert werden könnte. Diese Einstellung zu eigenen Fehlern könnte sich auch auf den Umgang des Prüfers mit den Fehlern des Geprüften auswirken. Daher nehme ich an, dass es einen positiven Zusammenhang zwischen diesen beiden Konstrukten gibt. Allerdings sollte der Zusammenhang nur moderat sein, da sonst vermutet werden kann, dass die Versuchspersonen bei der Beantwortung des Fragebogens nicht hinreichend zwischen dem in der Organisation üblichen Umgang mit eigenen Fehlern und dem Umgang mit den Fehlern der Geprüften unterscheiden. Um zu belegen, dass es sich bei diesen beiden Konstrukten um unterschiedliche Merkmale handelt, sollte die Korrelation eher gering sein. Daher lautet die erste Hypothese für die empirische Untersuchung:

Hypothese 1: *Die Fehlerbehandlung des Prüfers und das organisationale Fehlerklima in der Prüfungsorganisation korrelieren gering positiv miteinander.*[1]

Weiterhin wurde in Abschnitt 4.4.2.3. dieser Arbeit die individuelle Fehlerorientierung des Prüfers als personale Einflussgröße für seine Fehlerbehandlung beschrieben. Die individuelle Fehlerorientierung bezieht sich darauf, wie eine Person ihre eigenen Fehler beurteilt und mit ihnen umgeht. Dabei kann eine Person eher zu Fehlermanagement oder zur Fehlervermeidung tendieren. Ich nehme an, dass die individuelle Fehlerorientierung des Prüfers auch seinen Umgang mit den Fehlern des Geprüften beeinflusst.[2] Daher sollte ein Zusammenhang zwischen diesen beiden Konstrukten bestehen. Allerdings dürfte auch dieser Zusammenhang nur moderat sein, damit sichergestellt werden kann, dass mit der individuellen Fehlerorientierung und der Fehlerbehandlung durch den Prüfer tatsächlich unterschiedliche Konstrukte gemessen werden. Daher lautet die zweite Hypothese:

Hypothese 2: *Die Fehlerbehandlung des Prüfers und seine individuelle Fehlerorientierung korrelieren gering positiv miteinander.*

Eine weitere situationale Einflussgröße, die sich auf die Fehlerbehandlung des Prüfers auswirken sollte, stellt die Art der Prüfung dar. So sollte sich die Verbundenheit

---

1 Alle Hypothesen wurden in der alternativen Form formuliert. Das heißt, die erwarteten Beziehungen werden direkt beschrieben. Es wird auf die Formulierung einer abzulehnenden Nullhypothese verzichtet.

2 Vgl. die Argumentation in Abschnitt 4.4.2.3.

zwischen Prüfungsorgan und zu prüfender Organisation ebenfalls auf die Strategie der Fehlerbehandlung auswirken.[3]

Wegen der unterschiedlichen Aufgabenschwerpunkte bei interner, öffentlicher und externer Prüfung sollten unterschiedliche Strategien der Fehlerbehandlung angemessen sein. Insbesondere erwarte ich, dass interne Prüfer stärker zum Fehlermanagement tendieren als externe Prüfer. In der Internen Revision besteht das primäre Ziel in der Verbesserung suboptimaler Strukturen und Prozesse, während in der externen Prüfung der Schwerpunkt darauf liegt, alle wesentlichen Fehlern zu finden und zu dokumentieren. Wie bei den Internen Revisoren ist auch die öffentliche Prüfung stark darauf ausgerichtet, Strukturen und Prozesse zu identifizieren, die nicht effektiv oder effizient sind. Daher sollte auch für öffentliche Prüfer die Strategie des Fehlermanagements angemessener sein. Das führt zu meiner nächsten Hypothese:

Hypothese 3: *Externe Prüfer tendieren stärker als interne und öffentliche Prüfer zu einer Strategie der Fehlervermeidung.*

Weiterhin nehme ich an, dass die Fehlerbehandlung des Prüfers davon abhängt, wie häufig er einen bestimmten Bereich prüft. Die Häufigkeit der Prüfung wurde in dieser Arbeit ebenfalls als situationale Einflussgröße für die Fehlerbehandlung diskutiert.[4] Es wurde angenommen, dass dann, wenn ein Bereich mehrmals jährlich geprüft wird, der Prüfer stärker daran interessiert sein sollte, dass seine Empfehlungen umgesetzt werden und dass er eine gute Beziehung zum Geprüften aufbaut als bei einer selteneren Prüfung. In diesem Fall sollte der Prüfer stärker zu einer Strategie des Fehlermanagements tendieren. Daraus leite ich die vierte Hypothese ab:

Hypothese 4: *Wenn ein Prüfer denselben Bereich mehrmals jährlich prüft, tendiert seine Fehlerbehandlung stärker zum Fehlermanagement, als wenn er denselben Bereich nur einmal pro Jahr oder seltener prüft.*

---

3 Vgl. Abschnitt 4.4.3.1.
4 Vgl. Abschnitt 4.4.3.2.

Die letzte Hypothese betrifft den Zusammenhang zwischen der Fehlerbehandlung des Prüfers und einer Prüfungswirkung. Wie in Abschnitt 4.5.3.1 begründet, nehme ich an, dass die Arbeitzufriedenheit eines Prüfers auch davon abhängt, welche Strategie der Fehlerbehandlung er anwendet. Ich nehme an, dass ein Prüfer, der beim Umgang mit den Fehlern des Geprüften eine Strategie des Fehlermanagements befolgt, zufriedener mit seiner Arbeit ist als ein Prüfer, der zur Fehlervermeidung tendiert.

Hypothese 5: *Prüfer, deren Fehlerbehandlung zum Fehlermanagement tendiert, sind zufriedener mit ihrer Arbeit als Prüfer, deren Fehlerbehandlung zur Fehlervermeidung tendiert.*

Weiterhin wurden in dieser explorativen Untersuchung einige demografische Variablen erhoben, um zu prüfen, ob ein Zusammenhang zur Fehlerbehandlung des Prüfers besteht. Als demografische Daten wurden das Alter, das Geschlecht, die Dauer der Berufszugehörigkeit und die Anzahl von Prüfern in der Prüfungsorganisation ausgewählt. Weiterhin wurden die Internen Revisoren gefragt, ob sie eine Ausbildung zum CIA abgeschlossen, begonnen oder nicht geplant haben. Das Alter und die Berufszugehörigkeit wurden ausgewählt, um zu prüfen, ob jüngere Prüfers sich aufgrund geänderter Sozialisationsbedingungen und Ausbildungsinhalte anders verhalten als ältere Prüfer. Da Frauen in der Regel eine höhere soziale Kompetenz zugeschrieben wird, habe ich das Geschlecht des Prüfers ebenfalls in die Untersuchung einbezogen. Die Größe der Prüfungsorganisation wurde erfasst, um zu ermitteln, inwieweit es einen systematischen Unterschied zwischen größeren und kleineren Prüfungsorganisationen gibt. Die Ausbildung zum CIA wurde erfragt, da Ausbildungsinhalte bei der Qualifikation zum CIA explizit die interpersonalen Fähigkeiten von Prüfern („*soft skills*") betreffen. Es wurde angenommen, dass diese bewusste Auseinandersetzung mit dem Interaktions-Charakter von Prüfungen die Fehlerbehandlung von Prüfer beeinflussen könnte.

6.3. Methodik der Datengewinnung und Datenanalyse

6.3.1. Messinstrument

Die Fehlerbehandlung des Prüfers wurde mit Hilfe eines Fragebogens ermittelt. Die Entwicklung und Revision des Fragebogens wurde in Kapitel 5 beschrieben. Im ersten Teil des Fragebogens wurde der Umgang des Prüfers mit den Fehlern des Geprüften erfragt. Mit Hilfe dieses Fragebogen-Teils soll herausgefunden werden, inwieweit ein Prüfer in seiner Fehlerbehandlung zur Strategie der Fehlervermeidung oder zur Strategie des Fehlermanagements tendiert. Im zweiten Teil wird das Fehlerklima in der Prüfungsorganisation abgefragt. Die Versuchspersonen sollen Aussagen darüber machen, wie Fehler üblicherweise in ihrer Organisation behandelt werden. Der dritte Teil bezieht sich auf die individuelle Fehlerorientierung des Prüfers, das heißt, auf seine allgemeine Einstellung eigenen Fehlern gegenüber. Im vierten Teil des Fragebogens werden demografische Daten erfasst. Dazu gehören das Alter, das Geschlecht, die Anzahl der Jahre, die der Prüfer in der Prüfung tätig ist sowie die Anzahl der Prüfer in der Prüfungsorganisation. Für diese Variablen scheint es plausibel, dass sie in Zusammenhang zur Fehlerbehandlung des Prüfers stehen könnten. Weiterhin wird im vierten Teil gefragt, wie häufig ein Prüfer denselben Bereich prüft und wie zufrieden er mit seiner Arbeit ist. Für interne, öffentliche und externe Prüfer wurden unterschiedliche Versionen des Fragebogens entwickelt, die sich allerdings nur geringfügig in der Wortwahl und der Formulierung der demografischen Daten unterscheiden. In Anlage 5 ist beispielhaft der Fragebogen für öffentliche Prüfer abgebildet.

Um die Fehlerbehandlung des Prüfers zu messen, verwende ich 12 Items, die ein Verhalten eines Prüfers in einer bestimmten Situation beschreiben. Die Versuchspersonen wurden gefragt, wie häufig sie sich selbst so verhalten, wie es in dem Item beschrieben wurde. Sie konnten ihre Antworten auf einer 5-stufigen Rating-Skala angeben, die von 1 („nie") bis 5 („regelmäßig") reichte. Das organisationale Fehlerklima und die individuelle Fehlerorientierung wurden ebenfalls mit Hilfe von Fragebogen-Items gemessen. Dazu sollten die Versuchspersonen angeben, inwieweit die Aussagen für ihre Prüfungsorganisation beziehungsweise für sich selbst zutreffen. Dazu konnten sie wiederum ihre Angaben auf einer 5-stufigen Rating-Skala angeben, die von 1 („trifft vollständig zu") bis 5 („trifft überhaupt nicht zu") reichte.

6.3.2. Versuchspersonen

Die Datenerhebung erfolgte im Jahr 2005. Die Fragebögen wurden an externe Prüfer, Interne Revisoren und Prüfer im öffentlichen Bereich verteilt. Dabei wurden einerseits Prüfer bei Tagungen und Schulungen direkt angesprochen, andererseits wurden Fragebögen per Post und e-Mail versandt. Die Antwortrate variierte stark in Abhängigkeit von den unterschiedlichen Verteilungswegen. Während sie bei direkter Ansprache der Versuchspersonen nahe 100% lag, antworteten lediglich 7% der per Zufall ausgewählten und per Post angeschriebenen Prüfer. Insgesamt wurden 1020 Fragebögen versandt. 284 brauchbare Antworten konnten in die Auswertung einbezogen werden. Das entspricht insgesamt einer Rücklaufquote von 27,8% und liegt somit in einem für Fragebogenuntersuchungen üblichen Bereich. Die meisten öffentlichen Prüfer, die den Fragebogen beantwortet haben, arbeiten in Kommunalabteilungen von Rechnungshöfen. 56% der Internen Revisoren arbeiten in Banken oder Versicherungen, 17% im Dienstleistungsbereich und 14% in der Industrie. Insgesamt haben sich 284 Prüfer an der Untersuchung beteiligt (83 externe Prüfer, 108 Interne Revisoren und 93 öffentliche Prüfer). Eine Aufgliederung der Befragten nach verschiedenen demografischen Daten enthält Tabelle 9.

	Interne Revisoren (Prozent)	öffentliche Prüfer (Prozent)	Externe Prüfer (Prozent)
Berufserfahrung			
weniger als 1 Jahr	8	0	0
1-2 Jahre	23	2	0
2-5 Jahre	29	25	12
mehr als 5 Jahre	40	72	87
Geschlecht			
Frauen	37	75	13
Männer	62	24	86
Alter			
unter 30	25	4	2
31-40	44	25	49
41-50	21	44	18
über 50	8	25	28
Anzahl der Prüfer in der Prüfungs-organisation			
bis 5 Prüfer	21	1	46
6-100 Prüfer	56	81	18
mehr als 100 Prüfer	23	0	34
Häufigkeit der Prüfung in der selben Organisation			
mehrmals jährlich	14	38	nicht erfasst
einmal pro Jahr	24	36	
alle 2-3 Jahre	44	12	
seltener als alle 3 Jahre	12	6	
CIA-Ausbildung			
abgeschlossen	19	nicht erfasst	nicht erfasst
in Vorbereitung	36		
geplant	10		
nicht geplant	34		

Tabelle 9: Zusammenfassung der demografischen Daten[5]

6.3.3. Methode der Datenanalyse

Für jedes Konstrukt (Fehlerbehandlung, organisationales Fehlerklima und individuelle Fehlerorientierung) wurde der Rohwert ermittelt, indem der Mittelwert über alle Items des entsprechenden Fragebogenteils berechnet wurde. Die Tests für die Hypothesen 1, 2, 4 und 5 sowie für die explorativen Datenanalysen wurden mit Hilfe der Korrelationsanalyse nach Pearson berechnet. Für Hypothese 3 wurden die Mittelwertvergleiche

[5] Wegen fehlender Antworten ist die Summe der prozentualen Häufigkeiten in den meisten Fällen niedriger als 100.

zwischen den drei Prüfertypen mit Hilfe einer Rangkorrelation (Kruskal-Wallis-Test) durchgeführt. Allgemein wurden Ergebnisse als signifikant beurteilt, wenn die p-Werte niedriger als 0,05 waren. Im Folgenden sind die signifikanten Ergebnisse mit einem Sternchen (*) gekennzeichnet.

6.4. Ergebnisse

6.4.1. Hypothesen Nr. 1 bis Nr. 3

In Tabelle 10 werden die Ergebnisse der Korrelationsanalysen zusammengefasst, die zum Testen der Hypothesen 1 und 2 durchgeführt wurden.

		Korrelation (*Pearson*) mit Fehlerbehandlung		
		Interne Revisoren	**öffentliche Prüfer**	**externe Prüfer**
H1	organisationales Fehlerklima	-0,06	0,05	0,29*
H2	individuelle Fehler-orientierung	-0,05	0,03	0,36*

* signifikant mit $p < 0,05$

Tabelle 10: Ergebnisse der Korrelationsanalysen zu Hypothese 1 und 2

In Hypothese 1 wurde ein Zusammenhang zwischen der Fehlerbehandlung des Prüfers und dem organisationalen Fehlerklima in der Prüfungsorganisation erwartet. Für interne und öffentliche Prüfer wurde dieser Zusammenhang durch die Ergebnisse nicht bestätigt. Allerdings besteht eine signifikante Korrelation zwischen diesen beiden Konstrukten für externe Prüfer (r = 0,29*). Das bedeutet, dass Hypothese 1 nur teilweise bestätigt werden konnte.

Hypothese 2 beschreibt die Erwartung, dass ein Zusammenhang zwischen der Fehlerbehandlung des Prüfers und seiner individuellen Fehlerorientierung besteht. Auch dieser Zusammenhang konnte für interne und öffentliche Prüfer nicht bestätigt werden, jedoch für externe Prüfer (r = 0,36*). Auch Hypothese 2 wurde demnach nur teilweise bestätigt.

In Hypothese 3 wird die Erwartung formuliert, dass die externen Prüfer in ihrer Fehlerbehandlung stärker zur Fehlervermeidung tendieren als interne und öffentliche Prüfer. Wie erwartet zeigten die externen Prüfer in der Untersuchung eine stärkere Tendenz zur Fehlervermeidung als die beiden anderen Prüfertypen. Die öffentlichen Prüfer tendierten am stärksten zum Fehlermanagement. Die Internen Revisoren lagen in der mittleren Position (siehe Tabelle 11). Die Unterschiede zwischen den drei Prüfertypen sind nicht sehr ausgeprägt, aber signifikant.[6] Hypothese 3 konnte demnach bestätigt werden.

Fehlerbehandlung	
Fehlermanagement (1)	öffentliche Prüfer (2,2)
↕	Interne Revisoren (2,4)
Fehlervermeidung (5)	externe Prüfer (2,5)

* Unterschiede zwischen den Prüfergruppen signifikant mit $p < 0{,}05$

Tabelle 11: Fehlerbehandlung der drei Prüfertypen

Nach den Ergebnissen der Untersuchung zeigen die öffentlichen Prüfer in ihrem Umgang mit den Fehlern des Geprüften eine stärkere Ausrichtung zum Fehlermanagement als interne Prüfer. Allerdings ist nicht nachgewiesen, dass dieses Ergebnis sich für alle öffentlichen Prüfer verallgemeinern lässt. Die meisten öffentlichen Prüfer, die sich an der Befragung beteiligt haben, arbeiten in Kommunalstellen von Rechnungshöfen. Es ist deshalb nicht ausgeschlossen, dass die Ergebnisse nur für diese spezifische Gruppe von Prüfern Gültigkeit haben und sich für die übrigen öffentlichen Prüfer ein anderes Bild ergibt.

Diese drei ersten Hypothesen dienten dazu, die Validität des Konstruktes der Fehlerbehandlung zu untersuchen. Im ersten Teil des Fragebogens zeigten die Versuchspersonen ein Antwortverhalten, das sich deutlich unterschied von den Antworten in den beiden folgenden Fragebogen-Teilen. Die Korrelationen zwischen dem ersten Fragebogenteil und dem zweiten und dritten Teil lagen für interne und öffentliche Prüfer zwischen –0,06 und 0,05. Für externe Prüfer gab es signifikante, aber geringe Korrelationen (0,29* und 0,36*). Die Ergebnisse sind in Tabelle 10 dargestellt. Das bedeutet, dass die Versuchspersonen in der Lage waren, zwischen dem eigenen Verhalten

6 Die in den Tabellen 11-13 bei den Prüfertypen in Klammern angegebenen Werte dürfen nicht als absolute, sondern müssen als relative Werte interpretiert werden, da bei dem Messinstrument keine Normierung vorgenommen wurde. Die Werte verdeutlichen lediglich die Rangfolge zwischen den Prüfertypen.

nach der Entdeckung von Fehlern des Geprüften einerseits und dem Fehlerklima in ihrer Organisation und der eigenen Fehlerorientierung andererseits zu unterscheiden. Weiterhin konnte festgestellt werden, dass die Antworten in der Stichprobe zum Konstrukt der Fehlerbehandlung normalverteilt waren (die Nullhypothese des Kolmogorow-Smirnow-Tests zur Normalverteilung konnte nicht widerlegt werden, $p = 0{,}21$). Die Verteilung ist leicht schief in Richtung Fehlermanagement (Mittelwert = 2,36; Standardabweichung = 0,41; siehe Abbildung 11). Insgesamt deuten die Ergebnisse darauf hin, dass es eine ausreichende Variablität im Antwortverhalten der Prüfer gibt.

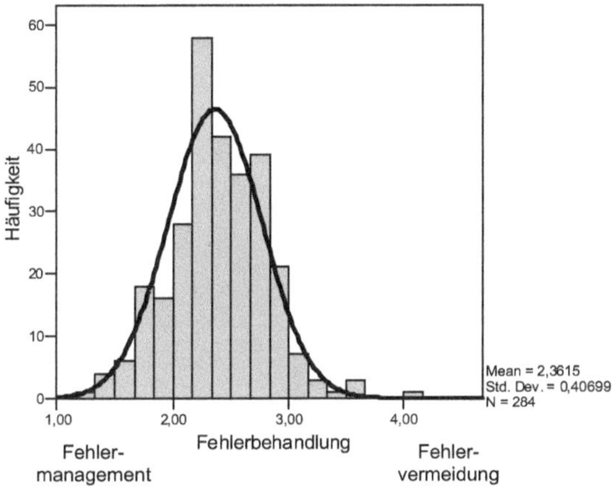

Abbildung 11: Verteilung der Rohwerte zum Konstrukt der Fehlerbehandlung

Weil die Hypothesen 1 und 2 nur teilweise bestätigt werden konnten, habe ich die Daten weiter explorativ untersucht, um mögliche Erklärungen für diese Ergebnisse identifizieren zu können. Insbesondere habe ich die drei Prüfertypen hinsichtlich ihrer Aussagen zum organisationalen Fehlerklima und zu ihrer individuellen Fehlerorientierung untersucht. Wie aus Tabelle 11 ersichtlich, tendieren die externen Prüfer in ihrer Fehlerbehandlung am stärksten zur Fehlervermeidung. Allerdings ergibt sich bei der Betrachtung des organisationalen Fehlerklimas ein anderes Bild (vergleiche Tabelle 12):

organisationales Fehlerklima	
Fehlermanagement (1)	externe Prüfer (1,8)
↕	öffentliche Prüfer (2,1)
Fehlervermeidung (5)	Interne Revisoren (2,4)

* Unterschiede zwischen den Prüfergruppen signifikant mit $p < 0,05$

Tabelle 12: Organisationales Fehlerklima in der Wahrnehmung der drei Prüfertypen

Die externen Prüfer nehmen das organisationale Fehlerklima in ihrer Prüfungsorganisation am stärksten als Fehlermanagement wahr, während die internen Prüfer das Fehlerklima in ihrer Prüfungsorganisation am stärksten als fehlervermeidend erleben. Die Unterschiede zwischen den drei Prüfertypen sind signifikant. Wenn die individuelle Fehlerorientierung der Prüfertypen miteinander verglichen wird, ergibt sich die gleiche Rangfolge (siehe Tabelle 13). Während die individuelle Fehlerorientierung der externen Prüfer am stärksten zum Fehlermanagement tendiert, ist die individuelle Fehlerorientierung der Internen Revisoren am stärksten an der Fehlervermeidung orientiert. Auch hier sind die Unterschiede zwischen den drei Typen signifikant.

individuelle Fehlerorientierung	
Fehlermanagement (1)	externe Prüfer (1,6)
↕	öffentliche Prüfer (1,7)
Fehlervermeidung (5)	Interne Revisoren (1,9)

* Unterschiede zwischen den Prüfergruppen signifikant mit $p < 0,05$

Tabelle 13: Individuelle Fehlerorientierung der drei Prüfertypen

Insgesamt habe alle Prüfer ein ähnliches Antwortverhalten zum organisationalen Fehlerklima wie zur individuellen Fehlerorientierung gezeigt. Auf beiden Skalen tendieren die externen Prüfer am stärksten zum Fehlermanagement und die Internen Revisoren zur Fehlervermeidung. Dieses Ergebnis ist nicht überraschend, da beide Konstrukte stark miteinander korrelieren ($r = 0,45^*$ für öffentliche Prüfer, $r = 0,44^*$ für interne Prüfer und $r = 0,72^*$ für externe Prüfer). Diese Korrelation zwischen dem organisationalen Fehlerklima und der individuellen Fehlerorientierung kann zwei mögliche Ursachen haben. Einerseits ist es möglich, dass die Versuchspersonen nicht ausreichend zwischen ihrer persönlichen Einstellung zu Fehlern und der Einstellung, die in ihrer Organisation von allen Mitgliedern geteilt wird, unterschieden haben. Das würde ein ähnliches Antwortverhalten in diesen beiden Fragebogenteilen erklären. Andererseits ist es aber auch möglich, dass die Versuchspersonen zwischen diesen Konstrukten unterschieden haben, diese Konstrukte aber stark zusammenhängen. In diesem Fall sind wieder zwei mögliche Ursachen denkbar. Einerseits mag die Sozialisation in der Prüfungsorganisation dazu führen, dass die individuelle Fehlerorientierung der Prüfer an die Organisationskultur angepasst wird. Andererseits können Prozesse der Auswahl und Fluktuation dafür verantwortlich sein, dass eine homogene individuelle Fehlerorientierung entsteht. Prüfer mit abweichender Orientierung würden dann eher das Unternehmen verlassen und Prüfer, deren Fehlerorientierung kompatibel mit dem Fehlerklima im Unternehmen ist, würden bevorzugt angezogen und eingestellt werden. Um erklären zu können, welche Ursachen für den festgestellten Zusammenhang tatsächlich verantwortlich sind, ist weitere empirische Forschung notwendig.

6.4.2. Hypothesen Nr. 4 und Nr. 5

In Tabelle 14 werden die Ergebnisse der Korrelationsanalysen zu den Hypothesen 4 und 5 zusammengefasst.

		Korrelation (*Pearson*) mit Fehlerbehandlung		
		Interne Revisoren	**öffentliche Prüfer**	**externe Prüfer**
H4	Prüfungshäufigkeit	0,17	-0,04	nicht erfasst
H5	Arbeitszufriedenheit	0,02	-0,05	0,30*

* signifikant mit $p < 0,05$

Tabelle 14: Ergebnisse der Korrelationsanalysen zu Hypothese 4 und 5

In Hypothese 4 wird ein positiver Zusammenhang zwischen der Häufigkeit der Prüfung in einer Organisation und der Fehlerbehandlung durch den Prüfer angenommen. Dieser Zusammenhang konnte in meiner Untersuchung nicht bestätigt werden. Weder für interne, noch für externe oder öffentliche Prüfer besteht hier ein signifikanter Zusammenhang. Allerdings gibt es eine schwache Korrelation zwischen der Häufigkeit der Prüfung und der bevorzugten Strategie der Fehlerbehandlung für Interne Revisoren (r = 0,17). Hypothesenkonform tendieren die internen Prüfer, die den selben Bereich häufiger prüfen, eher zu einer Strategie des Fehlermanagements als Prüfer, die den selben Bereich seltener prüfen.

In Hypothese 5 wird angenommen, dass ein Prüfer, der in seinem Verhalten dem Geprüften gegenüber eine Strategie des Fehlermanagements verfolgt, eher zufrieden ist mit seiner Arbeit als ein Prüfer, der eine Strategie der Fehlervermeidung befolgt. Zunächst werden in Tabelle 15 die Angaben zur Zufriedenheit der Prüfer zusammengefasst.

Arbeitszufriedenheit	**öffentliche Prüfer (Prozent)**	**Interne Revisoren (Prozent)**	**Externe Prüfer (Prozent)**
sehr zufrieden	18	33	31
eher zufrieden	53	53	57
weder zufrieden noch unzufrieden	23	10	7
eher unzufrieden	2	2	4
sehr unzufrieden	1	1	0

Tabelle 15: Arbeitszufriedenheit der Prüfer

Bei der Ermittlung der Korrelationen zwischen der Fehlerbehandlung des Prüfers und seiner Arbeitszufriedenheit konnte dieser Zusammenhang, wie auch für die Hypothesen 1 und 2, für die externen Prüfer bestätigt werden (r = 0,3*), nicht aber für interne und öffentliche Prüfer (Vgl. Tabelle 14). Hypothese 5 wurde damit auch nur teilweise bestätigt.

Um die Gründe für dieses Ergebnis zu ermitteln, habe ich die Fragebogendaten zusätzlich explorativ ausgewertet. Dazu habe ich die Korrelationen zwischen der Arbeitszufriedenheit des Prüfers auf der einen Seite und dem organisationalen Fehlerklima und der individuellen Fehlerorientierung des Prüfers auf der anderen Seite berechnet. Signifikante Korrelationen wurden für alle Prüfertypen gefunden zwischen der Arbeitszufriedenheit und dem organisationalen Fehlerklima (r = 0,35* für externe Prüfer; 0,37* für Interne Revisoren und 0,39* für öffentliche Prüfer). Das bedeutet, dass Prüfer, die in einer Organisation mit Fehlermanagement-Klima arbeiten zufriedener sind als Prüfer in einer Organisation mit fehlervermeidendem Klima. Außerdem gibt es signifikante Korrelationen zwischen der Arbeitszufriedenheit des Prüfers und seiner individuellen Fehlerorientierung für alle drei Prüfertypen (r = 0,33* für externe Prüfer;

r = 0,29* für Interne Revisoren und r = 0,36* für öffentliche Prüfer). Prüfer mit einer positiven Einstellung zu Fehlern, das heißt Prüfer, die ihre eigenen Fehler akzeptieren, sind zufriedener mit ihrer Arbeit als Prüfer mit einer negativen Einstellung zu eigenen Fehlern.

6.4.3. *Explorative Untersuchung der demografischen Daten*

Ergänzend zur hypothesengeleiteten Auswertung wurden die erhobenen demografischen Daten, nämlich Berufserfahrung, Alter, Geschlecht und Anzahl der Prüfer in der Prüfungsorganisation, und bei den Internen Revisoren zusätzlich die Ausbildung zum CIA in Beziehung zur bevorzugten Strategie der Fehlerbehandlung gesetzt (siehe Tabelle 16).

		Korrelation (*Pearson*) mit Fehlerbehandlung		
		Interne Revisoren	**öffentliche Prüfer**	**externe Prüfer**
explorative Untersuchung	Berufserfahrung	0,01	0,01	-0,07
	Alter	-0,16	0,01	-0,14
	Geschlecht	0,00	0,30*	-0,10
	Anzahl Prüfer in der Prüfungsorganisation	-0,02	-0,15	-0,11
	Ausbildung zum CIA	0,02	nicht erfasst	nicht erfasst

* signifikant mit $p < 0,05$

Tabelle 16: Ergebnisse der Korrelationsanalysen zu den demografischen Daten

Mit dieser explorativen Datenanalyse sollte ein Überblick darüber geschaffen werden, welche demografischen Daten möglicherweise mit der Fehlerbehandlung des Prüfers zusammenhängen könnten. Die Dauer der Berufszugehörigkeit scheint für keinen der Prüfertypen mit der bevorzugten Strategie der Fehlerbehandlung zusammenzuhängen. Lediglich ein signifikanter Zusammenhang wurde für öffentliche Prüfer gefunden, bei denen weibliche Prüfer signifikant stärker zum Fehlermanagement tendierten als ihre männlichen Kollegen. Allerdings ist auch nur bei den öffentlichen Prüfern zu beobachten, dass mehr Frauen an der Untersuchung teilgenommen haben als Männer (Anteil der Frauen bei öffentlichen Prüfern: 75%, bei Internen Revisoren: 37% und bei externen Prüfern: 13%; siehe Tabelle 9).

Für externe und interne Prüfer konnte eine leichte Tendenz dahingehend festgestellt werden, dass jüngere Prüfer eher zur Strategie des Fehlermanagements tendieren als ältere Prüfer ($r = -0,16$ und $r = -0,14$). Dieser Zusammenhang ist jedoch nicht signifikant. Die Unterschiede zwischen den internen und externen Prüfern einerseits und den öffentlichen Prüfern andererseits könnten gegebenenfalls durch die unterschiedliche Altersstruktur in der Stichprobe entstanden sein. Während bei den öffentlichen Prüfern deutlich mehr als die Hälfte der Versuchspersonen über 40 Jahre alt war (69%), waren bei den internen und externen befragten Prüfern weniger als die Hälfte älter als 40 Jahre (29% und 46%).

Weiterhin gibt es in der Stichprobe eine leichte Tendenz zum Fehlermanagement für öffentliche und externe Prüfer, die in kleineren Prüfungsorganisationen tätig sind ($r = -0,15$ und $r = -0,11$), während öffentliche und externe Prüfer in größeren Prüfungsorganisationen eher zur Fehlervermeidung zu tendieren scheinen. Für öffentliche Prüfer ist das Ergebnis allerdings kaum interpretierbar, da 81% der Befragten in mittelgroßen Prüfungsorganisationen mit 6-100 Prüfern arbeiten (Vgl. Tabelle 9).

Die Ausbildung zum CIA scheint bei den Internen Prüfern keinen Zusammenhang zur bevorzugten Strategie der Fehlerbehandlung zu haben. Dies ist überraschend, da spezifische Ausbildungsinhalte bei der Weiterbildung zum CIA die kommunikativen Aspekte („*soft skills*") der Prüfung betreffen.

6.5. Diskussion der Ergebnisse

6.5.1. Zusammenhang zwischen Fehlerbehandlung, individueller Fehlerorientierung und organisationalem Fehlerklima in der Prüfungsorganisation

Die in Abschnitt 6.4.1 dargestellten Ergebnisse zum Zusammenhang der Fehlerbehandlung des Prüfers einerseits und seiner individuellen Fehlerorientierung und dem organisationalen Fehlerklima in der Prüfungsorganisation andererseits sind insofern unbefriedigend, weil die ersten beiden Hypothesen nur partiell bestätigt werden konnten. Außerdem scheinen die individuelle Fehlerorientierung und das organisationale Fehlerklima bei den Internen Revisoren und den öffentlichen Prüfern mehr zu Fehlervermeidung zu tendieren, obwohl ihr tatsächliches Fehlerbehandlungsverhalten dem Fehlermanagement am nächsten kam. Weiterhin muss erklärt werden, warum die Beziehung zwischen der Fehlerbehandlung des Prüfers und dem organisationalen Fehlerklima einerseits und zwischen Fehlerbehandlung des Prüfers und seiner individuellen

Fehlerorientierung andererseits nur für die externen Prüfer bestätigt werden konnte. Dieses Ergebnis ist ebenfalls überraschend, da angenommen wurde, dass der Zusammenhang für alle Prüfertypen gilt. Eine mögliche statistische Erklärung wäre, dass das Ergebnis die Folge eines Stichprobenfehlers ist. Das würde bedeuten, dass der Zusammenhang grundsätzlich bei allen Prüfertypen vorhanden ist, aufgrund zufälliger Einflüsse in der aktuellen Stichprobe aber nicht nachgewiesen werden konnte.

Es ist aber auch möglich, dass es sich nicht um einen Stichprobenfehler handelt und der Zusammenhang tatsächlich nur bei externen Prüfern besteht. Eine mögliche Ursache dafür könnte in der Wirkung einer oder mehrerer anderer Variablen liegen, die bisher nicht untersucht wurden. Diese Variablen könnten einen wesentlichen Einfluss auf die Fehlerbehandlung des Prüfers ausüben und dadurch den Einfluss des organisationalen Fehlerklimas und der individuellen Fehlerorientierung des Prüfers auf den tatsächlichen Umgang des Prüfers mit den Fehlern des Geprüften überdecken. Diese Variablen könnten in unterschiedlichem Ausmaß bei den drei Prüfertypen wirken, so dass unterschiedliche Zusammenhänge für externe Prüfer einerseits und interne und öffentliche Prüfer andererseits zu erklären wären. Weil das Fehlerbehandlungsverhalten der drei Prüfertypen sich voneinander unterscheidet, entstehen drei Fragen, die zu klären sind. (1) Welche zugrunde liegenden Merkmale oder Variablen verursachen die Unterschiede in der Fehlerbehandlung zwischen den drei Prüfertypen? (2) Welche dieser Variablen haben Einfluss auf die Fehlerbehandlung des Prüfers? (3) Welche dieser Variablen beeinflussen die Beziehung zwischen Fehlerbehandlung des Prüfers und dem organisationalen Fehlerklima beziehungsweise seiner individuellen Fehlerorientierung? Abbildung 12 enthält ein umfassenderes Modell zur Erklärung der Fehlerbehandlung, in denen drei mögliche weitere Einflussfaktoren dargestellt werden.

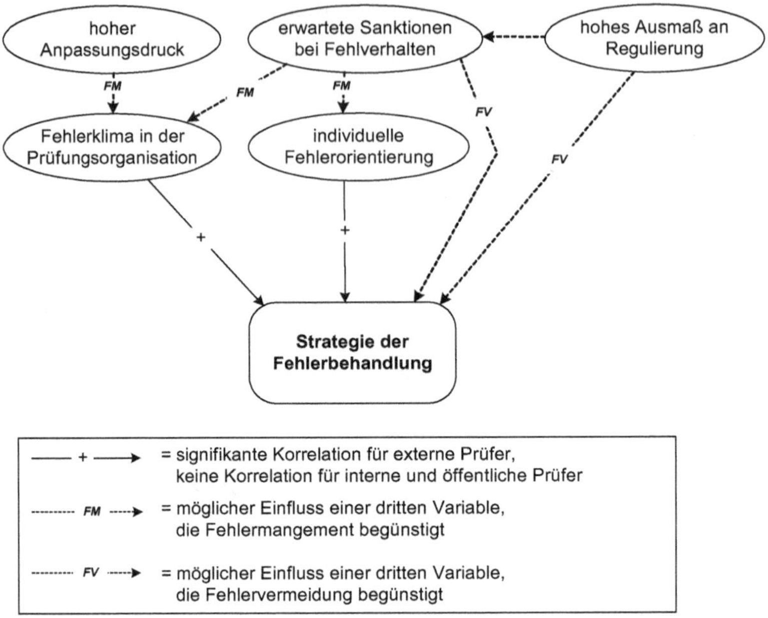

Abbildung 12: Modell zur Erklärung der Strategie der Fehlerbehandlung

Ein möglicher Faktor könnte der Druck an das Unternehmen sein, sich an sich ändernde Umweltbedingungen anzupassen. Weiterhin könnten die erwarteten Sanktionen bei Fehlverhalten des Prüfers und der Grad der beruflichen Regulation Einfluss auf die Fehlerbehandlung einerseits und auf das organisationale Fehlerklima und die individuelle Fehlerorientierung andererseits haben.

Zunächst werde ich die Wirkung des Anpassungsdrucks diskutieren. Die Notwendigkeit, sich an sich ändernde Umweltbedingungen anzupassen, ist besonders ausgeprägt für Unternehmen, die unter starkem Wettbewerbsdruck arbeiten. Hoher Wettbewerbsdruck erfordert eine schnelle Anpassung des Unternehmens. Auf organisationalem Niveau erleichtert ein Fehlerklima, das zum Fehlermanagement tendiert diese Anpassung stärker als ein fehlervermeidendes Fehlerklima.[7] Bei einem Fehlermanagement-Klima liegt der Schwerpunkt auf der Verbesserung von suboptimalen Strukturen und Prozessen. Die Flexibilität der Organisation wird dadurch gefördert. Insbesondere die externen Prüfer und die Wirtschaftsprüfungsgesellschaften sind einem hohen Wettbewerbsdruck ausgesetzt.[8] Daraus resultiert ein hoher Druck an das Unternehmen, flexibel zu sein und sich schnell anpassen zu können. Ein organisationales Fehlerklima, das zum Fehlermanagement tendiert, erleichtert diese Anpassung. Im Gegensatz dazu könnte der Anpassungsdruck auf die Prüfungsorganisation von den internen und öffentlichen Prüfern als geringer empfunden werden, so dass in diesen Organisationen ein aktiver Umgang mit eigenen Fehlern und das bewusste Lernen aus ihnen im Sinne eines ausgeprägten Fehlermanagement-Klimas nicht für so dringend gehalten werden. Die Variable Anpassungsdruck könnte also auf das organisationale Fehlerklima insbesondere für externe Prüfer in Richtung Fehlermanagement wirken.

Die erwarteten Sanktionen bei fehlerhaftem Verhalten des Prüfers könnten ebenfalls einen wesentlichen Einfluss auf die drei untersuchten Variablen ausüben. Je größer das Risiko von Sanktionen ist, um so wichtiger wird es für einen Prüfer, sich aktiv mit eigenen Fehlern auseinander zu setzen. Dieser aktive Umgang mit den eigenen Fehlern wiederum erhöht die Fehlerkompetenz des Prüfers und reduziert die Auswirkungen zukünftiger Fehler. Externe Prüfer unterliegen einem hohen Haftungsrisiko. Aber auch weitere Sanktionen, beispielsweise Reputationsverluste, können drohen, wenn der externe Prüfer einen fehlerhaften Bestätigungsvermerk unterschrieben hat. Externe Prüfer werden deshalb möglichst restriktiv mit den Fehlern des Geprüften umgehen, um das Risiko von Sanktionen zu verringern. Sie werden versuchen sicherzustellen, dass sie alle wesentlichen Fehler finden und diese beseitigen lassen. Interne und öffentliche Prüfer müssen dagegen im Fall des eigenen Fehlverhaltens seltener und/oder mit weniger schwerwiegenden Konsequenzen oder Sanktionen rechnen. Deshalb ist es für sie vergleichsweise weniger wichtig, die Strategie des Fehlermanagements auf eigene Fehler anzuwenden. Aus diesem Grunde könnte die Variable „erwartete Sanktionen bei Fehlerverhalten des Prüfers" dafür verantwortlich sein, dass in der externen Prüfung

[7] Vgl. Abschnitt 3.5.3.

[8] Vgl. Ketchand/Strawser (2001), S. 244-245; Peemöller (2004), S. 16-17.

einerseits auf organisationalem und individuellem Niveau eine Tendenz zum Fehlermanagement festzustellen ist und andererseits die Strategie der Fehlerbehandlung am stärksten zur Fehlervermeidung tendiert.

Die dritte Variable, der Grad der Regulierung hängt eng mit dem eben beschriebenen Sanktionsrisiko zusammen. Die Tätigkeit der internen und öffentlichen Prüfer ist kaum durch gesetzliche und berufsständische Regulierungen normiert. Für die Interne Revision hat sich ein Berufsrecht erst in den letzten Jahren herausgebildet.[9] Allerdings ist die Detaillierung und Verbindlichkeit dieser Berufsgrundsätze noch nicht sehr hoch. Ihre Beachtung ist weitgehend freiwillig und dem Ermessen des Internen Revisors überlassen.[10] Ein spezifisches Berufsrecht für öffentliche Prüfer ist derzeit nicht erkennbar. Im Gegensatz dazu ist die Regulierungsdichte für die externen Prüfer sehr hoch. Sie hat sich in den letzten Jahren in Folge des Enron-Skandals und weiterer Bilanzfälschungen noch deutlich erhöht.[11] In den Regulierungen für externe Prüfer wird insbesondere der Aspekt der Fehlervermeidung hervorgehoben. Deshalb könnte die verstärkte Regulierung bei den externen Prüfern ebenfalls dafür verantwortlich sein, dass diese sich stärker fehlervermeidend verhalten als interne und öffentliche Prüfer.

6.5.2. Zusammenhang zwischen Fehlerbehandlung und Arbeitszufriedenheit

In Abschnitt 6.4.2 wurde beschrieben, dass ein Zusammenhang zwischen der Fehlerbehandlung und der Arbeitszufriedenheit nur für externe Prüfer bestätigt werden konnte, während bei allen Prüfertypen die Arbeitszufriedenheit sowohl mit dem organisationalen Fehlerklima als auch mit der individuellen Fehlerorientierung signifikant korrelierte. Ein möglicher Zusammenhang dieser Variablen soll im Folgenden dargestellt werden (siehe Abbildung 13).

---

9 Vgl. Grundlagen der Internen Revision – Basics of Internal Auditing (2004).

10 Eine Ausnahme bilden die von der Bundesanstalt für Finanzdienstleistungen herausgegebenen und von den deutschen Kreditinstituten zu beachtenden Mindestanforderungen an die Ausgestaltung der Internen Revision, vgl. hierzu beispielsweise Haake/Leitschuh/Gorsulowski (2000).

11 Vgl. Ring (2005), S. 197; Schmidt (2005), S. 203.

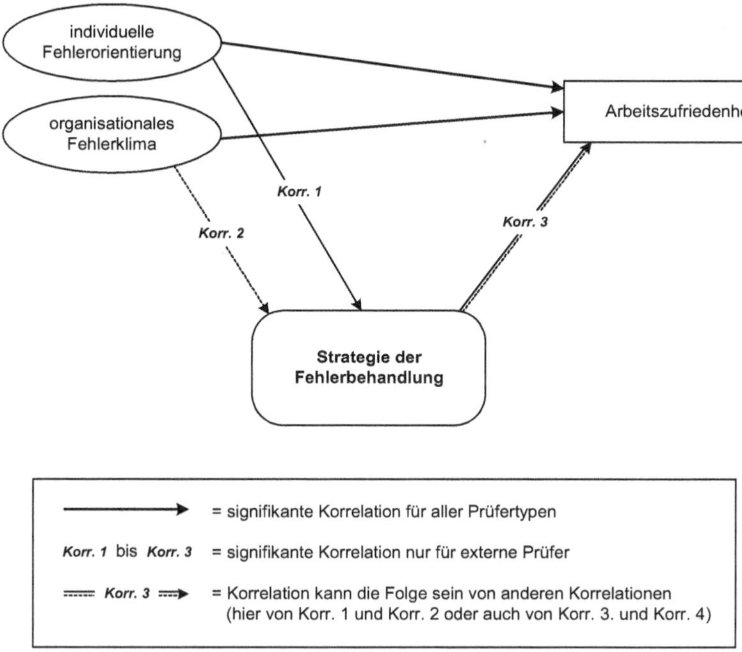

Abbildung 13: Korrelationen zur Arbeitszufriedenheit des externen Prüfers

In Abbildung 13 sind die Korrelationen zwischen individueller Fehlerorientierung und Arbeitszufriedenheit und zwischen organisationalem Fehlerklima und Arbeitszufriedenheit für alle Prüfertypen gekennzeichnet. Nur für externe Prüfer wurde außerdem eine signifikante Korrelation zwischen organisationalem Fehlerklima und der Fehlerbehandlung des Prüfers (siehe Abbildung 13, Pfeil mit der Bezeichnung „Korr. 1“), und zwischen dem organisationalem Fehlerklima und der Arbeitszufriedenheit des Prüfers gefunden. Wenn eine Variable („individuelle Fehlerorientierung“) mit zwei anderen Variabeln („Fehlerbehandlung“ und „Arbeitszufriedenheit“) korreliert, so sollten diese Variablen auch untereinander korrelieren (Korr. 3). Diese Korrelation zwischen Fehlerbehandlung und Arbeitszufriedenheit bei externen Prüfern wird weiterhin verstärkt durch die Korrelationen zwischen organisationalem Fehlerklima und Fehlerbehandlung (Korr. 2).

7. Begrenzungen der Untersuchung und Ausblick

Die wesentlichen Ziele dieser Arbeit lagen einerseits in der Entwicklung eines Analyserahmens zur Fehlerbehandlung, in dem potentielle Einflussfaktoren und Wirkungen der Fehlerbehandlung durch den Prüfer systematisch dargestellt werden. Andererseits sollte eine methodische Grundlage für die weitere Erforschung der Fehlerbehandlung geschaffen werden. Ein Fragebogen zur Erfassung der Fehlerbehandlung durch den Prüfer wurde entwickelt. Mit Hilfe der in Kapitel 5 und 6 dargestellten empirischen Untersuchungen wurde das Konstrukt der Fehlerbehandlung validiert sowie der Fragebogen zur Erfassung der Fehlerbehandlung erprobt. Weiterhin sollte ein erster Einblick in die Beziehungen der Fehlerbehandlung zu ähnlichen Konstrukten und zu ausgewählten demografischen Daten gewonnen werden.

Mit Hilfe des Analyserahmens habe ich eine Reihe von potentiellen Einflussfaktoren für die Fehlerbehandlung beschrieben. Wie in Abschnitt 4.1 begründet, habe ich mich dabei zunächst auf die mikroskopische Ebene des Prüfungsprozesses konzentriert, indem ich die Personen des Prüfers und des Geprüften mit ihren personalen und situationalen Hintergründen untersucht habe. Die organisationalen Einflussfaktoren sowie Einflüsse aus der Umwelt habe ich in dieser Betrachtung zurückgestellt. Auch habe ich die Beziehungen der einzelnen Einflussfaktoren untereinander bislang nicht thematisiert. Es kann davon ausgegangen werden, dass die Aussagekraft des Analyserahmens deutlich zunimmt, wenn Faktoren aus der Umwelt, wie beispielsweise der Anpassungsdruck oder der Grad der Regulierung, integriert werden. Die Beziehungen der einzelnen Einflussgrößen untereinander sollten ebenfalls genauer beschrieben werden, damit die Bedeutung der Fehlerbehandlung im Prüfungsprozess deutlicher herausgearbeitet werden kann.

Die Wirkungen der Fehlerbehandlung habe ich ebenfalls isoliert betrachtet, ohne ihre wechselseitigen Zusammenhänge zu untersuchen. Dabei habe ich diejenigen Wirkungen beschrieben, für die ich Aussagen in der Literatur finden konnte. Es kann nicht ausgeschlossen werden, dass weitere Variablen wesentlich durch die Fehlerbehandlung des Prüfers beeinflusst werden. Insbesondere die Forschung zu den Wirkungen der Prüfung für die Geprüften und die geprüfte Organisation befindet sich noch in einem frühen Stadium. Eine Ursache für die geringen Forschungsaktivität in diesem Bereich liegt sicherlich in den methodischen Schwierigkeiten bei der Erhebung der Prüfungswirkung für die Geprüften. Die systematische empirische Untersuchung genau dieser

Wirkungen verspricht jedoch einen deutlichen Wissenszuwachs über den Prüfungsprozess und sollte unbedingt weiter vorangebracht werden.

Mit der in dieser Arbeit beschriebenen empirischen Untersuchung konnte ich zeigen, dass mit der Fehlerbehandlung ein eigenständiges Konstrukt gemessen wird, das von ähnlichen Konstrukten klar abgegrenzt ist. Insbesondere die Abgrenzung zum Fehlerklima in der Prüfungsorganisation und zur individuellen Fehlerorientierung des Prüfers konnte nachgewiesen werden. Die Versuchspersonen konnten sehr gut zwischen der Fehlerbehandlung einerseits und diesen verwandten Konstrukten andererseits unterscheiden. Weiterhin habe ich gezeigt, dass die Fehlerbehandlung sich in meiner Stichprobe signifikant unterscheidet bei Internen Revisoren, öffentlichen Prüfern und externen Prüfern. Während die externen Prüfer in ihrem Umgang mit den Fehlern des Geprüften am stärksten zur Fehlervermeidung tendieren, orientieren sich die öffentlichen Prüfer am stärksten an der Strategie des Fehlermanagements. Die Internen Revisoren befanden sich in einer mittleren Position. Dieses Ergebnis ist hypothesenkonform. Es stimmt mit der Erkenntnis überein, dass externe Prüfer in ihrer Tätigkeit einen Schwerpunkt darauf legen müssen, die Abwesenheit von Fehlern zu testieren und einem hohen Haftungsrisiko gegenüberstehen. Diese Einflussgrößen können dafür verantwortlich sein, dass externe Prüfer sich im Umgang mit den Fehlern des Geprüften stärker an der Strategie der Fehlervermeidung orientieren als interne und öffentliche Prüfer. Auf der anderen Seite streben interne und öffentliche Prüfer in erster Linie eine Verbesserung von suboptimalen Strukturen und Prozessen an und unterbreiten Verbesserungsvorschläge. Diese Zielstellung begünstigt eher die Anwendung einer Fehlermanagement-Strategie im Umgang mit den Fehlern des Geprüften.

Die Annahme, dass die Häufigkeit, in der eine bestimmte Organisation geprüft wird, mit der Fehlerbehandlung des Prüfers zusammenhängt, konnte für keinen der drei Prüfertypen sicher bestätigt werden, obwohl für die Internen Revisoren eine schwache Korrelation zwischen der Häufigkeit der Prüfung und der bevorzugten Strategie der Fehlerbehandlung gefunden werden konnte. Die Ergebnisse für die weiteren Hypothesen waren weniger eindeutig. Hypothese 5, in der ein Zusammenhang zwischen Fehlerbehandlung des Prüfers und seiner Arbeitszufriedenheit vermutet wurde, konnte nur für externe Prüfer bestätigt werden, nicht für Internen Revisoren und öffentliche Prüfer. Dasselbe gilt für die Hypothesen 1 und 2, in denen die Zusammenhänge zwischen der Fehlerbehandlung des Prüfers einerseits und dem Fehlerklima in der Prüfungsorganisation und der individuellen Fehlerorientierung des Prüfers andererseits untersucht wurden. Auch diese Zusammenhänge wurden nur für externe Prüfer bestätigt. In einer zusammenfassenden Darstellung (Abbildung 14), sind die Ergebnisse der vorliegenden Untersuchung dargestellt.

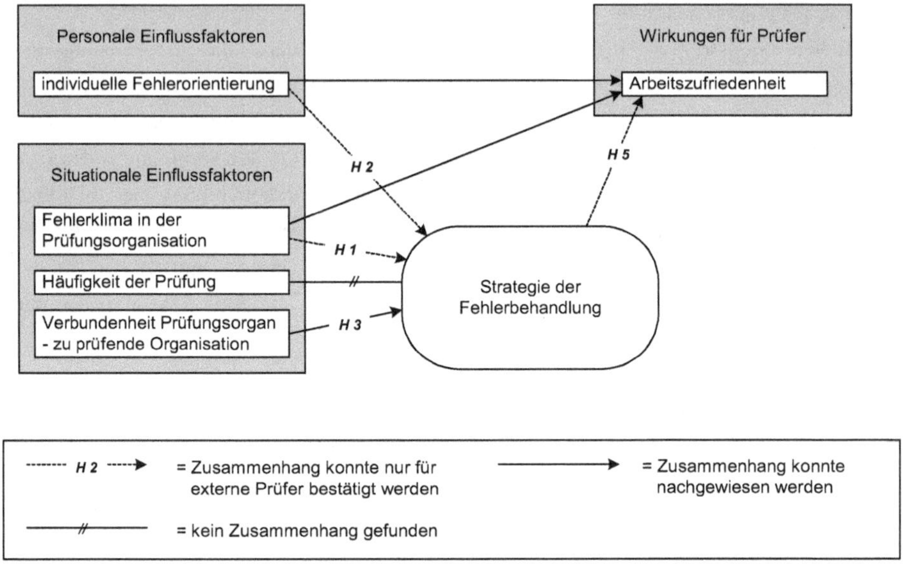

Abbildung 14: Beziehungen zwischen den Variablen, die in der Studie bestätigt werden konnten

Die Aussagekraft der untersuchten Zusammenhänge wird durch einige Einschränkungen begrenzt. Grundsätzlich gelten die Ergebnisse ausschließlich für die untersuchte Stichprobe. Insbesondere bei den öffentlichen Prüfern, die hauptsächlich aus Kommunalabteilungen von Rechnungshöfen stammen, ist noch zu klären, inwieweit die Ergebnisse auf öffentliche Prüfer anderer Organisationen übertragbar sind. Weiterhin wurden die Versuchspersonen nicht streng zufällig ausgewählt. Vielmehr handelt es sich um eine anfallende Stichprobe[1], da die Fragebögen zu einem großen Teil auf Tagungen und

[1] Anfallende Stichprobenpläne werden eingesetzt, wenn die gerade verfügbaren Gruppen von Merkmalsträgern für die Untersuchung herangezogen werden. Sie sind sinnvoll anwendbar, bei der Erprobung von Messinstrumenten. Vgl. Sprung/Sprung (1984), S. 309.

Schulungen verteilt wurden. Allerdings erwarte ich nicht, dass die untersuchten Variablen in der Stichprobe grundsätzlich anders verteilt sind als in der Grundgesamtheit aller Prüfer. Die Art der Fehlerbehandlung eines Prüfers sollte nicht die Wahrscheinlichkeit beeinflusst haben, in die Stichprobe zu gelangen. Vielmehr erwarte ich, dass die Art, in der die Versuchspersonen ausgewählt wurden, die Ergebnisse der Untersuchung nicht negativ beeinflusst. Trotzdem sollten die Ergebnisse vorsichtig interpretiert werden, bis weitere empirische Untersuchungen vorliegen.

Weiterhin befindet sich die empirische Untersuchung der Fehlerbehandlung durch den Prüfer in einem frühen Stadium. Daher habe ich mich zunächst auf einige Variablen des Analyserahmens (siehe Abbildung 4) beschränkt, die ausschließlich den Prüfer und die Prüfungsorganisation betreffen. Weitere Forschung sollte unbedingt weitere Variablen des Analyserahmens einbeziehen. Insbesondere die Variablen auf der Seite des Geprüften und der geprüften Organisation erscheinen außerordentlich fruchtbringend für das Verständnis des Prüfungsprozesses und die Erklärung der positiven und negativen Prüfungswirkungen zu sein. Obwohl die systematische Erfassung von Einflussfaktoren und Prüfungswirkungen bei den geprüften Personen und Organisationen methodisch sehr aufwändig ist, sollte die Forschung an dieser Stelle weitergebracht werden.

Aus den Beziehungen, die ich in dieser Untersuchung gefunden habe, kann ich nicht direkt eine kausale Beziehung oder die Richtung der Einflussnahme ableiten. Vielmehr können die Beziehungen immer auch die Wirkung einer oder mehrerer intervenierender Variablen sein, wie beispielsweise an den Variablen „Anpassungsdruck“, „erwartete Sanktionen bei Fehlverhalten“ und „Ausmaß der Regulierungen“ diskutiert wurde. Die Diskussion dieser Variablen zeigt außerdem, dass der Analyserahmen um Einflussgrößen aus der Umwelt des Prüfers und der geprüften Organisation erweitert werden muss, wenn begründete Aussagen über die Fehlerbehandlung des Prüfers getroffen werden sollten.

Aus methodischer Sicht sollte weiterhin untersucht werden, inwieweit die Prüfer zwischen ihrer eigenen Einstellung zu Fehlern (individuelle Fehlerorientierung) und der in der Prüfungsorganisation üblichen Einstellung zu Fehlern (Fehlerklima in der Prüfungsorganisation) unterscheiden können. Diese beiden Konstrukte korrelierten in meiner Untersuchung für alle Prüfertypen signifikant. Dieses Ergebnis legt die Vermutung nahe, dass die Prüfer die Unterscheidung zwischen den beiden Konstrukten entweder nicht vornehmen können, oder dass beide Konstrukte inhaltlich eng miteinander verknüpft sind. Um diese Frage entscheiden zu können, ist wiederum weitere Forschung notwendig.

Bislang wurde der Umgang des Prüfers mit den Fehlern der Geprüften im Wesentlichen seiner Intuition oder „Menschenkenntnis" überlassen. Eine theoretisch fundierte Unterstützung wurde dem Prüfer bislang nicht angeboten. Da es Hinweise dafür gibt, dass die Strategie des Fehlermanagements in verschiedenen Situationen bessere Ergebnisse liefert als die Strategie der Fehlervermeidung, sollten Prüfer gezielt auf die Anwendung dieser Strategie vorbereitet werden. Der natürliche, intuitive Umgang mit Fehlern entspricht häufig einer Strategie der Fehlervermeidung. Daher muss die Strategie des Fehlermanagements, wenn sie gewünscht wird, bewusst gefördert werden.

Wenn das theoretische Konzept der Fehlerbehandlung in der Prüfungspraxis umgesetzt werden soll, so muss das Verhalten der Prüfer verändert werden. Damit diese langfristige Veränderung möglich ist, müssen sowohl auf der individuellen Ebene des Prüfers als auch auf der organisationalen Ebene des Prüfungsorgans Veränderungen vorgenommen werden.[2] Dabei ist anzumerken, dass keine der beiden Strategien der Fehlerbehandlung immer vorziehenswürdig ist. Bevor sich also ein Prüfer für eine Strategie der Fehlerbehandlung entscheidet, sollte er die situationalen Bedingungen einer Prüfung untersuchen. Er sollte das Fehlerklima in der geprüften Organisation berücksichtigen, sowie die explizit und implizit an ihn herangetragenen Zielstellungen der Prüfung und die Komplexität der zu prüfenden Sachverhalte. Weiterhin muss der Prüfer Wissen über die Wirkungen der unterschiedlichen Strategien der Fehlerbehandlung erwerben. Dadurch können Prüfer in die Lage versetzt werden, sich bewusst für eine Strategie der Fehlerbehandlung zu entscheiden. Auf der individuellen Ebene bedeutet dies, dass Prüfer die Besonderheiten der Strategien kennen lernen müssen, damit sie diese gezielt einsetzen können. Außerdem muss sich der Prüfer darüber im Klaren sein, welche Strategie der Fehlerbehandlung er bevorzugt verwendet. Erst dann kann ein Prüfer sein Verhalten tatsächlich ändern.

---

2 Vgl. Mints (1973), S. 36-38.

Neben diesem Aspekt der Wissensvermittlung müssen die Prüfer auch über die Motivation verfügen, ihr Verhalten tatsächlich ändern zu wollen. Wenn ein Prüfer von den Vorteilen einer Veränderung nicht wirklich überzeugt ist, so wird er sie auch nicht umsetzen. Dabei können Fortbildungs- und Trainingsmaßnahmen hilfreich sein. Damit ein veränderter Umgang mit den Fehlern langfristig wirksam werden kann, müssen die Vorgesetzen diese Veränderung ebenfalls unterstützen.[3] Dazu muss er dem Prüfer helfen, die Sichtweise des Geprüften zu erkennen und Informationen darüber bereitstellen, welches Verhalten angemessen ist. Ein weiterer Schwerpunkt bei langfristigen Veränderungen wird in der Auswahl und dem Training von jungen Prüfern liegen. Hier sollte bei der Einstellung auf erwünschten Verhaltens-Kompetenzen geachtet werden. Trainingsprogramme können gezielt Strategien vermitteln.

Schließlich sollte der Nutzen der angewandten Strategie der Fehlerbehandlung deutlich gemacht werden.[4] Das kann beispielsweise dadurch geschehen, dass die Geprüften im Rahmen des Einstiegsgesprächs, durch Artikel in verschiedenen Publikationen oder über andere Wege über den neuen Ansatz informiert werden.

Zu beachten ist allerdings, dass die Zahl der empirischen Untersuchungen bislang nicht ausreicht, um gesicherte Handlungsempfehlungen formulieren zu können. Erst eine Vielzahl von empirischen Untersuchungen kann die bisher formulierten plausiblen Überlegungen in gesicherte Erkenntnisse übertragen.

---

[3] Vgl. Mints (1973), S. 36-37.
[4] Vgl. Mints (1973), S. 38-39.

8. Zusammenfassung

Die Zielstellung der vorliegenden Arbeit bestand darin, die Fehlerbehandlung des Prüfers zu analysieren, seine Relevanz für den Prüfungsprozess herauszuarbeiten und eine methodische Grundlage für die empirische Erforschung der Fehlerbehandlung bereitzustellen. Dazu wurden einerseits die wissenschaftlichen Erkenntnisse aus der betriebswirtschaftlichen und der psychologischen Forschung zu Fehlern und zum Umgang mit Fehlern dargestellt. Weiterhin wurden sie in einem Analyserahmen der Fehlerbehandlung systematisiert. Dabei wurden potentielle Einflussfaktoren und Wirkungen der Fehlerbehandlung durch den Prüfer diskutiert.

Bei der Art der Fehlerbehandlung durch den Prüfer werden zwei mögliche Strategien unterschieden: die Strategie der Fehlervermeidung und die Strategie des Fehlermanagements. Es wurde diskutiert, von welchen Voraussetzungen die Wahl einer Strategie der Fehlerbehandlung abhängen sollte. So begünstigen einerseits die personalen Eigenschaften des Prüfers seine bevorzugte Strategie der Fehlerbehandlung. Beispielsweise wird ein introvertierter Prüfer eher zu einer Strategie der Fehlervermeidung tendieren, während ein extravertierter Prüfer eher zu einer Strategie des Fehlermanagements neigen sollte. Andererseits sollte die Strategie der Fehlerbehandlung an die situationalen Erfordernisse angepasst werden. So sollte sowohl die Art des Fehlers als auch die Art der Prüfung berücksichtigt werden. Während bei einer reinen Ordnungsmäßigkeitsprüfung die Strategie der Fehlervermeidung angemessen sein kann, sollten bei einer Geschäftsführungsprüfung die Vorteile des Fehlermanagements überwiegen. Auch Merkmale der Prüfungsorganisation sollten die bevorzugte Strategie der Fehlerbehandlung beeinflussen. Wesentlich für das Verhalten des Prüfers beim Auftreten von Fehlern werden ebenfalls die Interaktionen mit dem Geprüften sowie dessen personaler und organisationaler Hintergrund sein. So muss der Prüfer sein Verhalten an die Person und Einstellungen des Geprüften genauso anpassen wie an die Komplexität der geprüften Tätigkeit und an das Fehlerklima in der geprüften Organisation.

Es wurde weiterhin argumentiert, dass die unterschiedlichen Strategien der Fehlerbehandlung den Prüfungsprozess wesentlich beeinflussen und damit die Prüfungswirkungen für den Prüfer und die Prüfungsorganisation genauso beeinflussen wie für die Geprüften und die geprüfte Organisation. Es wurde begründet, dass die Beziehung zwischen Prüfer und Geprüften dann besser sein wird, wenn der Prüfer die Strategie des Fehlermanagements anwendet als wenn er der Strategie der Fehlervermeidung folgt.

Daher sollte bei einer Strategie des Fehlermanagements die Prüfung insgesamt effektiver ablaufen, da die Geprüften sich aktiv beteiligen, Informationen bereitwilliger zur Verfügung stellen und sich auch bei der Entwicklung von Verbesserungsvorschlägen mit ihrem spezifischen Wissen über die Organisation einbringen. Weiterhin wurde argumentiert, dass die Geprüften die Verbesserungsvorschläge bereitwilliger umsetzen werden, wenn der Prüfer sich im Sinne des Fehlermanagements verhält. Die Ziele der Prüfung sollten somit insgesamt besser erreicht werden. Auch auf die Effizienz der Prüfung dürfte sich die Strategie der Fehlerbehandlung auswirken. So sollten einerseits die Gespräche mit den Mitarbeitern der geprüften Organisation mehr Zeit in Anspruch nehmen, wenn die Strategie des Fehlermanagements angewandt wird. Andererseits sollten sich aber die Verzögerungen durch schlechte Informationsbereitstellung und das Angehen gegen die Widerstände der Geprüften verringern, so dass die Prüfung insgesamt schneller und damit effizienter ablaufen sollte.

Für den Geprüften und die geprüfte Organisation könnten die Vorteile der Strategie des Fehlermanagements darin bestehen, dass die Abwehrreaktionen und damit die Belastung der Geprüften geringer sein könnten, die Fehler besser korrigiert werden und insgesamt individuelles und organisationales Lernen gefördert werden. Die geprüfte Organisation profitiert dann durch eine bessere Anpassungsfähigkeit und Förderung von Innovation. Auch für die Prüfer und die Prüfungsorganisation wurden Vorteile der Strategie des Fehlermanagements diskutiert. So dürften Prüfer mit dieser Strategie einen geringeren Rollenkonflikt erleben sowie ein höheres organisationales Commitment und eine höhere Arbeitszufriedenheit. Diese wirken sich dann für die Prüfungsorganisation über bessere Leistung und geringere Fluktuation der Prüfer positiv aus. Die bessere Effektivität und Effizienz der Prüfungsdurchführung führen für die Prüfungsorganisation ebenfalls zu einem besseren Image und einem Wettbewerbsvorteil.

Es wurde betont, dass die im Analyserahmen beschriebenen Einflussgrößen und Wirkungen der Fehlerbehandlung nicht unabhängig voneinander sind. Vielmehr wird angenommen, dass sie sich wechselseitig beeinflussen. Diese Zusammenhänge sollten weiter untersucht werden, damit genaue Aussagen über die Wirkungsweise der Fehlerbehandlung abgeleitet werden können.

Als Voraussetzung für die weitere empirische Erforschung der Fehlerbehandlung wurde ein Messinstrument entwickelt, mit dem die Fehlerbehandlung des Prüfers erfasst werden kann. Der Fragebogen besteht aus drei Teilen. Mit dem ersten Teil wird die

Fehlerbehandlung des Prüfers erfasst, mit dem zweiten Teil das organisationale Fehlerklima in der Prüfungsorganisation und mit dem dritten Teil die individuelle Fehlerorientierung des Prüfers. In einer ersten empirischen Untersuchung wurde die erste Fassung des Fragebogens von 60 Prüfern beantwortet. Die Daten dienten dazu, die Güte der einzelnen Fragebogen-Items zu ermitteln und wenig trennscharfe Items zu identifizieren. Diese ungeeigneten Items wurden überarbeitet beziehungsweise aus dem Fragebogen eliminiert. Als Ergebnis dieser Überarbeitung lag eine revidierte Fassung des Fragebogens vor, die für alle drei Fragebogen-Teile eine gute Interne Konsistenz aufwies (Cronbach α zwischen 0,62 und 0,93).

An der zweiten empirischen Untersuchung beteiligten sich 284 Prüfer (83 externe Prüfer, 108 Interne Revisoren und 93 öffentliche Prüfer). Ein Zweck dieser Untersuchung war es, die Beziehung der drei Variablen: Fehlerbehandlung des Prüfers, organisationales Fehlerklima in der Prüfungsorganisation und individuelle Fehlerorientierung zueinander zu untersuchen. Weiterhin sollte geprüft werden, inwieweit die drei Prüfertypen sich bezüglich ihrer Fehlerbehandlung voneinander unterschieden und in welchem Zusammenhang die Häufigkeit der Prüfung und die Arbeitszufriedenheit des Prüfers mit der Fehlerbehandlung des Prüfers stehen. Weiterhin sollten in einer explorativen Untersuchung mögliche Zusammenhänge zu demografischen Daten (Alter, Geschlecht, Berufszugehörigkeit, Größe der Prüfungsorganisation) geprüft werden.

Als Ergebnis der Untersuchung konnten signifikante Korrelationen zwischen der Fehlerbehandlung auf der einen Seite und dem organisationalen Fehlerklima, der individuellen Fehlerorientierung und der Arbeitszufriedenheit auf der anderen Seite nur für externe Prüfer gefunden werden. Für die internen und öffentlichen Prüfer gab es keine Zusammenhänge zwischen der Fehlerbehandlung und den anderen untersuchten Variablen. Außerdem konnte die Hypothese bestätigt werden, dass die externen Prüfer in der sich am stärksten an der Strategie der Fehlervermeidung orientieren, während die internen und öffentlichen Prüfer eher zum Fehlermanagement tendieren.

Interessanterweise war bei der Betrachtung des organisationalen Fehlerklimas in der Prüfungsorganisation und der individuellen Fehlerorientierung eine andere Rangfolge zu beobachten. Hier tendierten die Internen Revisoren am stärksten zur Fehlervermeidung, während die externen Prüfer am stärksten zum Fehlermanagement tendierten. Die Unterschiede zwischen den drei Gruppen waren in allen Vergleichen signifikant. Die

Häufigkeit der Prüfung zeigte in der Stichprobe keinen Zusammenhang zur bevorzugten Strategie der Fehlerbehandlung.

Nach der Darstellung der Ergebnisse wurden die möglichen Ursachen für die ermittelten Zusammenhänge diskutiert. Es wurden insbesondere drei weitere potentielle Einflussgrößen vorgestellt, die für die gefundenen Ergebnisse verantwortlich sein können, da sie für externe, interner und öffentliche Prüfer zum Teil sehr unterschiedlich ausgeprägt sind: der Anpassungsdruck, die erwarteten Sanktionen bei Fehlverhalten des Prüfers und der Grad der Regulierung.

Weiterhin wurden die Beschränkungen der Untersuchung dargestellt sowie Vorschläge für weitere empirische Forschung formuliert. Mit einer Ableitung von plausiblen, aber bislang noch nicht gesicherten Handlungsempfehlungen für Prüfer wird die Arbeit abgeschlossen.

Literaturverzeichnis

Abdolmohammadi, M. J.; Searfoss D. G.; Shanteau, J. (1994): A framework for analysis of characteristics auf audit experts. Working paper, Bentley College 1994; zitiert nach Tan/Libby (1997), S. 99.

Abdolmohammadi, Mohammad J.; Searfoss D. Gerald; Shanteau, James (2004): An investigation of the attributes of top industry audit specialists. In: Behavioral Research in Accounting 2004, S. 1-17.

Abdolmohammadi, Mohammad J.; Shanteau, James (1992): Personal attributes of expert auditors. In: Organizational Behavior and Human Decision Processes, Vol. 53, 1992, S. 158-172.

Allen, B. Larry (1978): Can the participative audit approach improve job satisfaction? In: The Internal Auditor, August 1978, S. 59-64.

Allen, Robert D. (1996): Managing internal audit conflicts. In: Internal Auditor, August 1996, S. 58-61.

Allen, Natalie J.; Meyer, John P. (1990): The measurement and antecedents of affective, continuance and normative commitment to the organization. In: Journal of Occupational Psychology 1990, S. 1-18.

Anandarajan, Asokan; Hasan, Iftekhar; Moyes, Glen; Wulsin, Fred (2002): Gender, ethnicity, and demographic factors influencing promotions to managers for auditors: An empirical analysis. In: C. R. Lehman (Hrsg.): Mirrors and prisms: interrogating accounting, Advances in public interest accounting 2002, S. 1-29.

Apostolou, Barbara; Pasewark, William R.; Strawser, Jerry R. (1993): The effects of senior internal auditor behavior on staff performance and satisfaction. In: Accounting and Business Research 1993, S. 110-122.

Applegate, Dennis (2004): Training new auditors. In: Internal Auditor, April 2004, S. 66-73.

Arens, Alvin A.; Elder, Randal J.; Beasley, Mark S. (2003): Auditing and assurance services. An integrated approach, 9. Auflage, Upper Saddle River, New Jersey 2003.

Argyris, Chris (1985): Strategy, chance and defense routines, Marshfield/Massachusetts 1985.

Ashton, Alison Hubbard (1991): Experience and error frequency knowledge as potential determinants of audit expertise. In: The Accounting Review 1991, S. 218-239.

Ashton, Robert H.; Ashton, Alison Hubbard (1995): Perspectives on judgement and decision-making research in accounting and auditing. In: R. H. Ashton; A. H. Ashton (Hrsg.): Judgement and decision-making research in accounting and auditing, Cambridge 1995, S. 3-25.

Baetge, Jörg (1970): Möglichkeiten der Objektivierung des Jahreserfolges, Düsseldorf 1970.

Bainbridge, Lisanne (1983): Ironies of automation. In: Automatica 1983, S. 775-779.

Baker, Frank W. (1978): The team approach to auditing. In: The Internal Auditor, June 1978, S. 58-62.

Ballou, Brian (2001): The relationship between auditor characteristics and the nature of review notes for analytical procedure working papers. In: Behavioral Research in Accounting 2001, S. 25-48.

Bamber, E. Michael; Gillett, Peter R.; Mock, Theodore J.; Trotman, Ken T. (1995): Audit judgement. In: T. B. Bell; A. M. Wright (Hrsg.): Auditing practice, research, and education: A productive collaboration, New York 1995, S. 55-85.

Bamber, E. Michael; Iyer, Venkataraman M. (2002): Big 5 auditors' professional and organizational identification: consistency or conflict? In: Auditing: A Journal of Practice & Theory, September 2002, S. 21-38.

Bamber, E. Michael; Smith Bamber, Linda; Schoderbek; Michael P. (1993): Audit structure and other determinants of audit report lag: An empirical analysis. In: Auditing: A Journal of Practice & Theory, Spring 1993, S. 1-23.

Bamber, Michael E.; Snowball, Doug; Tubbs, Richard M. (1989): Audit structure and its relation to role conflict and role ambiguity: an empirical investigation. In: The Accounting Review 1989, S. 285-299.

Baur, Ulrich (1988): Vereinbarungen in der Schlußbesprechung - Vorteile und Risiken. In: Betriebsberater 1988, S. 602-609.

Beattie, Vivien; Fearnley, Stella; Brandt, Richard (2000): Behind the audit report: A descriptive study of discussions and negotiations between auditors and directors. In: International Journal of Auditing 2000, S. 177-202.

Beattie, Vivien; Fearnley, Stella; Brandt, Richard (2004): A grounded theory model of auditor-client negotiation. In: International Journal of Auditing 2004, S. 1-19.

Bedeian, Arthur G.; Mossholder, Kevin W.; Touliatos, John; Barkman, Arnold I. (1986): The accountant's stereotype: An update for vocational counselors. In: The Career Development Quaterly, December 1986, S. 113-122.

Beeler, Jesse D.; Hunton, James E. (1996): Accountability and escalation of commitment: the effects of compensation and disclosure. In: Advances in Accounting 1996, S. 39-59.

Beeler, Jesse D.; Hunton, James E.; Wier, Benson (1997): Does participative goal-setting work well in audit practice? In: Internal Auditing, Winter 1997, S. 39-46.

Benke, Ralph L.; Rhode, John Grant (1984): Intent to turnover among higher level employees in large CPA firms. In: Advances in Accounting 1984, S. 157-174.

Berry, Leonard E. (1976): Are you a thick-skinned auditor ? In: The Internal Auditor, January/February 1976, S. 41-51.

Bilanzrechtsreformgesetz (2004): Gesetz zur Einführung internationaler Rechnungslegungsstandards und zur Sicherung der Qualität der Abschlussprüfung. In: BGBl. I 2004, S. 3166-3182.

Birnberg, Jacob G.; Shields, Michael D.; McGhee, Walter (1980): The effects of personality on a subject's information processing: A reply. In: The Accounting Review 1980, S. 507-510.

Blümel, Stefan; Haeußler, Henrik; Pröpsting, Stephan (2002): Wissensmanagement als Erfolgsfaktor für eine international tätige Interne Revision, München 2002.

Blümel, Stefan; Haeußler, Henrik; Pröpsting, Stephan (2004): Wissensmanagement als Erfolgsfaktor für eine international tätige Interne Revision. In: ZIR 2004, S. 142-146.

Bonner, Sarah E. (1999): Judgment and decision-making research in accounting. In: Accountin Horizons 1999, S. 385-398.

Bortz, Jürgen (1999): Statistik für Sozialwissenschaftler, 5. Aufl., Berlin/Heidelberg/New York u.a. 1999.

Bortz, Jürgen; Döring, Nicola (2002): Forschungsmethoden und Evaluation für Human- und Sozialwissenschaftler, 3. überarb. Auflage, Berlin/Heidelberg/New York u.a. 2002.

Bossle, Francis X.; Michenzi, Alfred R. (1997): The single page audit report. In: Internal Auditor, April 1997, S. 37-41.

Bougen, Philip D. (1994): Joking apart: the serious side to the accountant stereotype. In: Accounting, Organizations and Society 1994, S. 319-335.

Brand-Noé, Christine (2002a): Die Prüfung von Veränderungsprozessen im Unternehmen. In: ZIR 2002, S. 155-162.

Brand-Noé, Christine (2002b): Zielvereinbarungen für Mitarbeiter der Internen Revision. In: ZIR 2002, S. 54-61.

Brandstätter, Veronica (1999): Arbeitsmotivation und Arbeitszufriedenheit. In: C. G. Hoyos; D. Frey (Hrsg.): Arbeits- und Organisationspsychologie, Weinheim 1999, S. 344-257.

Brierley, John A. (1999): Accountants' job satisfaction: a meta-analysis. In: British Accounting Review 1999, S. 63-84.

Brockner, Joel (1992): The escalation of commitment to a failing course of action: toward theoretical progress. In: Academy of Management Review 1992, S. 39-61.

Brodbeck, Felix C. (1991): Fehlerbewältigungsdauer und Nutzung von Unterstützungsmöglichkeiten. In: M. Frese; D. Zapf (Hrsg.): Fehler bei der Arbeit mit dem Computer, Bern/Göttingen/Toronto 1991, S. 80-94.

Bronner, Rolf (2003): Pathologies of decision-making: Causes, forms, and handling. In: Management International Review 2003, S. 85-101.

Brown, Doug; Mendenhall, Stan; Kramer, Joel (2003): Business ethics programs: Is internal audit playing a proactive role? In: Internal Auditing, July/August 2003, S. 28-33.

Brown, Iain (2005): Getting off the reporting tread, Internal Auditing & Business Risk, May 2005, S. 30-34.

Buchner, Robert (1997): Wirtschaftliches Prüfungswesen, München 1997.

Budäus, Dietrich (2002): Von der Rechnungsprüfung zum Reformpromotor. In: Innovative Verwaltung 11/2002, S. 9-12.

Burke, Kimberly Gladden; Kovar, Stacy E. (1999): The power of persuasion: Negotiation strategies for internal auditors. In: Internal Auditing, March/April 1999, S. 11-15.

Burnett, Russell R. (1983): Does management style matter? In: Internal Auditor, June 1983, S. 16-19.

Calpin, Martin (1990): Understanding audits and audit reports, Toronto 1990.

Campfield, William L. (1983): A look at responses to audit findings. In: Internal Auditor, October 1983, S. 49-52.

Canepa, Ancillo (2002): Wirtschaftsprüfung und Kommunikation - Ein Widerspruch? In: Der Schweizer Treuhänder 4/2002, S. 271-272.

Carmichael, Douglas R.; Willingham, John J.; Schaller, Carol A. (1996): Auditing concepts and methods. A guide to current theory and practice, 6. Auflage, New York/St. Louis/San Francisco u. a. 1996.

Caster, Paul; Massey, Dawn W.; Wright, Arnold M. (2000): Research on the nature, characteristics, and causes of accounting errors: The need for a multi-method approach. In: Journal of Accounting Literature 2000, S. 60-92.

Chadwick, William E. (2002): Oh No! The auditor is here!. In: Internal Auditor, April 2002, S. 52-55.

Chan, Hung K.; Lin, Kenny Z.; Mo, Phyllis Lai Lan (2003): An empirical study on the impact of culture on audit-detected accounting errors. In: Auditing: A Journal of Practice & Theory, Fall 2003, S. 281-295.

Chillarege, Kelly A.; Nordstrom, Cynthia R.; Williams, Karen B. (2003): Learning from our mistakes: Error management training for mature learners. In: Journal of Business and Psychology, 2003, S. 369-385.

Chmielewicz, Klaus (1994): Forschungskonzeptionen der Wirtschaftswissenschaften, 3. Auflage, Stuttgart 1994.

Clancy, Donald K.; Collins, Frank; Rael, Selimo C. (1980): Some behavioral perceptions of internal auditing. In: The Internal Auditor, June 1980, S. 44-53.

Colbert, Janet L. (1997): Locating financial misstatements: where to look. In: Internal Auditing, Winter 1997, S. 28-38.

Colbert, Janet L. (2005): The new audit documentation standard: implications for internal auditors. In: Internal Auditing, January/February 2005, S. 11-23.

Crockett, James R. (1992): Conducting the post-audit conference, Altamonte Springs, Florida 1992.

Cutler, Leslie S. (1974): How do you get the facts? In: Internal Auditor, July/August 1974, S. 26-27.

DeAngelo, Linda Elizabeth (1981): Auditor size and audit quality. In: Journal of Accounting and Economics 1981, S. 183-199.

DeFond, Mark L.; Jiambalvo, James (1991): Incidence and circumstances of accounting errors. In: The Accounting Review 1991, S. 643-655.

Delhees, Karl H. (1982): Der Revisor als Konfliktmanager. In: Verhaltens- und Organisationsaspekte in der Revision. Schriftenreihe der Schweizerischen Treuhand- und Revisionskammer Band 51, Zürich 1982, S. 57-80.

Delhees, Karl H. (1988): Zum Selbst-Verständnis des Revisors. In: C. Helbling; M. Boemle; B. U. Glaus (Hrsg.): Revision und Rechnungslegung im Wandel. Festschrift für André Zünd, Zürich 1988, S. 71-80.

Didis, Stephen K. (1997): Communicating audit results. In: Internal Auditor, October 1997, S. 36-38.

Donle, Michaela; Richter, Martin (2003): Zusammenarbeit von Wissenschaft und Praxis in der Internen Revision. In: ZIR 2003, S. 194-2001.

Donnelly, David P.; Quirin, Jeffrey J.; O'Bryan, David (2003): Attitudes toward dysfunctional audit behavior: The effects of locus of control, organizational commitment, and position. In: Journal of Applied Business Research 2003, S. 95-108.

Dormann, Tanja; Frese, Michael (1994): Error Training: Replication and the Function of Exploratory Behavior. In: International Journal of Human-Computer Interaction 1994, S. 365-372.

Dörner, Dietrich (2002): Prüfungsansatz, risikoorientierter. In: W. Ballwieser (Hrsg.): Handwörterbuch der Rechnungslegung und Prüfung, 3. überarb. und erw. Auflage, Stuttgart 2002, Sp. 1744-1762.

Dweck, Carol S. (1996): Implicit theories as organizers of goals and behavior. In: P. M. Gollwitzer; J. A. Bargh (Hrsg.): The psychology of action: linking cognition and motivation to behavior, New York/London 1996, S. 69-90.

Dweck, Carol S.; Leggett, Ellen L. (1988): A social-cognitive approach to motivation and personality. In: Psychological Review 1988, S. 256-273.

Dyck, Cathy van (1997): Error climate and management issues: its links to organisational performance. In: R. Pepermens; A. Buelens; C.J. Vinkenburg; P.G.W. Jensen (Hrsg.): Managerial Behavior and Practices. European Research Issues, Amersfoort 1997, S. 107-116.

Dyck, Cathy van (2000): Putting errors to good use: Error management culture in organizations. Dissertation, Universität Amsterdam (NL), 2000.

Dyck, Cathy van; Frese, Michael; Sonnentag, Sabine (1998): Organizational error management climate: on enhanced error handling and organizational performance, working paper, University of Amsterdam 1998.

Dyckerhoff, Christian (2001): Entwicklungstendenzen bei der Abschlußprüfung. In: K. Boysen ; C. Dyckerhoff; H. Otte (Hrsg.): Der Wirtschaftsprüfer und sein Umfeld zwischen Tradition und Wandel zu Beginn des 21. Jahrhunderts, Festschrift zum 75. Geburtstag von Hans-Heinrich Otte, Düsseldorf 2001, S. 111-127.

Edmondson, Amy C. (1996): Learning from mistakes is easier said than done: group and organizational influences on the detection and correction of human error. In: Journal of Applied Behavioral Science 1996, S. 5-28.

Egner, Henning (1980): Betriebswirtschaftliche Prüfungslehre, Berlin/New York 1980.

Eilifsen, Aasmund; Messier Jr., William F. (2000): The incidence and detection of misstatements: A review and integration of archival research. In: Journal of Accounting Literature 2000, S. 1-43.

Eugere, Edward Joseph (1994): A study of the relationship among creativity, the personality dimension labeled openness to experience, and support of creativity among the big 6 public accounting firms and its potential impact on practice. Dissertation, University of Memphis, 1994.

Eysenck, Hans J. (1969): Nature and history of human typology. In: H. J. Eysenck, S. B. G. Eysenck (Hrsg.): Personality structure and measurement, San Diego (USA) 1969, S. 3-137.

Fehr, Hendrik J.; Teufl, Helmut J.; Teufl-Märzinger, Sabine (2002): Die Anforderungen an den heutigen Prüfer. Eine Synopse des Wandels der öffentlichen Finanzkontrolle - Ergebnisse einer empirischen Untersuchung in Deutschland. In: Das öffentliche Haushaltswesen in Österreich 2002, S. 199-244.

Fiebig, Helmut (2003): Kommunale Rechnungsprüfung. Grundlagen - Aufgaben - Organisation, 3. Aufl., Berlin 2003.

Fisher, Joseph; Schatzberg, Jeffrey W.; Shapiro, Brian P. (1996): A theretical and experimental examination of strategic auditor-client interaction. In: Advances in Accounting 1996, S. 135-160.

Fisher, Richard T. (2001): Role stress, the Type A behavior pattern, and external auditor job satisfaction and performance. In: Behavioral Research in Accounting 2001, S. 143-170.

Flesher, Dale L.; Zanzig, Jeff (1998): A survey of internal auditing follow-up procedures. In: Internal Auditing, September/October 1998, S. 27-34.

Francis, Jere R. (2004): What do we know about audit quality? In: The British Accounting Review 2004, S. 345-368.

Frese, Michael (1991): Error management or error prevention: two strategies to deal with errors in software design. In: H.-J. Bullinger (Hrsg.): Human aspects in computing. Design and use of interactive systems and work with terminals, Amsterdam 1991, S. 776-782.

Frese, Michael (1995): Error management in training: conceptual and empirical results. In: C. Zucchermaglio; S. Bagnara; S.U. Stucky (Hrsg.): Organizational learning and technological chance, Berlin 1995, S. 112-124.

Frese, Michael; Dyck, Cathy van (1996): Error management: learning from errors and organizational design, University of Amsterdam, working paper, 1996.

Frese, Michael; Zapf, Dieter (1991): Fehlersystematik und Fehlerentstehung: Eine theoretische Einführung. In: M. Frese; D. Zapf (Hrsg.): Fehler bei der Arbeit mit dem Computer, Bern/Göttingen/Toronto 1991, S. 14-31.

Freytag, Michael (2005): Der Europäische Rechnungshof, Baden-Baden 2005.

Füss, Roland (2005): Die Interne Revision. Bestandsaufnahme und Entwicklungsperspektiven, Berlin 2005.

Gabarro, John (1979): Socialization at the top - How CEOs and subordinates evolve interpersonal contracts. In: Organizational Dynamics, Winter 1979, S. 3-23.

Gaffney, Mary Anne; McEwen, Ruth Ann; Welsh, Mary Jeanne (1993): Gender effects on commitment of public accountants: a test of competing sociological models. In: Advances in Public Interest Accounting 1993, S. 45-73.

Gaffney, Mary Anne; McEwen, Ruth Ann; Welsh, Mary Jeanne (1995): Expectations of professional success in accounting: An Examination of race and gender differences. In: Advances in Public Interest Accounting 1995, S. 177-202.

Gaffney, Mary Anne; McEwen, Ruth Ann; Welsh, Mary Jeanne (2001): Communication networks of women and men in a public accounting firm: A comparative analysis. In: Advances in Public Interest Accounting 2001, S. 85-119.

Gansberghe, Cecilia Nordin van (2005): Internal auditing in the public sector. In: Internal Auditor, August 2005, S. 69-73.

Germer, Aaron (2002): Die Interne Revision als Informationsmanager. In: ZIR 2002, S. 204-207.

Ghosh, Dipankar (1997): De-escalation strategies: some experimental evidence. In: Behavioral Research in Accounting 1997, S. 88-112.

Gibbins, Michael; Swieringa, Robert J. (1995): Twenty years of judgement research in accounting and auditing. In: R. H. Ashton; A. H. Ashton (Hrsg.): Judgement and decision-making research in accounting and auditing, Cambridge 1995, S. 231-249.

Gillingham, David W.; Blanco, José; Lewko, John H. (1997): An integrated model of error management. In: Disaster Prevention and Management 1997, S. 186-190.

Göbel, Sigrun (1998): Persönlichkeit, Strategien und Erfolg. In: M. Frese (Hrsg.): Erfolgreiche Unternehmensgründer, Göttingen 1998, S. 99-122.

Göbel, Sigrun; Frese, Michael (1999): Persönlichkeit, Strategien und Erfolg bei Kleinunternehmern. In: K. Moser; B. Batinic; J. Zempel (Hrsg.): Unternehmerisch erfolgreiches Handeln, Göttingen 1999, S. 93-113.

Gradinger, Karl (o.J.): Gesprächs- und Fragetechniken. In: Rechnungshof Wien (Hrsg.): Handbuch der öffentlichen Finanzkontrolle, Wien o. J.

Grand, Bernard (1998): Theoretical approaches to audits. In: Internal Auditing, November/December 1998, S. 14-19.

Granleese, Jackie; Barrett, Timothy F. (1990): The social and personality characteristics of the Irish Chartered Accountant. In: Personality and Individual Differences 1990, S. 957-964.

Granleese, Jacqueline; Barrett, Timothy F. (1993): Job satisfaction, and the social, occupational and personality characteristics of male chartered accountants from three professinal bodies. In: British Accounting Review 1993, S. 177-200.

Gregson, Terry; Wendell, John; Aono, June (1994): Role ambiguity, role conflict, and perceived environmental uncertainty: Are the scales measuring separate constructs for accountants? In: Behavioral Research in Accounting 1994, S. 144-159.

Grupp, Bruno (1977): Interne Revision im Industriebetrieb: Arbeitshandbuch der Innenrevision mit Checklisten, Ludwigshafen (Rhein) 1977.

Gul, Ferdinand A. (1986): Tolerance for ambiguity, auditors' opinion and their effects on decision making. In: Accounting and Business Research 1986, S. 99-105.

Haake, Manfred; Leitschuh, Gerhard; Gorsulowsky, Hans-Joachim Mindestanforderungen an die Interne Revision. In: ZIR 2000, S.198-203.

Haakenson, Robert (1976): The art of listening. In: Internal Auditor, August 1976, S. 32-40.

Häcker, Hartmut O.; Stapf, Kurt-Hermann (Hrsg.) (2004): Dorsch Psychologisches Wörterbuch, 14. Auflage, Bern 2004.

Hackett, Rick D.; Bycio, Peter; Hausdorf, Peter A. (1994): Further assessments of Meyer and Allen's (1991) three-component model of organizational commitment. In: Journal of Applied Psychology, 1994, S. 15-23.

Hackman, J. Richard (1993): Teams, leaders, and organizations: new directions for crew-oriented flight training. In: E. L. Wiene; B. G. Kanki.; R. L. Helmreich (Hrsg.): Cockpit Resource Management, San Diego/New York/Boston u.a. 1993, S. 47-69.

Halek, Peter H. (2001): Kernprozeß Chancenmanagement. Die Zukunftsfähigkeit des Unternehmens sichern. In: ZIR 2001, S. 238-242.

Ham, Jane; Losell, Donna; Smieliauskas, Wally (1985): An empirical study of error characteristics in accounting populations. In: The Accounting Review 1985, S. 387-406.

Hatherly, David; Brown, Tom; Innes, John (1998): Free-form reporting and perceptions of the audit. In: British Accounting Review 1998, S. 23-38.

Hatherly, David; Innes, John; Brown, Tom (1991): The expanded audit report - an empirical investigation. In: Accounting and Business Research 1991, S. 311-319.

Haub, Frank (2000): Das „Damoklesschwert" Revisionsbericht. In: ReVision, IV/2000, S. 13-15.

Haub, Frank (2001): Die Visitenkarte der Revision. Berichterstattung, Kommunikation, Schlussbesprechung, Psychologie, 2. erweiterte und überarbeitete Auflage, Hamburg, Frankfurt/Main 2001.

Heese, Klaus (2003): Der risiko-, prozess- und systemorientierte Prüfungsansatz. In: WPg Sonderheft 2003, S. 223-230.

Heimbeck, Doerte; Frese, Michael; Sonnentag, Sabine (2003): Integrating errors into the training process: The function of error management instructions and the role of goal orientation. In: Personel Psychology 2003, S. 333-361.

Helmreich, Robert L. (2000): On error management: lessons from aviation. In: British Medical Journal 2000, S. 781-785.

Hobuss, Wolfgang (2004): Knowledge management in der Internen Revision. In: Der Schweizer Treuhänder 1-2/2004, S. 25-28.

Hodge, Neil (2001): View from above. In: Internal Auditing & Business Risk, January 2001, S. 14-18.

Hodge, Neil (2004a): Managing relationships. In: Internal Auditing & Business Risk, November 2004, S. 28-31.

Hodge, Neil (2004b): Retentive memory. In: Internal Auditing & Business Risk, October 2004, S. 20-23.

Hofer, Timothy P.; Hayward, Rodney A. (2000): What is an error? In: Effective clinical practice 2000, S. 261-269.

Hofmann, Günter (1995): Die kommunikativen Aspekte von Prüfungsberichten. In: ZIR 1995, S. 233-237.

Hofmann, Rolf (1992): Interne Revision, Aufgaben. In: A. G. Coenenberg; K. von Wysocki (Hrsg.): Handwörterbuch der Revision, Stuttgart 1992, Sp. 855-869.

Holman, Richard (1981): Communication: an essential element of internal auditing. In: Internal Auditor, December 1981, S. 39-44.

Hossiep, Rüdiger; Paschen, Michael; Mühlhaus, Oliver (2000): Persönlichkeitstests im Personalmanagement. Grundlagen, Instrumente und Anwendung, Göttingen/Bern/ Toronto u.a. 2000.

Houghton Clarence W.; Fogarty John A. (1991): Inherent risk. In: Auditing: A Journal of Practice & Theory, Spring 1991, S. 1-21.

Hull, Rita P.; Umansky Philip H. (1997): An examination of gender stereotyping as an explanation for vertical job segregation in public accounting. In: Accounting, Organizations and Society 1997, S. 507-528.

Hunecke, Jörg (2004): Innerbetriebliche Beratungsleistungen im Aufgabenkomplex der Internen Revision. In: BFuP 2004, S. 25-38.

Hunecke, Jörg; Henke, Michael (2006): Internal Consulting durch die Interne Revision (IR) - Ergebnisse einer empirischen Untersuchung. In: W. Lück (Hrsg.): Zentrale Tätigkeitsbereiche der Internen Revision. Aktuelle und zukünftige Schwerpunkte erfolgreicher Revisionsarbeit, Berlin 2006, S. 155-178.

Hyatt, Troy A.; Prawitt, Douglas F. (2001): Does congruence between audit structure and auditors' locus of control affect job performance. In: The Accounting Review 2001, S. 263-274.

Hylas, Robert E.; Ashton Robert H. (1982): Audit detection of financial statement errors. In: The Accounting Review 1982, S. 751-765.

IDW EPS 210: Entwurf einer Neufassung des IDW Prüfungsstandards: Zur Aufdeckung von Unregelmäßigkeiten im Rahmen der Abschlussprüfung. In: WPg 2006, S. 218-228.

IDW PS 200: Ziele und allgemeine Grundsätze der Durchführung von Abschlussprüfungen. In: WPg 2000, S. 706-710.

IDW PS 210: Zur Aufdeckung von Unregelmäßigkeiten im Rahmen der Abschlussprüfung. In: WPg 2003, S. 655-663.

IDW PS 250: Wesentlichkeit im Rahmen der Abschlussprüfung. In: WPg 2003, S. 944-946.

IDW PS 450: Grundsätze ordnungsmäßiger Berichterstattung bei Abschlußprüfungen. In: WPg 1999, S. 601-613.

IDW PS 460: Arbeitspapiere des Abschlussprüfers. In: WPg 2000, S. 916-918.

IDW PS 521: Die Prüfung des Wertpapierdienstleistungsgeschäftes nach § 36 WpHG bei Finanzdienstleistungsinstituten. In: WPg 2001, S. 989-997.

IIA Practice Advisories. In: IIR (Hrsg.): Grundlagen der Internen Revision - Basics of Internal Auditing, Frankfurt a. M. 2002 (Loseblattwerk, Stand 2004).

IIA Standards: Standards für die berufliche Praxis der Internen Revision. In: IIR (Hrsg.): Grundlagen der Internen Revision - Basics of Internal Auditing, Frankfurt a.M. 2002 (Loseblattwerk, Stand 2004).

IIR Revisionsstandards. In: IIR (Hrsg.): Grundlagen der Internen Revision - Basics of Internal Auditing, Frankfurt a. M. 2002 (Loseblattwerk, Stand 2004).

Ingrisch, Bernd (1972): Psychologie und Prüfung. In: Deutscher Sparkassen- und Giroverband (Hrsg.): Sparkassen-Prüfertag Berlin 26.-29. Oktober 1971, Stuttgart 1972, S. 91-99.

Institute of Internal Auditors (1972): Behavioral patterns in internal audit relationships, Research committee report 17, New York 1972.

ISA 230: International Standard on Auditing 230: Documentation, http://www.ifac.org/Members/SourceFiles/AuditingRelatedServices/2005A097.pdf, abgerufen am 09.02.2006.

ISA 240 (rev.): International Standard on Auditing 240 (Revised): The auditor's responsibility to consider fraud in an audit of financial statements, http://www.ifac.org/Members/DownLoads/2004ISA240Revised.pd, abgerufen am 20.01.2005.

ISA 700 (rev.): International Standards on Auditing 700 (Revised): The independent auditor's report on a complete set of general purpose financial statements, http://www.ifac.org/Members/DownLoads/ISA700-AuditorsreportonfinancialStatements.pdf, abgerufen am 09.05.2005.

Iyer, Venkataraman M.; Rama, Dasaratha V. (2004): Clients' expectations on audit judgements: A note. In: Behavioral Research in Accounting 2004, S. 63-74.

Janke, Günter (2003): Interne Revision im Wandel. In: Betieb und Wirtschaft 2003, S. 1013-1017.

Jeffords, Raymond; Thibadoux, Greg; Scheidt, Marsha (2001): Understanding social styles for internal auditors. In: Internal Auditing, September/October 2001, S. 17-24.

Johnson, Eric N.; Lowe, D. Jordan; Reckers, Philip M. J. (1996): An examination of direct an indirect gender effects in public accounting. In: Advances in Accounting 1996, S. 179-192.

Johnson, Johnny R.; Leitch, Robert A.; Neter, John (1981): Characteristics of errors in accounts receivable and inventory audits. In: The Accounting Review 1981, S. 270-293.

Jozseffi, Thomas (2003): Erwartungen an die Interne Revision - Anmerkungen eines Unternehmers. In: ZIR 2003, S. 8-13.

Keating, Gerald (1995): The art of the follow-up. In: Internal Auditor, April 1995, S. 59-61.

Kellner, Martin (2001): Von Zensoren zu Beratern: Die Rechnungshöfe im Wandel. In: Verwaltung und Management 2001, S. 294-300.

Ketchand, Alice A.; Strawser, Jerry R. (2001): Multiple dimensions of organizational commitment: Implications for future accounting research. In: Behavioral Research in Accounting 2001, S. 221-251.

Kimbrough, Ralph B. (1997): Facilitating trust. In: Internal Auditor, August 1997, S. 64-66.

Kinney, William (2000): Discussant comments on Research on nature, characteristics and causes of accounting errors: The need for a multi-method approach. In: Journal of Accounting Literature 2000, S. 93-101.

Klein, Klaus-Günter (2002): Schlussbesprechung. In: W. Ballwieser (Hrsg.): Handwörterbuch der Rechnungslegung und Prüfung, 3. überarbeitete und erweiterte Auflage, Stuttgart 2002, Sp. 2149-2155.

Kleinman, Gary; Palmon, Dan (2001): Understanding auditor-client relationships: A multi-faceted analysis, Princeton 2001.

Knapp, Michael C.; Kwon, Soon-Yong (1991): Toward a better understanding of the underrepresentation of women and minorities in big eight firms. In: Advances in Public Interest Accounting 1991, S. 47-62.

Knechel, Robert W. (2000): Behavioral research in auditing and its impact on audit education. In: Issues in Accounting Education 2000, S. 695-712.

Köhler, Annette G.; Marten, Kai-Uwe (2004): Prüfungsqualität als Forschungsgegenstand - Traditionelle Sichtweise und Erweiterung des Begriffsverständnisses. In: K.U. Marten; R. Quick; K. Ruhnke (Hrsg.): Externe Qualitätskontrolle im Berufsstand der Wirtschaftsprüfer. Status quo und Weiterentwicklung, Düsseldorf 2004, S. 1-21 .

Kolb, David A. (1976): Management and the learning process. In: California Management Review, Spring 1976, S. 21-31.

KonTraG (1998): Gesetz zur Kontrolle und Transparenz im Unternehmensbereich, BGBl. 1998, S. 786-794.

Kreutzfeldt, Richard W.; Wallace, Wanda A. (1986): Error characteristics in audit populations: their profile and relationship to environmental factors. In: Auditing: A Journal of Practice & Theory, Fall 1986, S. 20-43.

Kriegesmann, Bernd; Bihl, Gerhard; Kley, Thomas; Schwering, Markus G. (2005): „Genial daneben" - vom Wert des kreativen Fehlers für die Unternehmensentwicklung. In: Zeitschrift Führung + Organisation 2005, S. 94-98.

Kriegesmann, Bernd; Kley, Thomas; Schwering, Markus G. (2005a): Creative errors and heroic failures: capturing their innovative potential. In: Journal of Business Strategy 2005, S. 57-64.

Kriegesmann, Bernd; Kley, Thomas; Schwering; Markus G. (2005b): Eine Kultur für kreative Fehler. In: Personalwirtschaft 2005, S. 30-33.

Krumm, Michael (2006): Wissensmanagement in der Internen Revision (IR). In: W. Lück (Hrsg.): Zentrale Tätigkeitsbereiche der Internen Revision. Aktuelle und zukünftige Schwerpunkte erfolgreicher Revisionsarbeit, Berlin 2006, S. 223-232.

Kürschner (1954): Psychologische Betrachtungen über und für den Prüfer. In: Deutscher Sparkassen- und Giroverband (Hrsg.): Vorträge für Sparkassenprüfer. Marbung/Lahn September 1954, Stuttgart 1954, S. 70-79.

Lennox, Clive S. (1999): Auditor quality and auditor size: An evaluation of reputation and deep pockets hypotheses. In: Journal of Business Finance & Accounting 1999, S. 779-805.

Levy, Sheri R.; Stroessner, Steven J.; Dweck, Carol S. (1998): Stereotype formation and endorsement: the role of implicit theories. In: Journal of Personality and Social Psychology 1998, S. 1421-1436.

Lienert, Gustav A.; Raatz, Ulrich (1998): Testaufbau und Testanalyse, 6. Auflage, Weinheim 1998.

Limperg, Theodore Jr. (1985): The function of the theory of inspired confidence. In: The social responsibility of the auditor. A basic theory on the auditor's function by Professor Theodore Limperg (1879-1961) of the University of Amsterdam, with some recent comments, Amsterdam 1985, S.5-35.

Lindner, Manfred (2003): Interne Revision: Best Practice zur Weiterentwicklung der Internen Revision. In: C. Jahns; G. Heim (Hrsg.): Handbuch Management: Mit Best Practice zum Managementerfolg, Stuttgart 2003, S. 405-417.

Lowe, D. Jordan; Reckers, Philip M. J.; Sanders, Debra (2001): The influence of gender, ethnicity, and individual differences on perception of career progression in public accounting. In: International Journal of Auditing 2001, S. 53-71.

Ludewig, Rainer (1996): Gedanken zur Ausgestaltung des Prüfungsberichtes. In: WPg 1996, S. 337-342.

Ludewig, Rainer (2000): Prüfungsbericht und Mittelstand. In: L. Poll (Hrsg.): Bilanzierung und Besteuerung der Unternehmen. Das Handels- und Steuerrecht auf dem Weg ins 21. Jahrhundert, Festschrift für Dr. jur. Dr. rer. pol. Herbert Brönner zum 70. Geburtstag, Stuttgart 2000, S. 247-256.

Lynch David H.; Golen, Steven (2003): 10 steps to writing documents. In: Internal Auditor, February 2003, S. 53-57.

Maier, Günter W.; Rosenstiel, Lutz von (1997): Lernende Organisationen und der Umgang mit Fehlern. In: Dr. Wieselhuber & Partner (Hrsg.): Handbuch Lernende Organisation. Unternehmens- und Mitarbeiterpotentiale erfolgreich erschliessen, Wiesbaden 1997, S. 101-107.

Maletta, Mario; Wright, Arnold (1996): Audit evidence planning: an examination of industry error characteristics. In: Auditing: A Journal of Practice & Theory, Spring 1996, S. 71-86.

Maniak, Angela J. (1985): Presenting audit results: logic, content, and form, Altamonte Springs, Florida 1985.

Maniak, Angela J. (1990): Report writing for internal auditors, Chicago 1990.

Marks, Norman (2001): The new age of internal auditing. In: Internal Auditor, December 2001, S. 44-49.

Marten, Kai-Uwe (1999): Qualität von Wirtschaftsprüferleistungen, Düsseldorf 1999.

Marten, Kai-Uwe; Quick, Reiner; Ruhnke, Klaus (2003): Wirtschaftsprüfung. Grundlagen des betriebswirtschaftlichen Prüfungswesens nach nationalen und internationalen Normen, 2. überarbeitete Auflage, Stuttgart 2003.

Marti, Simon; Eberle, Reto (2004): Qualität in der Wirtschaftsprüfung. Qualitätsmessung - ein Feld für akademische Forschungsarbeiten. In: Der Schweizer Treuhänder 5/2004, S. 415-420.

Maupin, Rebekah J. (1990): Sex role identity and career success of certified public accountants. In: Advances in Public Interest Accounting 1990, S. 97-105.

Mautz, R. K.; Sharaf, Hussein A. (1961): The philosophy of auditing, Sarasota 1961.

McCall, Sam M. (2002): The auditor as consultant. In: Internal Auditor, December 2002, S. 35-39.

McKay, Melanie; Rosa, Elizabeth (2000): The accountant's guide to professional communication: Writing and speaking the language of business, Fort Worth/Philadelphia/San Diego u.a. 2000 .

Messier, William F. Jr.; Eilifsen, Aasmund; Austen, Lizabeth A. (2004): Auditor detected misstatements and the effect of information technology. In: International Journal of Auditing 2004, S. 223-235.

Mints, Frederic E. (1973): Cooperative auditing - The key to the future. In: The Internal Auditor, November/December 1973, S. 32-45.

Morgan, Gareth; Patinson, Bob (1975): The role and objectives of an internal audit - a behavioural approach, London 1975.

Moser, Urs (1998): Die Anforderungen an die Person des Prüfers. In: Der Schweizer Treuhänder 5/1998, S. 461-466.

Moser, Urs; Lindegger, Patrick (2000): Ausrichten des Prüfungsvorgehens auf strategische und operationelle Risiken. Ansatz für eine zeitgemäße Abschlussprüfung. In: Der Schweizer Treuhänder 11/2000, S. 1185-1190.

Mustafa, Erol; Kennard, Paul (2004): The new balancing act. In: Internal Auditing & Business Risk, January 2004, S. 37-40.

Nelson, Mark W. (1994): The learning and application of frequency knowledge in audit judgement. In: Journal of Accounting Literature 1994, S. 185-221.

Niehus, Rudolf J. (2002): Prüfungsqualität. In: W. Ballwieser (Hrsg.): Handwörterbuch der Rechnungslegung und Prüfung, 3. überarbeitete und erweiterte Auflage, Stuttgart 2002, Sp. 1862-1872.

Nordstrom, Cynthia; Wendland, Dania; Williams, Karen B. (1998): „To err is human": An examination of the effectiveness of error management in training. In: Journal of Business and Psychology, 1998, S. 269-282.

O'Donnell, Ed (2002): Evidence of an association between error-specific experience and auditor performance during analytical procedures. In: Behavioral Research in Accounting 2002, S. 179-195.

O'Donnell, Ed; Johnson, Eric N. (2001): The effects of auditor gender and task complexity on information precessing efficiency. In: International Journal of Auditing 2001, S. 91-105.

Olbrich, Thomas; Ludewig, Rainer (2004): Prüfungsberichterstattung. In: G. Förschle, V. H. Peemöller (Hrsg.): Wirtschaftsprüfung und Interne Revision, Heidelberg 2004, S. 462-483.

Orth, Thomas M. (1999): Überlegungen zu einem prozeßorientierten Prüfungsansatz. In: WPg 1999, S. 573-585.

Peemöller, Volker H (2004): Einführung in das betriebswirtschaftliche Prüfungswesen. In: G. Förschle, V. H. Peemöller (Hrsg.): Wirtschaftsprüfung und Interne Revision, Heidelberg 2004, S. 1-40.

Peemöller, Volker H.; Richter, Martin (2000): Entwicklungstendenzen in der Internen Revision. Chancen für die unternehmensinterne Überwachung, Berlin 2000.

Pervin, Lawrence A. (1993): Persönlichkeitstheorien, 3. neubearb. Auflage, München/Basel 1993.

Pfitzer, Norbert (1999): Aufbau und Inhalt des Prüfungsberichts nach neuem Recht. In: D. Dörner; D. Menold; N. Pfitzer (Hrsg.): Reform des Aktienrechts, der Rechnungslegung und Prüfung: KonTraG - KapAEG - EuroEG - StückAG, Stuttgart 1999, S. 648-677.

Pickett, Spencer K.H. (2005): The internal auditing handbook, 2. Auflage, Chichester/England 2005.

Pincus, Karen V.; Bernardi, Richard A.; Ludwig, Stephen E. (1999): Audit effectiveness versus audit efficiency: Are the two in conflict? In: International Journal of Auditing 1999, S. 121-133.

Plendl, Martin (2002): Prüfungsbericht. In: W. Ballwieser (Hrsg.): Handwörterbuch der Rechnungslegung und Prüfung, 3. überarbeitete und erweiterte Auflage, Stuttgart 2002, Sp. 1777-1790.

Pomeranz, Felix (1998): Proactive auditing: promising product for internal auditors. In: Internal Auditing, January/February 1998, S. 3-7.

Prümper, Jochen (1991): Handlungsfehler und Expertise. In: M. Frese; D. Zapf (Hrsg.): Fehler bei der Arbeit mit dem Computer, Bern/Göttingen/Toronto 1991, S. 118-130.

Prümper, Jochen; Zapf, Dieter; Brodbeck, Felix C.; Frese, Michael (1992): Some surprising differences between novice and expert errors in computerized office work. In: Behavior & Information Technology 1992, S. 319-328.

Ramage, John G.; Krieger, Abba M.; Spero, Leslie L. (1979): An empirical study of error characteristics in audit populations. In: Journal of Accounting Research, Supplement 1979, S. 72-102.

Ratliff, Richard L.; Brackner, James W. (1998): Relationships. In: Internal Auditor, February 1998, S. 37-41.

Reason, James (2000): Human error: models and management. In: British Medical Journal 2000, S. 768-770.

Reed, Sarah A.; Kratchman, Stanley H. (1990): The effects of changing role requirements on accountants. In: Advances in Public Interest Accounting 1990, S. 107-136.

Reisch, John T.; McKenzie, Karen S; Friedberg, Alan H. (2003): Investigating error projection among state auditors: the impact of intentional and systematic misstatements. In: Advances in Accounting Behavioral Research 2003, S. 51-77.

Reiter, Regina (1996): Long form report versus short form report. In: C. Nowotny; L. Mayer; P. Hassler (Hrsg.): Rechnungslegung, Prüfung und Beratung, Wien 1996, S. 243-251.

Richter, Martin (1978): Die Veranlassung von Prüfungen als Entscheidungsproblem. In: ZfbF 1978, S. 716-733.

Richter, Martin (1999a): Der Prüfer als Veränderer („change agent") - eine abwegige Forderung aus dem Elfenbeinturm der Wissenschaft oder ein notwendiges Leitbild für Prüfer und Prüfungsorgane in der öffentlichen Verwaltung? In: D. Bräuning; D. Greiling (Hrsg.): Stand und Perspektiven der Öffentlichen Betriebswirtschaftslehre, Berlin 1999, S. 351-360.

Richter, Martin (1999b): Konzeptioneller Bezugsrahmen für eine realwissenschaftliche Theorie betriebswirtschaftlicher Prüfungen. In: M. Richter (Hrsg.): Theorie und Praxis der Wirtschaftsprüfung II, Berlin 1999, S. 263-305.

Richter, Martin (1999c): Prüfungswesen. In: F. Thießen (Hrsg.): Enzyklopädisches Lexikon des Geld-, Bank- und Börsenwesens, 4. Aufl., Frankfurt am Main 1999, S. 1500-1507.

Richter, Martin (2000): Marketing der Prüfungsfunktion und der Prüfungsergebnisse - eine Notwendigkeit für öffentliche Prüfer. In: D. Budäus; W. Küpper; L. Streitferdt (Hrsg.): Neues öffentliches Rechnungswesen. Stand und Perspektiven, Wiesbaden 2000, S. 655-673.

Ring, Harald (2005): Gesetzliche Neuregelungen der Unabhängigkeit des Prüfers. In: WPg 2005, S. 197-202.

Rittenberg, Larry E.; Schwieger, Bradley J. (2001): Auditing. Concepts for a changing environment, 3. Auflage, Fort Worth/Philadelphia/San Diego u.a. 2001.

Rochlin, Gene I. (1999): Safe operation as a social construct. In: Ergonomics 1999, S. 1549-1560.

Roth, James (2003): How do internal auditors add value? In: Internal Auditor, February 2003, S. 33-37.

Ruud, T. Flemming; Jenal, Ladina (2003): Das Interne Audit als wertvoller Wissens-Intermediär. In: Der Schweizer Treuhänder 1-2/2003, S. 7-15.

Rybowiak, Volker; Garst, Harry; Frese, Michael; Batinic, Bernad (1999): Error orientation questionnaire (EOQ): reliability, validity, and different language equivalence. In: Journal of Organizational Behavior 1999, S. 527-547.

Satava, David Richard (1994): An empirical investigation of the relationship between the factors of personality for Certified Public Accountants, and job satisfaction, job commitment, intent to turnover, and job performance. Dissertation, University of Mississipi State (USA), 1994.

Sawyer, Lawrence B.; Dittenhofer, Mortimer A.; Scheiner, James H. (2003): Sawyer's internal auditing. The practice of modern internal auditing, 5. Auflage, Altamonte Springs 2003.

Schlager, Josef (1996): Wie kann und soll die Berichterstattung des Abschlußprüfers von mittelgroßen Gesellschaften erfolgen? In: H. Kofler (Hrsg): Betriebswirtschaftliches Prüfungswesen in Österreich, Festschrift für Karl Vodrazka zum 65. Geburtstag, Wien 1996, S. 655-688.

Schlangen, Birgit; Stiensmeier-Pelster, Joachim (1997): Implizite Theorien über Intelligenz bei Schülerinnen und Schülern. In: Zeitschrift für Entwicklungs-psychologie und Pädagogische Psychologie 1997, S. 301-329.

Schloemer, Paul G.; Schloemer, Melanie S. (1997): The personality types and preferences of CPA firm professionals: an analysis of changes in the profession. In: Accounting Horizons, December 1997, S. 24-39.

Schmidt, Manfred (2005): Die 8. EU-Richtlinie: Anlass für eine verstärkte Regulierung der Berufsgrundsätze des Wirtschaftsprüfers? In: WPg 2005, S. 203-206.

Schneider, Mario (1995): Die Schlußbesprechung. In: Die steuerliche Betriebsprüfung 1995, S. 186-188.

Schnell, Rainer; Hill Paul B.; Esser, Elke (2005): Methoden der empirischen Sozialforschung, 7. völlig überarbeitete und erweiterte Auflage, München 2005.

Schreiber, Stefan M. (2000): Das Informationsverhalten von Wirtschaftsprüfern. Eine Prozessanalyse aus verhaltenswissenschaftlicher Perspektive, Wiesbaden 2000.

Schreiber, Stefan M. (2001): Effektivität und Effizienz des Informationsverhaltens von Wirtschaftsprüfern im Rahmen von Jahresabschlussprüfungen. In: WPg 2001, S. 335-345.

Schroeder, Richard G. (1980): Peer Review - a field study. In: Internal Auditor, June 1980, S. 33-43.

Schroeder, Richard G.; Reinstein, Alan; Schwartz, Bill N. (1992): The impact of audit technology approach on organizational-professional commitment in large public accounting firms. In: Advances in Accounting 1992, S. 175-195.

Schulte, Elmar B. (1970): Quantitative Methoden der Urteilsgewinnung bei Unternehmensprüfungen, Düsseldorf 1970.

Schwab, Walter (o. J.): Einführung in das Prüfungswesen. In: Rechnungshof Wien (Hrsg.): Handbuch der öffentlichen Finanzkontrolle, Wien o. J.

Schwager, Elmar (2003): Beratung durch die Interne Revision - ihre Rolle, ihre Risiken und ihre Chancen. In: ZIR 2003, S. 244-252.

Schwartz, Brian M. (1999): Documenting audit findings. In: Internal Auditor, April 1999, S. 48-49.

Shaub, Michael K. (1996): Trust and suspicion: the effects of situational and dispositional factors on auditors' trust of clients. In: Behavioral Research in Accounting 1996, S. 154-174.

Shawver, Todd A. (2005): Knowledge management: a corporate governance tool. In: Internal Auditing, July/August 2005, S. 21-26.

Sheffield, Marvin (1982): Real-world auditing. In: Internal Auditor, October 1982, S. 32-33.

Sinason, David H. (2002): Finding an effective audit project manager. In: Internal Auditing, July/August 2002, S. 22-26.

Sitkin, Sim B. (1992): Learning through failure: the strategy of small losses. In: Research in Organizational Behavior 1992, S. 231-266.

Skinner, B. F. (1968): The technology of teaching, Englewood Cliffs, New Jersey 1968.

SOA (2002): Sarbanes-Oxley Act of 2002, http://news.findlaw.com/hdocs/docs/gwbush/sarbanesoxley072302.pdf, abgerufen am 15.02.2006.

Solomon, Ira; Shields, Michael D. (1995): Judgement and decision-making research in auditing. In: R. H. Ashton; A. H. Ashton (Hrsg.): Judgement and decision-making research in accounting and auditing, Cambridge 1995, S. 137-175.

Solomon, Ira; Trotman, Ken T. (2003): Experimental judgment and decision research in auditing: the first 25 years of AOS. In: Accounting, Organizations and Society 2003, S. 395-412.

Sparks, Alex (2001): The personal touch. In: Internal Auditing & Business Risk, January 2001, S. 20-21.

Sprung, Lothar; Sprung, Helga (1984): Grundlagen der Methodologie und Methodik der Psychologie, Berlin 1984.

Stallworth, H. Lynn (2003): Mentoring, organizational commitment and intentions to leave public accounting. In: Managerial Auditing Journal 2003, S. 405-418.

Staw, Barry M. (1976): Knee-deep in the big muddy: a study of escalating commitment to a chosen course of action. In: Organizational Behavior and Human Performances 1976, S. 27-44.

Staw, Barry M. (1981): The escalation of commitment to a course of action. In: Academy of Management Review 1981, S. 577-587.

Staw, Barry M.; Ross, Jerry (1987): Behavior in escalating situations: antecedents, prototypes, and solutions. In: Research in Organizational Behavior 1987, S. 39-78.

Stevens, Kevin T.; Stevens, William P. (1994): Can your new auditors communicate? In: Internal Auditor, April 1994, S. 37-39.

Stolberg, Klaus; Zieger, Martin (2000): Neuerungen beim Prüfungsbericht und beim Bestätigungsvermerk nach § 321 f. HGB. In: L. Lachnit; C.-C. Freidank (Hrsg.): Investororientierte Unternehmenspublizität. Neue Entwicklungen von Rechnungslegung, Prüfung und Jahresabschlussanalyse, Wiesbaden 2000, S. 433-464.

Stuart, Iris C. (1993): Analytical procedures and judgment accuracy: a comparison of structured and unstructured audit methodology. Dissertation, University of Iowa, 1993.

Tan, Hun-Tong (1999): Organizational levels and perceived importance of attributes for superior audit performance. In: ABACUS 1999, S. 77-90.

Tan, Hun-Tong; Libby, Robert (1997): Tacit managerial versus technical knowledge as determinants of audit expertise in the field. In: Journal of Accounting Research 1997, S. 97-113.

Treuberg, Hubert Graf von; Angermayer, Birgit (1998): Die Ausgestaltung des Prüfungsberichts des Abschlußprüfers von Versicherungsunternehmen nach der neuen Prüfungsberichteverordnung. In: WPg 1998, S. 839-854.

Trotman, Ken T. (1998): Audit judgment research - Issues addressed, research methods and future directions. In: Accounting and Finance 1998, S. 115-156.

Trotman, Ken T.; Wright Arnold M.; Wright Sally (2005): Auditor negotiations: an examination of the effieciency of intervention methods. In: The Accounting Review 2005, S. 349-367.

Tsui, Judy S. L.; Gul, Ferdinand A. (1996): Auditors' behavior in an audit conflict situation: a research note on the role of locus of control and ethical reasoning. In: Accounting, Organizations and Society 1996, S. 41-51.

Tubbs, Richard M. (1992): The effect of experience on the auditor's organization and amount of knowledge. In: The Accounting Review 1992, S. 783-801.

Ulich, Eberhard (2001): Arbeitspsychologie, 5. vollständig überarbeitete und erweiterte Auflage, Zürich/Stuttgart 2001.

Wanik, Otto (1985): Prüfung des Internen Kontrollsystems. In: A. G. Coenenberg; K. von Wysocki (Hrsg.): Handbuch der Abschlußprüfung. Ein systematischer Leitfaden aus dem Handwörterbuch der Revision, Stuttgart 1985, Sp. 848-861.

Warga, Thomas (2005): Keeping our promise. In: Internal Auditor, August 2005, S. 40-45.

Wells, Joseph T. (2003): Rules for the written report. In: Journal of Accountancy, December 2003, S. 75-78.

Wesel, Peter; Jackmuth, Hans-Willi (2006): Berichterstattung der Internen Revision (IR). In: W. Lück (Hrsg.): Zentrale Tätigkeitsbereiche der Internen Revision. Aktuelle und zukünftige Schwerpunkte erfolgreicher Revisionsarbeit, Berlin 2006, S. 79-97.

Westhausen, Hans-Ulrich (2003): Wie hat sich das Berufsbild der Internen Revision verändert? In: ZIR 2003, S. 218-222.

Wheeler, Patrick (2001): The Myers-Briggs type indicator and applications to accounting education and research. In: Issues in Accounting Education 2001, S. 125-150.

Whitham, Robert B. (1996): Writing strategies for effective internal audit reports. In: Internal Auditing, Winter 1996, S. 60-62.

Wiedmann, Harald (2000): Abschlußprüfung zwischen Ordnungsmäßigkeitsprüfung und betriebswirtschaftlicher Überwachung. In: J. Poll (Hrsg.): Bilanzierung und Besteuerung der Unternehmen. Das Handels- und Steuerrecht auf dem Weg ins 21. Jahrhundert. Festschrift für Dr. jur. Dr. rer. pol. Herbert Brönner zum 70. Geburtstag. Stuttgart 2000, S. 443-464.

Wiley, Susan M. (1998): A qualitative analysis of successful staff accountants in public accounting firms. Dissertation, University of Sarasota (USA), 1998.

Williams, Michael (2003): The audit profession: Center stage. In: Internal Auditor, April 2003, S. 50-57.

Wilson, James A.; Wood, Donna J. (1985): Managing the behavioral dynamics of internal auditing, Altamonte Springs, Florida 1985.

Wolz, Matthias (2004): Die Festlegung von Wesentlichkeitsgrenzen in der deutschen Wirtschaftsprüfungspraxis. In: ZfbF 2004, S. 122-145.

Wright, Arnold; Ashton, Robert H. (1989): Identifying audit adjustments with attention-directing procedures. In: The Accouning Review 1989, S. 710-728.

Wysocki, Klaus von (1988): Grundlagen des betriebwirtschaftlichen Prüfungswesens, München 1988.

Wysocki, Klaus von (1992): Prüfungstheorie, meßtheoretischer Ansatz. In: A. G. Coenenberg; K. von Wysocki (Hrsg.): Handwörterbuch der Revision, Stuttgart 1992, Sp. 1545-1557.

Wyss, Otto (1998): Der Prüfer - (k)ein Kommunikator!? In: Der Schweizer Treuhänder 5/1998, S. 453-455.

Zapf Dieter; Scherübl, Kurt (1991): Konsequenzen von Fehleranalysen für die Softwareberatung. In: M. Frese; D. Zapf (Hrsg.): Fehler bei der Arbeit mit dem Computer, Bern/Göttingen/Toronto 1991, S. 166-176.

Zapf, Dieter (1991): Fehler, Streß und organisationaler Kontext. In: M. Frese; D. Zapf (Hrsg.): Fehler bei der Arbeit mit dem Computer, Bern/Göttingen/Toronto 1991, S. 106-117.

Zapf, Dieter; Frese, Michael; Brodbeck, Felix C. (1999): Fehler und Fehlermanagement. In: D. Frey; C. Graf Hoyos; D. Stahlberg (Hrsg.): Arbeits- und Organisationspsychologie. Betriebsbezogene Zielbereiche, Weinheim 1999, S. 398-411.

Zapf, Dieter; Lang, Thomas; Wittmann, Angela (1991): Der Fehlerbewältigungsprozeß. In: M. Frese; D. Zapf (Hrsg.): Fehler bei der Arbeit mit dem Computer, Bern/Göttingen/Toronto 1991, S. 60-79.

Zempel, Jeannette (2002): Strategien der Handlungsregulation, Dissertation, Nürnberg 2002, http://geb.uni-giessen.de/geb/volltexte/2003/1083, abgerufen am 12.12.2005.

Zimbardo, Philip G.; Gerrig, Richard J. (1999): Psychologie, 7. Auflage, Berlin/Heidelberg/New York 1999.

Zimbardo, Philip G.; Gerrig, Richard J. (2004): Psychologie, 16., aktualisierte Auflage, München/San Francisco/Harlow (England) u.a. 2004.

Zuberbühler, Robert (1982): Die Klienten-bezogene Schlußbesprechung. In: Der Schweizer Treuhänder 6/7 1982, S. 2-5.

Züger, Rudolf (1998): Der „moderne" Prüfungsansatz. Merkpunkte für eine zeitgemäße Abschlussprüfung. In: Der Schweizer Treuhänder 5/1998, S. 447-450.

Anhang

Anlage 1: Items zur Fehlerbehandlung (Fragebogen-Teil 1)

Wie häufig kommt es vor, dass Sie

1.	zusätzliche Prüfungshandlungen durchführen, ohne den Geprüften über das Ziel der Prüfung zu informieren?
2.	bei Unstimmigkeiten, deren Ursache Sie noch nicht kennen, als erstes mit dem Geprüften sprechen?
3.	dem Geprüften keine Rückmeldungen über Prüfungsfeststellungen geben, um zu verhindern, dass er die weitere Prüfung blockiert?
4.	ein Problem mit dem Geprüften diskutieren, um gemeinsam mit ihm die beste Lösung zu finden?
5.	das Gespräch mit dem Geprüften suchen, weil dieser sich in der geprüften Organisation besser auskennt als Sie?
6.	Verbesserungsvorschläge / Maßnahmen in den Bericht aufnehmen, die Sie noch nicht mit dem Geprüften besprochen haben?
7.	nach einer Prüfung die Umsetzung der empfohlenen Maßnahmen mit dem Geprüften durchsprechen (follow-up)?
8.	nach Entdeckung einer Unstimmigkeit erst dann mit dem Geprüften sprechen, wenn Sie ausreichend Fakten gesammelt haben, um den Fehler stichhaltig nachweisen zu können?
9.	dem Fehlerverursacher eine Fehlerrückmeldung nicht geben konnten, weil dieser sich mit der Sache nicht auskennt?
10.	im Bericht explizit positive Prüfungsfeststellungen festhalten?
11.	eine Fehlerrückmeldung direkt an den Vorgesetzten des Fehlerverursachers geben?
12.	Fachfragen außerhalb der Prüfung nur sehr vorsichtig beantworten, weil Sie vermuten, dass der Geprüfte sich im Voraus einen „Freibrief“ für seine Entscheidungen geben lassen möchte?
13.	nach Entdeckung einer Abweichung mit dem Geprüften sprechen, ihm aber die Tragweite des Fehlers nicht mitteilen?
14.	sich dem Geprüften gegenüber bewusst distanziert verhalten?
15.	eine für Sie klare Prüfungsfeststellung noch einmal hinterfragen?
16.	Fehler mit Verantwortlichkeiten klar im Bericht benennen, obwohl die Fehler während der Prüfung bereits beseitigt wurden?
17.	organisatorische Maßnahmen im Bericht vorschlagen, die der Geprüfte im Gespräch abgelehnt hat?
18.	im Bericht auf die Aufzählung kleinerer bereits behobener Fehler verzichten, und stattdessen schreiben, dass „kleinere Unstimmigkeiten mit dem Geprüften geklärt werden konnten“?
19.	den Geprüften ausdrücklich ermutigen, auch außerhalb einer aktuellen Prüfung oder eines planmäßigen Follow-up fachliche Fragen an Sie zu stellen?
20.	im Bericht die von Ihrer Feststellung abweichende Argumentation des Geprüften **nicht** erwähnen?
21.	den Versuch, eine einvernehmliche Einigung mit dem Geprüften bezüglich einer empfohlenen Maßnahme zu finden, aufgeben?
22.	auch kleinere Fehler in den Bericht aufnehmen?

Die grau hinterlegten Items wurden wegen geringer Trennschärfe eliminiert.

Anlage 2: Itemcharakteristika Fragebogen-Teil 1

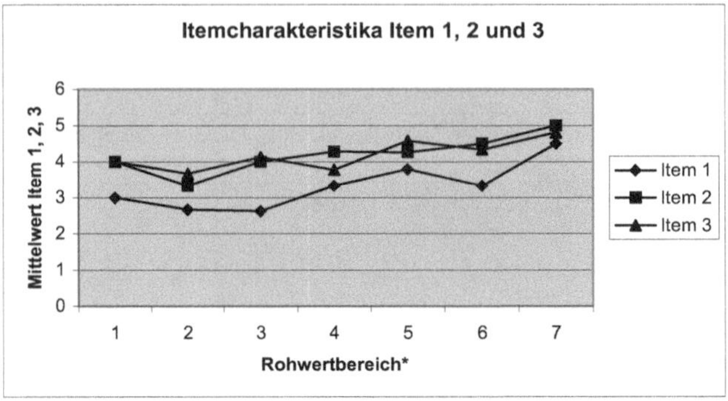

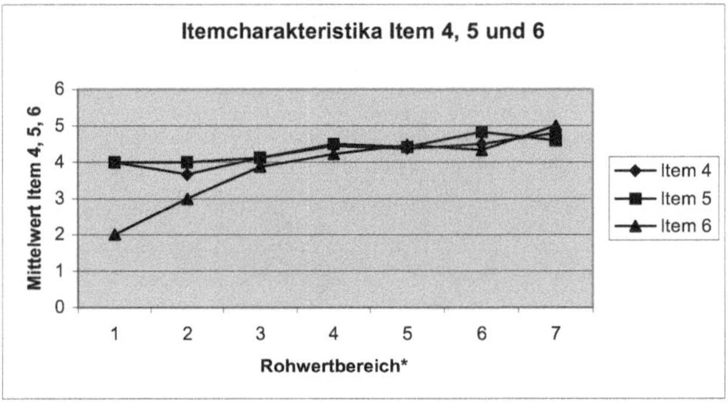

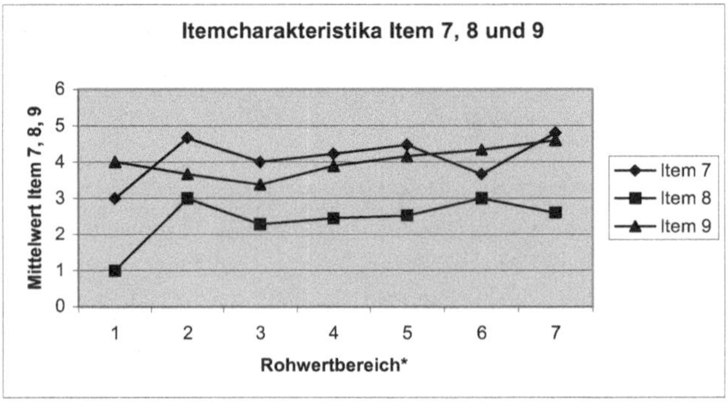

*) Rohwertbereiche:
1 = 61-65
2 = 66-70
3 = 71-75
4 = 76-80
5 = 81-85
6 = 86-90
7 = 91-95

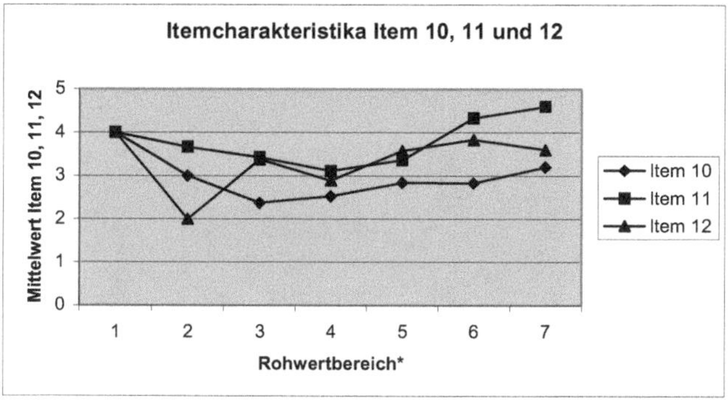

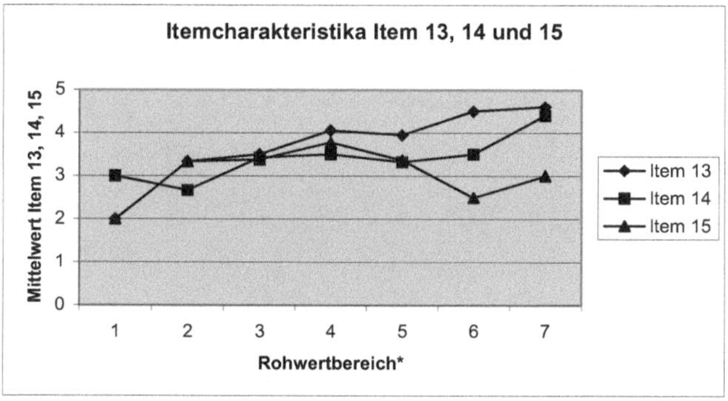

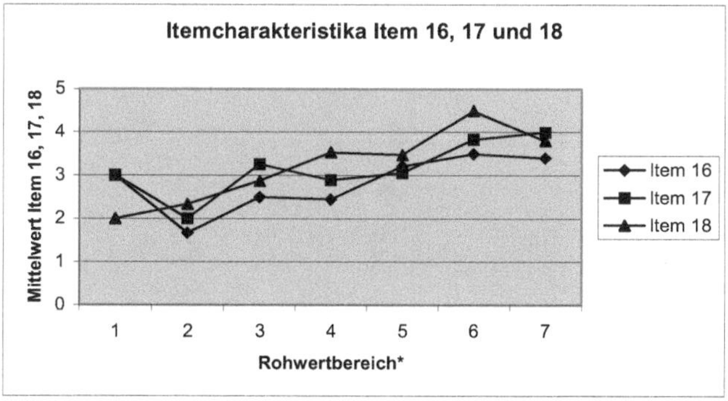

*) Rohwertbereiche:
1 = 61-65
2 = 66-70
3 = 71-75
4 = 76-80
5 = 81-85
6 = 86-90
7 = 91-95

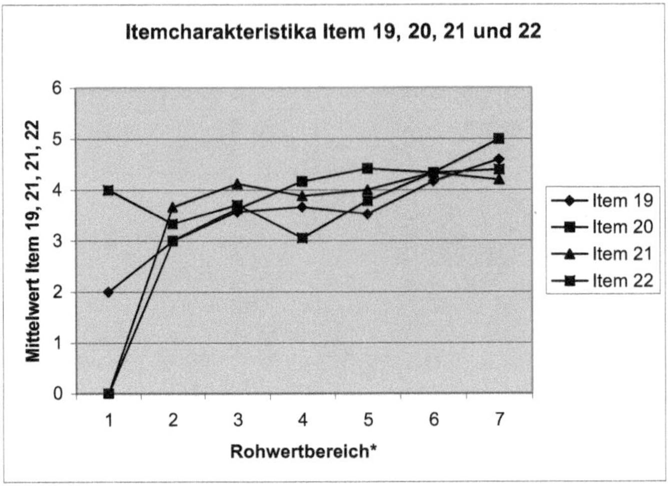

*) Rohwertbereiche:
1 = 61-65
2 = 66-70
3 = 71-75
4 = 76-80
5 = 81-85
6 = 86-90
7 = 91-95

Anlage 3: Items zum organisationalen Fehlerklima (Fragebogen-Teil 2)

Inwieweit trifft diese Aussage für Ihre Organisation im Allgemeinen zu?

1.	In unserer Organisation herrscht die Meinung vor, dass man bei der Bewältigung einer Aufgabe viel aus seinen Fehlern lernen kann.
2.	Wenn man nach einem Fehler nicht weiter arbeiten kann, kann man sich jederzeit an einen Kollegen wenden.
3.	Obwohl wir Fehler machen, halten wir an unserem Ziel fest.
4.	In dieser Organisation denken wir, dass es sinnvoll ist, Fehler zu analysieren.
5.	Unsere Fehler deuten auf das, was wir verbessern können.
6.	Wenn ein Fehler aufgetreten ist, wird er sorgfältig analysiert.
7.	Fehler werden offen diskutiert.
8.	Wenn ein Fehler aufgetreten ist, wird er sofort korrigiert.
9.	Wenn man einen Fehler begangen hat, versucht man, die Fehlerursache zu analysieren.
10.	Wenn etwas schief gegangen ist, nimmt man sich die Zeit, es zu durchdenken.
11.	Ein Fehler bietet wichtige Information für die Weiterführung der Arbeit.
12.	Im Allgemeinen warnen die Kollegen sich gegenseitig, wenn Fehler auftreten können.
13.	Wenn man einen Fehler gemacht hat, erhält man die Unterstützung von Kollegen.
14.	Fehler bieten eine gute Lernmöglichkeit, um in unserer Arbeit besser zu werden.
15.	Fehler werden unter Kollegen diskutiert.
16.	Schnelle und angemessene Korrektur von Fehlern hat eine hohe Priorität.
17.	Weil Fehler und ihre Lösungen wichtige Informationen für unsere Arbeit liefern, diskutieren wir sie.
18.	Wir versuchen, unsere Arbeit so zu organisieren, dass die Korrektur von Fehlern so leicht wie möglich ist.
19.	Wenn jemand einen Fehler macht, teilt er / sie den Anderen mit, damit diesen nicht der selbe Fehler unterläuft.
20.	Wenn man einen Fehler nicht selbst korrigieren kann, wendet man sich an einen Kollegen.
21.	Wenn es möglich ist, einen Fehler wieder rückgängig zu machen, wissen wir gewöhnlich, wie vorzugehen ist.

Die grau hinterlegten Items wurden wegen geringer Trennschärfe eliminiert.

Anlage 4: Items zur individuellen Fehlerorientierung (Fragebogen-Teil 3)

Inwieweit trifft diese Aussage, bezogen auf eigene Fehler, für Sie persönlich zu?

1.	Wenn ich bei einem Fehler nicht mehr weiter weiß, kann ich mich auf meine Kollegen verlassen.
2.	Aus eigenen Fehlern habe ich schon viel für die Bewältigung meiner Aufgaben gelernt.
3.	Fehler sind für mich sehr hilfreich, um meine Arbeit zu verbessern.
4.	Wenn ich einen Fehler in meiner Arbeit gemacht habe, dann erzähle ich es meinen Kollegen, damit die nicht den selben Fehler machen.
5.	Wenn ich einen Fehler nicht alleine beheben kann, dann wende ich mich an meine Kollegen.
6.	Nach einem Fehler mache ich mir Gedanken darüber, wie er zu beheben ist.
7.	Auch wenn ich einen Fehler mache, lasse ich mein eigentliches Ziel nicht aus den Augen.
8.	Wenn ein Fehler korrigierbar ist, weiß ich auch, was ich zu tun habe.
9.	Wenn ich etwas falsch gemacht habe, dann frage ich andere um Rat, wie ich es besser machen könnte.
10.	Wenn ich einen Fehler in meiner Arbeit mache, dann behebe ich ihn sofort.
11.	Ich denke oft darüber nach, wie ich einen Fehler hätte vermeiden können.
12.	Meine Fehler zeigen mir, was ich besser machen kann.
13.	Wenn in meiner Arbeit etwas nicht geklappt hat, dann nehme ich mir Zeit, darüber nachzudenken.
14.	Wenn mir ein Fehler passiert ist, ist das eine wichtige Informationsquelle für die Durchführung meiner Arbeit.
15.	Wenn mir ein Fehler passiert ist, analysiere ich ihn gründlich.
16.	Wenn ich einen Fehler gemacht habe, fällt mir meistens ein, wie ich ihn beheben kann.
17.	Nachdem mir ein Fehler passiert ist, überlege ich, wie es dazu kommen konnte.

Die grau hinterlegten Items wurden wegen geringer Trennschärfe eliminiert.

Anlage 5: Revidierter Fragebogen

Fragebogen für öffentliche Prüfer

1. Teil

In diesem Teil des Fragebogens möchten wir erfassen, wie Sie sich verhalten, wenn Sie in einer Prüfung einen Fehler eines Mitarbeiters bzw. des geprüften Bereiches entdeckt haben. Denken Sie hierbei bitte ausschließlich an **nicht beabsichtigte Fehler**; das Verhalten bei dolosen Handlungen soll nicht untersucht werden. Kennzeichnen Sie bitte, wie häufig Sie sich während einer Prüfung so verhalten, wie es in den folgenden Punkten beschrieben wird! Es gibt hierbei keine „richtigen" oder „falschen" Antworten.

	Wie häufig kommt es vor, dass Sie	**nie**	**selten**	**manchmal**	**häufig**	**regelmäßig**
1	zusätzliche Prüfungshandlungen durchführen, ohne den Geprüften über das Ziel der Prüfung zu informieren?	❑	❑	❑	❑	❑
2	dem Geprüften keine Rückmeldungen über Prüfungsfeststellungen geben, um zu verhindern, dass er die weitere Prüfung blockiert?	❑	❑	❑	❑	❑
3	Verbesserungsvorschläge / Maßnahmen in den Bericht aufnehmen, die Sie noch nicht mit dem Geprüften besprochen haben?	❑	❑	❑	❑	❑
4	dem Fehlerverursacher eine Fehlerrückmeldung nicht geben konnten, weil dieser sich mit der Sache nicht auskennt?	❑	❑	❑	❑	❑
5	eine Fehlerrückmeldung direkt an den Vorgesetzten des Fehlerverursachers geben?	❑	❑	❑	❑	❑
6	nach Entdeckung einer Abweichung mit dem Geprüften sprechen, ihm aber die Tragweite des Fehlers nicht mitteilen?	❑	❑	❑	❑	❑
7	sich dem Geprüften gegenüber bewusst distanziert verhalten?	❑	❑	❑	❑	❑
8	Fehler mit Verantwortlichkeiten klar im Bericht benennen, obwohl die Fehler während der Prüfung bereits beseitigt wurden?	❑	❑	❑	❑	❑
9	organisatorische Maßnahmen im Bericht vorschlagen, die der Geprüfte im Gespräch abgelehnt hat?	❑	❑	❑	❑	❑
10	im Bericht auf die Aufzählung kleinerer bereits behobener Fehler verzichten, und stattdessen schreiben, dass „kleinere Unstimmigkeiten mit dem Geprüften geklärt werden konnten"?	❑	❑	❑	❑	❑
11	im Bericht die von Ihrer Feststellung abweichende Argumentation des Geprüften **nicht** erwähnen?	❑	❑	❑	❑	❑
12	auch kleinere Fehler in den Bericht aufnehmen?	❑	❑	❑	❑	❑

2. Teil

In diesem Teil des Fragebogens möchten wir wissen, welches Klima in Ihrer Verwaltung vorherrscht. Kennzeichnen Sie hier bitte, inwieweit jede Aussage für **Ihre Verwaltung im Allgemeinen** zutrifft. Denken Sie hier bitte an **eigene Fehler**, die Ihnen bei der Arbeit unterlaufen sind. Auch hier gibt es keine „richtigen" oder „falschen" Antworten.

	Inwieweit trifft diese Aussage für Ihre Organisation im Allgemeinen zu?	**trifft voll-ständig zu**	**trifft eher zu**	**weder noch**	**trifft eher nicht zu**	**trifft über-haupt nicht zu**
1	In unserer Organisation ist man sich einig darüber, dass man bei der Bewältigung einer Aufgabe viel aus seinen Fehlern lernen kann.	❑	❑	❑	❑	❑
2	Wenn man nach einem Fehler nicht weiter arbeiten kann, kann man sich jederzeit an die Kollegen wenden.	❑	❑	❑	❑	❑
3	In dieser Organisation wissen wir, dass es sinnvoll ist, Fehler zu analysieren.	❑	❑	❑	❑	❑
4	Wenn ein Fehler aufgetreten ist, wird er immer sehr sorgfältig analysiert.	❑	❑	❑	❑	❑
5	Alle Fehler werden offen diskutiert.	❑	❑	❑	❑	❑
6	Wenn ein Fehler aufgetreten ist, wird er sofort korrigiert.	❑	❑	❑	❑	❑
7	Wenn man einen Fehler begangen hat, versucht man, die Fehlerursache zu analysieren.	❑	❑	❑	❑	❑
8	Wenn etwas schief gegangen ist, nimmt man sich die Zeit, es zu durchdenken.	❑	❑	❑	❑	❑
9	Im Allgemeinen warnen die Kollegen sich gegenseitig, wenn Fehler auftreten können.	❑	❑	❑	❑	❑
10	Wenn man einen Fehler gemacht hat, erhält man die volle Unterstützung von Kollegen.	❑	❑	❑	❑	❑
11	Fehler werden unter den Kollegen diskutiert.	❑	❑	❑	❑	❑
12	Schnelle und angemessene Korrektur von Fehlern hat höchste Priorität.	❑	❑	❑	❑	❑
13	Weil Fehler und ihre Lösungen wichtige Informationen für unsere Arbeit liefern, diskutieren wir sie.	❑	❑	❑	❑	❑
14	Wenn jemand einen Fehler macht, teilt er / sie den Anderen mit, damit diesen nicht der selbe Fehler unterläuft.	❑	❑	❑	❑	❑
15	Wenn man einen Fehler nicht selbst korrigieren kann, wendet man sich an einen Kollegen.	❑	❑	❑	❑	❑

3. Teil

Die individuelle Einstellung zu Fehlern ist ganz unterschiedlich. In diesem Teil des Fragebogens möchten wir von Ihnen wissen, was ein Fehler **für Sie** persönlich bedeutet. Denken Sie hierbei bitte an **eigene Fehler** in der täglichen Arbeit, die **Ihnen selbst unterlaufen** sind. Beachten Sie bitte, dass hier Ihre persönliche Meinung gefragt ist. Es gibt keine „richtigen" oder „falschen" Antworten.

	Inwieweit trifft diese Aussage, bezogen auf eigene Fehler, für Sie persönlich zu?	**trifft vollständig zu**	**trifft eher zu**	**weder noch**	**trifft eher nicht zu**	**trifft überhaupt nicht zu**
1	Wenn ich bei einem Fehler nicht mehr weiter weiß, kann ich mich 100%-ig auf meine Kollegen verlassen.	❑	❑	❑	❑	❑
2	Aus eigenen Fehlern habe ich schon viel für die Bewältigung meiner Aufgaben gelernt.	❑	❑	❑	❑	❑
3	Wenn ich einen Fehler in meiner Arbeit gemacht habe, dann erzähle ich es den Kollegen, damit die nicht den selben Fehler machen.	❑	❑	❑	❑	❑
4	Wenn ich einen Fehler nicht alleine beheben kann, dann kann ich mich jederzeit an einen Kollegen wenden.	❑	❑	❑	❑	❑
5	Nach einem Fehler mache ich mir intensiv Gedanken darüber, wie er zu beheben ist.	❑	❑	❑	❑	❑
6	Wenn ein Fehler korrigierbar ist, weiß ich immer, was ich zu tun habe.	❑	❑	❑	❑	❑
7	Wenn ich einen Fehler in meiner Arbeit mache, dann behebe ich ihn immer sofort.	❑	❑	❑	❑	❑
8	Ich denke oft darüber nach, wie ich einen Fehler hätte vermeiden können.	❑	❑	❑	❑	❑
9	Meine Fehler zeigen mir, was ich besser machen muss.	❑	❑	❑	❑	❑
10	Wenn in meiner Arbeit etwas nicht geklappt hat, dann nehme ich mir die Zeit, darüber nachzudenken.	❑	❑	❑	❑	❑
11	Wenn mir ein Fehler passiert ist, ist das eine wichtige Informationsquelle für die Durchführung meiner Arbeit.	❑	❑	❑	❑	❑
12	Wenn mir ein Fehler passiert ist, analysiere ich ihn gründlich.	❑	❑	❑	❑	❑
13	Nachdem mir ein Fehler passiert ist, überlege ich, wie es dazu kommen konnte.	❑	❑	❑	❑	❑

Zuletzt benötigen wir für die statistische Auswertung des Fragebogens einige persönlich Angaben. Bitte kreuzen Sie die jeweils zutreffende Alternative an!

Wie viele Jahre Berufserfahrung haben Sie in der öffentlichen Prüfung? ❑ weniger als 1 Jahr ❑ 1-2 Jahre ❑ 2-5 Jahre ❑ mehr als 5 Jahre Prüfen Sie <u>überwiegend</u> die selben Bereiche: ❑ mehrmals jährlich, ❑ einmal pro Jahr, ❑ alle 2-3 Jahre oder ❑ seltener als alle 3 Jahre? Wie zufrieden sind Sie mit Ihrer Arbeit? ❑ sehr zufrieden ❑ eher zufrieden ❑ weder zufrieden noch unzufrieden ❑ eher unzufrieden ❑ sehr unzufrieden Wie viele Prüfer sind in Ihrer Prüfungs-institution tätig?	Wie alt sind Sie? ❑ unter 30 ❑ 31-40 ❑ 41-50 ❑ über 50 Sind Sie: ❑ weiblich, ❑ männlich? Wie ist das zahlenmäßige Verhältnis zwischen Prüfern und Mitarbeitern der geprüften Verwaltung? ❑ bis 1:500 ❑ 1:501 bis 1:1.000 ❑ 1:1001 bis 1:3.000 ❑ über 1:3.000 In welcher Prüfungsinstitution sind Sie tätig? ❑ Rechnungshof ❑ Rechnungsprüfungsamt ❑ Interne Revision einer Behörde ❑ sonstige:................................

Wir danken Ihnen ganz herzlich für Ihre Teilnahme an der Untersuchung!

Den ausgefüllten Fragebogen schicken Sie bitte an:

Universität Potsdam
Lehrstuhl Rechnungswesen/Wirtschaftsprüfung
Michaela Donle
PF 900 327
14439 Potsdam

Falls Sie Interesse an den Untersuchungsergebnissen haben, können Sie gerne eine e-mail an die folgende Adresse senden: donle@rz.uni-potsdam.de. Nach Auswertung der Ergebnisse schicken wir Ihnen gerne einen kurzen Bericht zu.

Kolibri 360 GmbH
Ferdinand-Jühlke-Straße 7
99095 Erfurt, Deutschland
produktsicherheit@kolibri360.de